PUBLIUS NIGIDIUS FIGULUS

Philosophe néo-pythagoricien orphique

LOUIS LEGRAND
Diplômé d'Études Supérieures de Philosophie
Docteur ès-lettres

PUBLIUS NIGIDIUS FIGULUS

Philosophe néo-pythagoricien orphique

ÉDITIONS DE L'ŒUVRE D'AUTEUIL
40, rue La Fontaine, PARIS (XVIe)

1931

NIHIL OBSTAT :
Lutetiæ, 24 octobris 1930
G. Lebreton,
S. J.

IMPRIMATUR :
Constantiis, die 8ᵃ novembris 1930
P.-M. Perier,
v. g.

© 2018 • AMICI LIBRORUM • TOUS DROITS RÉSERVÉS
ISBN 978-0-244-39305-2

SVPTER VIRGINIS SIGNVM

TABLE DES MATIÈRES

LIVRE PREMIER

**Introduction à l'Édition
des fragments de Publius Nigidius Figulus.**

SECTION I

	Pages
Phylogénèse	11

CHAPITRE PREMIER

Biographie
- § 1. L'homme 11
- § 2. Le sénateur 13
- § 3. Le philosophe 15

CHAPITRE II

Les Sources
- § 1. Le pythagorisme 17
- § 2. Le sémitisme 23
- § 3. Le parsisme 26

SECTION II

Ontogénèse	29

CHAPITRE PREMIER

Le Destin
- § 1. Cosmothéisme planétaire 29
- § 2. Les Antiscies 37

CHAPITRE II

L'Exégèse
- § 1. La croyance 40
- § 2. Le rite de l'entrée 42
- § 3. Le Sacrifice 44
- § 4. L'Hiéros Logos
  - 1. Trinité intime 50
  - 2. Interpsychologie 56

CHAPITRE III

L'Esprit
- § 1. L'hyperespace 62
- § 2. L'odyssée zodiacale 63
- § 3. Le Signe de la Vierge 68
- § 4. L'hénothéisme solaire 75

Conclusion
- Synthèse finale
- Jugement de valeur 79

LIVRE II

CHAPITRE PREMIER

Commentarii grammatici : fr. 1 à 65 99

CHAPITRE II

« Operis rhetorici et « de diis » fragmenta » : fr. 65 à 84 127

CHAPITRE III

« Sphaera » fr. : 84-104 179

CHAPITRE IV

Alia fragmenta : fr. 104-130 207

BIBLIOGRAPHIE

Antonius SWOBODA..	*Dissertationes philologæ Vindobonenses.* —*Quaestiones nigidianæ.* — Pragæ, Vindobonae, Lipsiæ, 1890.
	P. Nigidii Figuli operum reliquiæ. — Pragæ, Vindobonæ, Lipsiæ, 1889.
Arminius ROEHRIG ..	*De P. Nigidio Figulo capita duo.* — *Dissertatio inauguralis.* — Coburgi, 1887.
A. BREYSIG	*De P. Nigidii Figuli fragmentis apud scholiasten Germanici servatis.* — *Dissertatio inauguralis.* — Berolini, 1854.
V. BUECHELER	*Zu Nigidius Figulus.* — Rheinisches Museum, 1858
J. FREY	*Quaestiones nigidianae.* —*Dissertatio inauguralis,* Bonnæ, 1861.
M. HERTZ	*De Publii Nigidii Figuli studiis atque operibus.* — Berolini, 1845.
J. KLEIN	*Quaestiones nigidianae.* —*Dissertatio inauguralis.* — Bonnae, 1861.
J. MADVIG.........	*Nigidius.* — *Commentarii grammatici,* 1873.
R. FRIETSCHE......	*De Nigidio Figulo Lucani auctore,* 1892.
E. EGGER	*Latini sermonis vetustioris reliquiae.* — Parisiis, 1843.
E. COCCHIA	*La pronunzia di « Valeri » secondo la testimonenzia di Nigidio Figulo,* 1887.
C. GIAMBELLI	*De P. Nigidio Figulo ;* Pinerolo, 1890.
Janus RUTGERSIUS ..	*Variae lectiones Lib. III,* c. 16 (p.p. 246-298) — Lugduni Batavorum. — 1618. —
Emm. ALVARI	*De Institutione grammatica libri tres, juxta editionem Venetam anni* 1575. — Pariis 1859.
BURIGNY	*Mémoire de l'Académie des Inscriptions et Belles Lettres.* Vol. 29, p. 190.
Jacob BRUCKER....	*Historia critica philosophiæ a mundi incunabilis ad nostram usque ætatem deducta,* t. II, p. 24. — Lipsiae, 1742.

AVANT-PROPOS

Notre Bibliographie de Nigidius ne pouvait qu'être brève. A l'intérêt que nous y avons cherché — presque en vain, tant l'instrument de travail s'éloignait de notre objet — a dû, parfois, se substituer peut-être le vouloir, ou, du moins, l'illusion de n'en point trouver longue la lecture. Le problème, unique en son genre, que la philosophie nigidienne pose aujourd'hui à notre curiosité, n'est résoluble, en effet, que par l'audition directe — et non dans l'écho — d'une harmonie où chaque note, tel un intelligible sympathique, devient, à elle seule, expressive d'un monde. Partant, point de commune mesure entre la gamme de l'hypocoristique figulienne et les laborieuses constructions de louables épenthèses, où semble s'attarder l'érudition teutonne.

C'est que celle-ci apparaît, pour l'étude que nous abordons, trop oublieuse du symbolisme antique des mausolées germains, où de méditatifs éphèbes, costumés à l'orientale, s'appuient sur le pedum noueux des rites agonistiques. Aussi bien, ne serait-il pas plus avantageux à notre dessein de laisser l'auteur lui-même nous initier peu à peu aux secrets de sa méthode ? Nous allons donc tenter de les entendre dans le rythme alterné d'une évolution phylétique confessionnelle et d'une involution ontogénétique intériorisante. Conformément à la loi biologique de Von Baër, en effet, le système nigidien est, avant tout, un organisme, où nous sentirons peut-être, par surcroît, le souffle puissant des profondes Métaphysiques. Nigidius fut sans doute un mystique doublé d'un poète, accessible, dès lors, à l'effusion des hautes ontologies. A notre sens, H. Heine en eût volontiers écrit : La lecture de la Sphæra « *nous saisit comme l'aspect de la grande Nature dans son calme vivant : c'est une forêt de pensées hautes comme le Ciel, dont les cimes fleuries s'agitent en mouvements onduleux, tandis que leurs troncs inébranlables plongent leurs racines dans la Terre éternelle ; on sent dans ses écrits flotter un souffle qui vous émeut d'une manière indéfinissable, on croit respirer l'air de l'avenir.* » *(Cf. Th. Ribot,* La Psychologie anglaise contemporaine, *Paris, 1881, p. 20).*

Nous n'avons garde d'oublier ce que doivent la partie allemande des notes complémentaires de ce travail à l'érudition et à la sagacité de notre ancien maître feu M. l'abbé Joseph Pénitot, Professeur de Langues vivantes à l'Institut Notre-Dame d'Avranches, — et le Livre II, relatif à la traduction des textes, à la haute compétence de M. l'abbé Gohier, Professeur de Première à l'Institut Saint-François de Sales d'Evreux, aux aimables et patientes recherches de notre élève, M. l'abbé Louis Colin, ancien Professeur à l'Institut Saint-Paul de Cherbourg, — ainsi que la Bibliographie, à la curiosité avertie et à l'obligeance de M. Octave Nicaud, Directeur de la Bibliothèque municipale et universitaire de Clermont.

L. LEGRAND.

Champcervon (Manche), le 25 décembre 1930.

LIVRE PREMIER

Introduction à l'Édition des fragments de P. Nigidius Figulus.

SECTION PREMIÈRE

PHYLOGÉNÈSE

CHAPITRE PREMIER

BIOGRAPHIE

§ 1.

Publius Nigidius naquit en l'an de Rome 655, c'est-à-dire en 98 av. J.-C. (1). On ignore le lieu de sa naissance, bien que l'ensemble de la doctrine paraisse situer en Étrurie son pays d'origine. Au surplus, sa famille était peu connue. Son surnom de Figulus nous apprend, toutefois, qu'il appartenait à la « gens Nigidia », et que l'un de ses ancêtres, le préteur, fut vaincu par Viriathe (2), chef des Lusitaniens, révoltés contre la domination romaine. Peut-être le verrons-nous bientôt, d'ailleurs,

---

(1) Cf. *Grande Encyclopédie*, Art. P. Nigidius. — En 95, selon Firmin-Didot : Biogr. gén. art. Figulus. — Cf. FELLER : art. *Nigid*.
(2) Cf. Mart. HERTZ, de Nigid., *stud. atque oper.*, p. 6.

notre philosophe a d'autres titres, pour s'offrir à nos recherches, que celui de cette glorieuse infortune d'un membre de sa lignée. Aussi bien, ses contemporains faisaient le plus grand cas de ses mérites personnels ; et Servius (1), entre tant d'autres illustres témoignages, n'hésite pas à le placer parmi les plus érudits de son temps, et les plus avertis dans la République des Lettres.

En tout cas, il est juste de le reconnaître, — et la suite de cette étude s'efforcera de le montrer, — une curiosité savante et des plus obstinées lui enseigna, en des subtilités de Sibylle, à lire aux livres des disciplines ancestrales ce que la philosophie considérait alors comme l'explication la plus profonde de l'Univers. Un scoliaste de Lucain (Phars. I, 639) nous avertit, à ce propos, qu'il dut achever ses études en Grèce. De retour à Rome, ne déclarait-il pas, en effet, n'y avoir appris que la doctrine pythagorique de l'universelle panégyrie, ce qui, selon Hertz (de Nig. sud., p. 15), lui valut son suggestif *cognomen*.

De son côté, saint Augustin en abordant, avec son procédé coutumier, le spirituel commentaire, plaisante, comme une puérile déconvenue, le « tour » moins décisif de la roue du Potier. « Il se mit à tourner de toutes ses forces, écrit à ce sujet l'auteur de la *Cité de Dieu* (lib. V. c. 3), une roue de potier, et, tandis qu'elle tournait, il la marqua d'encre deux fois, mais si rapidement qu'on ne la crut noircie qu'en un seul endroit. Cependant, lorsqu'elle fut arrêtée, on retrouva sur la roue les deux signes qu'il avait tracés, séparés l'un de l'autre par un assez grand intervalle. Ainsi, dit-il, dans le mouvement encore plus rapide du Ciel, quand même deux jumeaux se suivraient

---

(1) Cf. *Ad Aen.*, X, 175 : « *Nigidius autem est solus post Varronem, licet Varro præcellat in theologia, hic in communibus litteris : nam uterque utrumque scripserunt.* » — Cf. Martin Hertz, *op. cit.*, p. 16. — Cf. Aulu-Gelle ; *Noct. att.*, xix, 14, où Varron et Nigidius sont appelés « *Doctrinarum culmina* ». — « (Nigidium) *in disciplinis doctrinarum omnium præcellentem.* » *(Ibid.,* xiii, 24) — « *hominem juxta Varronem doctissimum.* » *(Ibid.,* iv, 9.) — Cf. Macrobe : *Saturnales*, livre III : « *Maximum rerum naturalium indagatorem* » — « *hominem omnium bonarum artium disciplinis egregium.* » *(Ibid.,* lib. VI.) — Cf. Nonius : « *Nigidius studiis bonarum artium præclarissimum.* » (Collect. Didot, Cic., t. XV, p. 177, n° 1.) — « L'école néopythagoricienne a disparu avec la presque totalité de sa production littéraire. Il ne faudrait pas que cette perte fît méconnaître une activité qui, alors, fut intense. » — Cf. J. Lebreton : *Les Origines du Dogme de la Trinité*, p. 36. — Paris, 1919.

avec une vitesse égale à celle de ma main, lorsque j'ai frappé deux fois cette roue, il y aurait toujours une grande distance dans les cieux ; et telle est la cause, ajoute-t-il, de toutes les différences que l'on trouve dans les mœurs et les événements de la vie de deux jumeaux (1). »

Bien que l'origine même du vocable en question soit demeurée litigieuse, la critique augustinienne de cette expérience, d'ailleurs sommaire, et isolée de ses alentours, garde toute sa valeur et ne justifie que trop le discrédit dans lequel faillit tomber toute la méthode (2). Toutefois, des découvertes récentes et des aperçus nouveaux, venus opportunément donner aux disciplines nigidiennes un regain d'actualité, conduisent, semble-t-il, à une révision, au moins partielle, du procès figulien.

Pour l'instant, ce qu'il importe de retenir de l'antique débat engagé autour de ce nom, c'est que Nigidius éprouvait un goût particulier pour l'étude des astres. Celle-ci, cependant, ne lui fit pas oublier les devoirs de la vie publique. Et, si son rôle n'y fut point de tout premier plan, il ne laissa jamais de s'affirmer par une influence des plus marquées (3).

§ 2.

Au sortir de la questure, il entre au Sénat, où il siège parmi ces humbles « pedarii » (4) qui, pour n'avoir pas exercé de magistrature curule, n'avaient point voix délibérative, et se bornaient à voter sur les résolutions présentées par les « Patroni ». Hertz attribue ce rôle modeste à ce fait que le nouveau venu ne brillait

---

(1) Cf. SWOBODA : Nigidii Fig. oper. reliq., p. 137. — « Pour renforcer encore l'argument, les astrologues faisaient valoir l'énorme dimension d'un seul degré mesuré sur la voûte céleste, dimension que Firmicus évalue à 21 000 stades. » Bouché-Leclercq, Astrologie grecque, p. 256, n° 1. — Cf. PERSE, sat. VI, 18 suiv. — Cf. Diogen. STOIC., apud Cic. de Divin. II, 43, 90. — Cf. GELL., XIV, 1, 26. — Cf. Ps. Quintil., declam. VIII, 12. —

(2) « At Hercule lapsus ætatis tirocinio postea se correxit. Non ita est, sed abiit in sodalicium sacrilegii Nigidiani... » — Ps. Cic. in Sall. resp., 5, 14.

(3) « Κικέρων δὲ αὐτὸς ὡμολόγει τὰ κάλλιστα καὶ μέγιστα τῶν συμβουλευμάτων, οἷς ὤρθωσεν ὑπατεύων τὴν πατρίδα, μετὰ Πουπλίου Νιγιδίου τοῦ φιλοσόφου συνθεῖναι. » Plutarque : An seni ger. sit resp., XXVII, 8.

(4) « In senatu, quamvis primas partes agere nunquam voluerit... pedariorum generi is ascribendus videtur. » HERTZ, op. cit., p. 8

point par l'éloquence (1). Et pourtant, lors d'un procès fameux dirigé contre Antoine (2), le consul concussionnaire, il sut, dans un discours véhément, déployer, en qualité de tribun du peuple, « une inflexible volonté de justice » (3).

Déjà Cicéron se plaisait à honorer en lui, par le don délicat de son amitié, un prestige personnel auquel ajoutait encore le mérite de sa vaste érudition. Le plaidoyer « *pro Sulla* » est très significatif à ce sujet (4). Deux passages de Plutarque (5), non moins suggestifs, nous apprennent que le célèbre orateur avait pris avec lui ses plus graves décisions durant son consulat. En particulier, c'est sur les conseils de Nigidius qu'en 63, le « Père de la Patrie » triomphe de la conjuration catilinienne par l'exécution de Céthégus et de ses complices.

Cinq ans plus tard, il écrivait à son frère Quintus sa joie de l'élection de son ami à la préture (6). L'auteur du Timée nous le montre, au cours de sa légation d'Asie (7), appliqué

---

(1) *In eloquentia insignis certe haud fuerit Nigidius : obscuritatem enim illam et subtilitatem, quae scriptis ejus... obduxerunt caliginem, hic magis etiam obfuisse ei censeo.* » *(Ibid.)*

(2) « *Sed heus tu ecquid vides Kal. venire, Antonium non venire ? Judices cogi ? nam ita ad me mittunt Nigidium minari in contione se iudicem, qui non adfuerit, compellaturum.* » Cic. ad Attic., II, 2, 3.

(3) Cf. Jérôme Carcopino, de l'Institut : Études Romaines : *La Basilique pythagoricienne de la Porte-Majeure*, p. 197. — Paris, 1927. Voir p. 83, note 1.

(4) Voir p. 83, note 2.

(5) Cf. note (3) de la page précédente. Voir p. 83, note 3.

(6) « *Prætores habemus amicissimos et acerrimos cives, Domitium, Nigidium, Memmium, Lentulum : bonos etiam alios, sed hos singulares. Quare magnum fac animum habeas, et spem bonam.* » Cic. ad Quint. fr. I, 2. — Cf. Swoboda : p. 134.

(7) « *Multa sunt a nobis et in Academicis conscripta contra physicos et sæpe cum P. Nigidio Carneadeo more et modo disputata : fuit enim vir ille cum ceteris artibus, quæ quidem dignæ libero essent, ornatus omnibus, tum acer investigator et diligens earum rerum, quæ a natura involutæ videntur; denique sic iudico post illos nobiles pythagoreos, quorum disciplina exstincta est quodam modo, cum aliquot sæcula in Italia Siciliaque viguisset, hunc exstitisse, qui illam renovaret. Qui cum me in Ciliciam proficiscentem Ephesi exspectavisset, Romam ex legatione ipse decedens, venissetque eodem Mytilenis mei salutandi et visendi causa Cratippus, Peripateticorum omnium, quos quidem ego audierim, meo iudicio facile princeps, perlibenter et Nigidium vidi et cognovi Cratippum ; ac primum quidem tempus salutationis in percontatione consumpsimus.* » Cic. Timæi, fr. 1.

tout ensemble au service de l'État et à ses propres « loisirs », c'est-à-dire à ses prodigieux labeurs d'érudit, où allait respirer toute l'antiquité orientale et romaine. — Banni par César en 49, pour avoir pris le parti de Pompée, il dut se résigner à quatre années d'exil. Il mourut sur la terre étrangère, avec la consolation d'une amitié demeurée fidèle (1). C'était, avant les ides de Mars, la dernière année de la cent quatre-vingt-troisième Olympiade (2), c'est-à-dire en 45 av. J.-C. Il était âgé de cinquante-trois ans.

§ 3.

Ceux qui, d'aventure, auraient été alors assez habiles à deviner l'énigme que cette âme, plus sympathique encore en son infortune, pose aujourd'hui à notre curiosité, n'eussent pas omis d'accomplir, en l'occurrence, les rites funéraires qui forcent le Destin. Selon le précepte du Maître de Crotone, ils n'eussent point manqué d'oindre son corps de pures essences, sous la blanche trabée des immortels, de l'envelopper, dans un humble cercueil de terre cuite, des feuilles symboliques du peuplier noir d'Héraclès, du myrte de Vénus, et de l'olivier paisible d'Athéna (3).

En vain Cicéron était-il intervenu auprès de l'Imperator, en faveur de l'illustre captif. Il en avait inutilement attiré l'attention, ou tenté d'exciter la pitié, lorsqu'il évoquait à ses yeux la sympathie gardée dans l'adversité (4). Le sort en était jeté : le parti de Pompée avait vécu. Plus encore fallait-il redouter le pontife vénéré de l'un des temples les plus considérables de la Ville. Ne l'accusait-on pas d'y avoir tenu maintes réunions

---

(1) Voir p. 83, note 4.

(2) « *Nigidius Figulus Pythagoricus et Magus in exsilio moritur.* » Saint Jérôme, *in chron. Euseb.*

(3) Le catéchisme des Acousmatiques « recommande l'usage des vêtements blancs pour les cérémonies religieuses et pour l'ensevelissement... Il est spécialement interdit d'employer des cercueils en bois de cyprès. Pour justifier cette défense », l'ésotérisme de l'École prétend « que le sceptre de Zeus est fait de ce bois. » Delatte, *Etudes* sur la *Littérature pythagoricienne*, p. 301, nos 7 et 8. — Cf. *(Ibid.,* note 1.) — Cf. Lanoé-Villène, *Le Livre des Symboles*, lettre C, pp. 37 et 148 ; éditions Bossard, Paris, 1929.

(4) Cf. Cic. *Ad familiares*, IV, p. 13.

mystérieuses ? (1) Il eût repris, dès lors — c'était à craindre — figure de conspirateur !

Au surplus, Figulus, l'astrologue (2) et l'orphique, à la fois fauteur d'anagogie et prêcheur d'anagénèse, n'avait-il pas été, par surcroît, un apôtre doublé d'un thaumaturge ? Bref, les claires visions d'invincible espoir, dont le pythagorisme renaissant avait enthousiasmé sa pensée jusqu'à la ferveur du prosélytisme, et qui continuèrent de la charmer au milieu des tristesses de l'exil, avaient fait échec à la justice et découragé la clémence.

Mais, en revanche, multipliant à dessein leurs attraits, ne fût-ce que pour l'honneur du proscrit, qui ne reviendrait pas, elles s'offraient irrésistibles à la contemplation. Les âmes demeurées droites, et, partant, tourmentées, s'inquiétaient même à les attendre. L'ennui était inexorable, la société lasse, les luttes fratricides, l'horizon sanglant. Alors, comme aujourd'hui, l'homme était un dieu tombé qui se souvenait des cieux. Profondément atteint de la nostalgie des cimes, d'instinct, son front sublime s'élevait avec ses yeux vers le firmament constellé d'étoiles, que ses larmes voulaient apprendre à regarder comme autant de sœurs.

Le Destin apaisé avait peut-être écrit, au livre fraternel des Sphères, qu'il suffisait de servir et d'être sage, pour quitter un jour la terre d'exil, où le bonheur ne rend pas heureux, et prendre enfin, vers les Iles Fortunées de l'Au-Delà, un joyeux et définitif essor. L'espérance se sentait pousser des ailes, et comme elle avait étrangement souffert, le beau Livre était fait

---

(1) « Καὶ κατὰ τοῦτο καὶ αἰτίαν ὥς τινας ἀπορρήτους διατριβὰς ποιούμενος (Νιγίδιος) ἔσχεν. » Cassius DION. *Hist. rom.*, XLV, p. 1, 3-5. — « *Nigidius... apud quem plurimi conveniebant.* » Schol. Bob. *ad. Cic. in Vatin.*, p. 317 or.)

(2) Dans la réforme religieuse de Nigidius, « plus encore que dans le pythagorisme primitif, qu'il croyait restaurer, s'agglomèraient, par le plus héréroclite des alliages, explications et symboles, expérience et utopie, raisonnements et sortilèges, mystique et mystification, spiritualisme et spiritisme. Ce mélange était trop déconcertant pour ne pas dérouter les esprits. Les générations qui succédèrent à la sienne se sont divisées sur son compte. Tandis que les uns, impressionnés par son labeur, l'intégrité de sa conduite publique et privée, l'ardeur de ses convictions, saluèrent en Nigidius une des colonnes intellectuelles de son siècle, les autres ne parleront de lui qu'avec railleries ou malaise, comme d'un astrologue ou d'un magicien. » Carcopino, *op cit.*, p. 202.

sans doute, pour la comprendre. A l'avènement d'une Religion, au culte de la foi nouvelle l'heure était éminemment propice. Avec Nigidius, le Ciel avait-il donné son Signe ?

CHAPITRE II

LES SOURCES

§ 1. Le Pythagorisme.

« Ce serait rétrécir étrangement le problème de la « renaissance » pythagoricienne, a écrit un philosophe contemporain (1), que de le ramener aux termes d'une controvrse technique et de la faire sortir, agissante et vivante, d'une dialectique formelle. » On ne saurait mieux exprimer que la poésie et le mythe sont, en un sens, plus vrais que la logique ou l'histoire. Un ouvrage remarquable, de publication récente, s'intitule : « *Recherches sur les Sources de la légende de Pythagore* (2). » Le titre est suggestif. Précisément, la discipline figulienne écoute et se construit aux portes de cette légende. Il serait malaisé, d'ailleurs, de l'expliquer d'autre sorte. Le système est d'un inspiré, aux allures et à la physionomie de prophète, ou il sombre dans toutes les extravagances de la mystagogie. Telle est l'alternative : nulle possibilité de milieu.

C'est pourquoi, au premier aspect, l'esprit se déconcerte et la pensée s'égare. La doctrine est absconse, la vision apocalyptique, l'œuvre minuscule, sporadique et fragmentaire. Le sentier est bref à parcourir, en effet, mais c'est un lacet qui côtoie le précipice, au flanc escarpé de la montagne, tandis que, mystérieux et attirant, l' « observatoire » fatidique en couronne le sommet. On ne tentera d'y accéder, dès lors, qu'avec d'infinies précautions. Il faut pourtant s'y installer, puisque, là, sous l'immense coupole, s'abrite le génie que nous aimons. On risque

---

(1) Cf. CARCOPINO, *op. cit.*, p. 195.
(2) Isidore LÉVY, Paris, 1926.

un suprême effort, on se recueille : le voici enfin !... Peine perdue. Le rêve, pour avoir été grandiose, n'en a pu rendre que plus décevante la morne réalité.

A la vérité, nous y rencontrons le sphinx prestigieux, dont l'énigme nous obsède, mais réfracté, par exemple, en un Jean de Lydie qui, sur la foi caduque d'un anachronisme des plus outrageux, n'hésite pas à nous transporter, tout d'une traite, d'un certain mois de septembre de la République romaine, à travers un espace de six siècles, aux plus beaux jours de la période justinienne (1). C'est dire le cas très modéré que nous ferons d'une brontologie aussi fantaisiste. Dans ces conditions, vingt pages à peine de textes plus ou moins interpolés se réfèrent indirectement à notre objet. Le désarroi est complet et l'ennui à son comble.

Toutefois, en des sources plus limpides (2), à la seconde lecture du petit Ciel nigidien — et qui, déjà, scintille, — la curiosité s'attise ; prodigieux, l'intérêt grandit et fuse : l'hermétisme est amorcé. A l'exemple du Maître, dont le secret s'offre désormais à nos recherches, spontanément et avec le sien, notre regard s'élève vers la voûte céleste. C'est la nuit : il est plus malaisé de voir dans « l'obscure clarté qui tombe des étoiles » Mais, quel émoi ! Voici que le spectacle s'élargit soudain, et qu'au fond des espaces infinis apparaît l'immensité d'un Monde, qui se dérobait pendant le jour.

Héros silencieux de son rêve, Nigidius semblait, en effet, d'un regard d'initié, y apercevoir, comme en de mystérieux lointains, ces astres vivants que sont les pensées des dieux. C'est ainsi que sa méditation trouvait le lieu de son repos dans une

---

(1) Joannes LAURENTIUS LYDUS, *De ostentis*. — « *Negari quidem nequit, quod jam Hasius et Hertzius observaverunt* « *pleraque* », *hoc* « *diario* » *contineri ætatis Iustinianeæ vestigia, veluti ad ieiunium Christianorum respici* (p. 72, 3, éd. Wachsm., *in adm. ad. III diem decemb.*) *ad imperatoriam potestatem sæpius ; his addi potest inprimis hic locus* (p. 65, 5, *ad.* VI septemb.) « δύναμις ἔσται ταῖς γυναξὶ κρείττων ἢ κατ αὐτάς, (ce texte figure au bas de la page 96, dans l'édition de SWOBODA, Prague, 1889), *quæ optime ad Theodoram, Iustiniani uxorem, referri possunt... Antiqui autem coloris vestigia fere omnia sunt oblitterata...* » SWOBODA, *Quæst. nigid.* pp. 31 et 32.) — Sur le « *De ostentis* » Cf. WACHSMUTH, proleg. ad Lydum de ostentis, pp. XXIV, XXVI, XXVIII.

(2) Voir p. 85, note 5.

sorte d'adoration de ce « saint Quaternaire (1) », qui lui était apparu dans le temple céleste de la Tétractys pythagorique (2). A cette « source de l'éternelle Nature (3) », après avoir discerné dans tous les êtres de l'Univers les lettres éparses dont l'homme lui-même était le mot parachevé, il avait résolu d'apprendre à mourir à une vie exotérique pour vivre passionnément l'Harmonie planétaire, le chant éthéré des Muses.

Aussi bien, une Sirène, que place l'allégorie sur chacune des Sphères, explique, à ce propos, le mythe d'Er de Platon (4), ne fait-elle pas entendre sa voix ? De ce concert céleste est née la symphonie cosmique. Au reste, Apollon avait rendu cet oracle ; et, depuis, ornant de bandelettes le trépied prophétique du temple de Delphes, aux statues d'or des « Chelidones » symboliques (5), les déesses de l'eurythmie avaient accoutumé d'accompagner dans ses hymnes le divin citharède. Au témoignage de Philostrate (6), l'oiseau quaternaire qui décore la coupole de saphir du palais royal de Babylone, où présidait la déesse Némésis, n'est-il pas, lui aussi, « séduisant comme les Sirènes » du mythe platonicien ?

Or, l'ésotérisme attestait que Pythagore était une incarnation

---

(1) « Les Pythagoriciens le considéraient comme un Nombre sacré et juraient par le saint Quaternaire. » Allendy, *Le Symbolisme des Nombres*, p. 92, Paris, 1921. — « *Pythagorici in honore habent Quaternarium, per quem etiam jurare consueverunt.* » Saint Grégoire de Naz. : *Orat. in Sanctam Pentecosten.*

(2) Voir p. 86, note 6.

(3) Peut-être convient-il de voir dans la doctrine de la tétractys une théorie arithmologique. Ce qui est certain, c'est que la doxographie antique en fait le plus grand cas. « Un des rares documents pythagoriciens où il en est question est une formule poétique de serment qui nous a été transmise par de nombreux auteurs. En voici le texte :

« οὔ, μὰ τὸν ἁμετέρᾳ ψυχᾷ παραδόντα τετρακτύν
παγὰν ἀενάου φύσεως ῥιζώμα τ'ἔχουσαν. »

« Non, je le jure par celui qui a transmis à notre âme la tétractys, en qui se trouvent la source et la racine de l'Éternelle Nature. » L'être mystérieux que les Pythagoriciens prenaient ainsi à témoin, et dont le plus beau titre de gloire est l'invention de la Tétractys, est évidemment Pythagore. » — Cf. Delatte, *op. cit.*, pp. 249, 250.

(4) Cf. Plat. *Rep.* X, 617*b*. — Cf. Delatte, *op. cit.*, pp. 260 sq.

(5) Cf. Pindare, fr. 53.

(6) Vit. Apoll. Ty., I, 25, et VI, 11.

de Dionysos (1). Au surplus, le jeune Samien avait montré le signe apollinien de la « cuisse d'or (2) », lorsque, dans une vigueur adulte et une force surhumaine, il avait été, aux champs d'Élide, le vainqueur des hommes. Il possède, à n'en pas douter, les attributs divins, celui que les éléments eux-mêmes saluent au passage (3) et qui, unissant au privilège de la prescience celui de lire au livre du passé, aperçoit en Myllias la « renaissance » du roi de Phrygie (4).

Manifestement, le fils de Mnésarque est un immortel, puisqu'après sa Katabase, d'où il rapporte de l'Hadès une discipline eschatologique sur le sort des âmes, il jouit, par surcroît, de l'ubiquité des dieux. En particulier, nous le voyons simultanément à Crotone, où il lit, devant une assemblée stupéfaite, une lettre scellée, et à Métaponte, où il s'était réfugié, après s'être rendu invisible, pour échapper à la faction des Cyloniens irrités contre sa doctrine.

Callimaque, à son tour, fait allusion à une phase curieuse de sa palingénésie. Un bref passage des Iambes (5) raconte, en effet, l'arrivée à Milet d'un certain Thyrion d'Arcadie. Il s'agissait de découvrir, entre les sages, le plus sage de la Cité. Une coupe serait sa récompense. Mais quel est donc ce personnage mystérieux, éponyme du guerrier troyen, dont Thalès, qui remporte le prix, s'occupe à retracer sur le sol les figures géométriques ? Nul autre que Pythagore lui-même ne pouvait être,

---

(1) « Pythagore est un dieu qui a pris la forme humaine. C'est ce qu'indique la formule « archi-secrète » : τοῦ λογικοῦ Ζῴου τὸ μέν ἐστι θεός, τὸ δὲ ἄνθρωπος, τὸ δὲ οἷον Πυθαγόρας. — Jambl. V. P. 31. — Cf. CORSSEN, Rhein. Museum, 1912, p. 39. — DELATTE, op. cit., p. 16. — Les Crotoniates savent quel Dieu particulier a revêtu l'apparence humaine pour séjourner parmi eux : c'est Apollon hyperboréen. (Élien, Var. Hist. II, 26.) La personne physique et les miracles de Pythagore manifestent une nature supérieure à l'humanité. » LÉVY, op. cit., pp. 11 et 12.

(2) « La cuisse est comme d'or, c'est-à-dire resplendit de la couleur dorée du soleil. Pythagore a fait apercevoir une fois ce signe apollinien : cela s'est passé dans un agôn qu'Elien localise à Olympie. » — Cf. Isid. LÉCY. (Ibid.)

(3) « Le Kasas, la rivière de Métaponte, élève la voix pour le saluer. » LÉVY, op. cit., p. 13.

(4) Cf. JAMBLIQUE, Vit. Pyth., 143.

(5) Cf. HUNT, Oxyrh. papyri, VII, 1011, II, 123-127. — Cf. CAHEN, Callim., p. 167.

en la circonstance, la réincarnation d'Euphorbe le Phrygien (1). Aussi bien, le Maître l'assure, en preuve de la métempsycose, il est, par surcroît, le fils de Panthoüs (2).

Ici, du moins, au point de vue de l'Histoire, la vraisemblance était sauve. Mais, dans le premier cas, au grand scandale de toute une part (3) de l'érudition moderne, quel renversement de la chronologie ! Cependant, pour avéré qu'il soit, l'anachronisme, d'ailleurs léger, ne manque point de charme. Ne contient-il pas, ainsi que l'enseignait Platon, « une âme de vérité », qui n'a pas échappé à la sagacité de l'auteur des *Sources*.

A ne considérer que les dates, observe à ce sujet Isidore Lévy, « il est étrange, en effet, que Thalès... se soit mis à l'École de Pythagore ». Peut-on soutenir, dès lors, sans paradoxe, qu'il y ait eu, du vieux Milésien à l'enfant du stade d'Olympie, la relation du disciple au Maître ? C'est donc que le héros des Iambes « n'est pas un mortel ordinaire, car, en lui reparaît sur terre l'âme d'Euphorbe, douée d'une surnaturelle anamnésis... Callimaque nous fait deviner l'existence d'une tradition qui, à la surnaturelle précocité physique de l'athlète, substitue une merveilleuse précocité intellectuelle, dont Thalès même subit le prestige. » (4)

Aussi ne nous étonnons plus d'entendre Abaris proclamer, dès son arrivée à Crotone, où il s'était transporté sur la flèche volante d'Apollon (5), la divinité du Maître. Et comme témoignage de sa spéciale gratitude, le dieu incarné récompense aussitôt la piété de l'hyperboréen en accordant à celui-ci le privilège de la participation à son apostolat initiatique et à la prognose par le Nombre (6).

---

(1) Cf. SCHNEIDER, *Callimachea*, t. II, p. 244. — RHODE, *Psyche*, t. II, p. 418. — Diogène Laërce n'est pas de cet avis. (Cf. DELATTE, *Vie de Pyth.*, p. 158.) Mais le texte de Diogène, I, 25, ne constitue pas une preuve, parce que « la source de Diogène paraphrase simplement le texte de Callimaque. »

(2) Cf. DELATTE, *op. cit.*, p. 111.

(3) Cf. DIELS. Archiv. für Gesch. der Phil., t. I, p. 6. Pfeiffer, *Callimachi fragmenta*, p. 44.

(4) Cf. Isid. LÉVY, *op. cit.*, p. 42.

(5) Cf. ERATOSTHÈNE, *Epitomé des Catastérismes*, d'après un manuscrit du Vatican (gr. 1087), et le fragment du « περὶ Δικαιοσύνης » d'Héraclide le Pontique, que Rhem a restitué, Rhein. Museum, p. 418, 1912.

(6) Cf. LYCURGUE, *Oratores attici*, II, p. 368.

C'est avec Lui, en effet, observe Philolaos, qu'on pénètre dans la véritable connaissance : on n'y entrerait point sans Lui. « C'est dans la Décade qu'il faut en contempler à la fois l'essence et la puissance. Grand, infini, tout-puissant, il est la source et le guide de la vie divine et céleste, comme de la vie humaine. C'est l'essence du Nombre qui enseigne à comprendre tout ce qui est obscur et inconnu ; sans lui on ne peut s'éclairer, ni sur les choses en elles-mêmes, ni sur les rapports des choses... Ce n'est pas seulement dans la vie des dieux... que se manifeste la toute-puissance du Nombre, mais dans toutes les actions et les paroles de l'homme, dans tous les Arts, et surtout dans la Musique. Le Nombre et l'Harmonie repoussent l'erreur ; le faux ne convient pas à leur nature. L'erreur et l'envie sont filles de « l'infini » sans pensée, sans raison ; jamais le faux ne peut pénétrer dans le Monde : il est son éternel ennemi. La Vérité seule convient à la nature du Nombre : elle est née avec Lui (1). » Ainsi allait chanter, en l'âme nigidienne, la voix de la Tétractys pythagorique.

L'on sait, au surplus, le rôle magique auquel celle-ci préludait dans l'École : en guérissant les corps, elle purifiait aussi les âmes (2). Pour les pythagoriciens la musique humaine n'était, en effet, que l'écho de cette harmonie astrale, qui venait, d'une façon si opportune, inviter les hommes, par les rites mystérieux de l'imitation, de la catharsis et de l'ascèse, à rendre enfin rythmiques leurs propres instincts. S'ils parvenaient, de la sorte, à ressembler aux dieux, ils deviendraient dignes de rejoindre un jour, aux régions olympiennes, ces Iles des Bienheureux, d'où l'inéluctable Fatalité les avait expulsés.

La sublime leçon était ainsi une Parole qui retentissait, et qu'on éprouvait le besoin d'entendre. C'est qu'en elle divine-

---

(1) Cf. PHILOL., ap. Stob. florileg. I, 8, 10.

(2) Cf. ARISTOXÈNE dans Cramer, Anecd., et Jamblique, V. P., 64 sq., 110, sq. — Cf. PORPHYRE, V. P. 30, 32-33. — Cf. QUINTILIEN, Inst. orat., I, 10, 12. — BOÈCE : De mus. I, 20. — BRYENNIUS in harm. sect., 1. — EUSTATHE, opusc., pp. 53, 80. — « La musique humaine n'était pour les Pythagoriciens qu'une imitation de l'harmonie des astres. Grâce à elle, on pouvait espérer se purifier des passions et des souillures terrestres, se rendre semblable aux êtres divins que sont les astres. » Armand DELATTE, op. cit., p. 262. — « Quod et musica disciplina purgatos animos faciat labe corporea et imperiosis pateat via carminibus in usque illum circulum, qui dicitur galaxias animarum beata luce fulgentem.» Favonius, in somn. Scip. p. 19.

ment chantait, comme une plénitude de la promesse apollinienne, toute l'espérance des ascensions futures. Aussi bien, n'est-ce pas ce Verbe puissant qui inspirait, en particulier, à Cicéron (1), l'ami des Nigidius, un véritable culte pour le Maître de Crotone ? Et c'est pourquoi, pèlerin de Métaponte, il n'hésite pas à vénérer les reliques du coryphée aimé de la doctrine. On le voit, à cet effet, se rendre pieusement à la Maison où l'histoire affirme qu'il était mort. En tout cas, elle s'était vite transformée en un temple de Déméter, ce « sténôpos » (2) fameux, où les Muses elles-mêmes étaient apparues, afin de saluer au passage le Maître qui montait au Ciel, pour y entrer dans « l'éternité des âmes » (3). C'est à cette « perfection de la Décade » que se réfère, d'ailleurs, l'hymne pythagorico-orphique au Nombre (4), d'une allusion plausible au mythe de Dionysos-Zagreus.

§ 2. **Le Sémitisme.**

Au témoignage des tablettes de Sybaris et de Petilia, le dieu phrygien Sabazios, dont les mystères s'apparentaient à l'orphisme de la Grande-Grèce, ne serait-il pas, à son tour, une réminiscence du « Jahvé Zebaoth » des cultes sémitiques (5)? Un groupe de monothéistes juifs n'était-il pas formé d'anthropomorphites, qui donnaient à la Divinité les attributs humains

---

(1) Au Ier siècle avant Jésus-Christ, la philosophie romaine, à quelque école qu'elle appartienne, est pythagorisante. — Cf. F Cumont, *La théologie solaire du paganisme romain*, dans les *Mémoires* présentés par divers savants à l'Académie des Inscriptions. — Il faut noter également, à ce propos, les influences égyptiennes. — Cf. Cumont : *After life*, p. 22. — *Astrology and Religion among the Greeks and Romans* (New-York, 1912). — Ces influences « ont dû s'exercer sur Nigidius Figulus en particulier. » Carcopino, *op. cit.*, p. 190., note 1. — « *Pythagorea doctrina, cum longe lateque flueret, permanavisse mihi videtur in hanc civitatem, idque... quibusdam etiam vestigiis indicatur. Vestigia autem Pythagoreorum quamquam multa colligi possunt, paucis tamen utemur... multa etiam sunt in nostris institutis ducta ab illis.* » Cic. *Tusc.* IV, I, 2-4. — Cf. Lucain, *Phars.* I, 639 sq. — Voir les notes complémentaires, p. 84, note 7.

(2) Cf. I. Lévy, *op. cit.*, p. 54.

(3) Cf. Cic. *Tusc.* I, 17, 34.

(4) Cf. Syrianus, *comm. in Arist. Met.*, p. 893.

(5) Cf. Cumont, *Les religions orientales dans le paganisme romain*, p. 79.

de l'ancien delphisme (1) ? De plus, les purifications pratiquées dans ces mystères ne purent-elles pas « par une interprétation nouvelle, être regardées comme effaçant le péché originel, dont la désobéissance d'Adam avait entaché le genre humain ? L'usage suivi par les Sabaziastes de consacrer des mains votives qui, les trois premiers doigts étendus, font le geste liturgique de bénédiction... fut probablement emprunté, par l'intermédiaire des Juifs, au rituel des temples sémitiques. Les initiés croyaient, toujours comme les Juifs, qu'après la mort, leur bon Ange les conduirait au banquet des Bienheureux, dont les repas liturgiques présageaient sur la terre les joies éternelles. L'on voit le festin d'outre-tombe représenté sur une fresque décorant la sépulture d'un prêtre de Sabazios, Vincentius, qui fut inhumé dans la Catacombe chrétienne de Prétextat... C'est sans doute parce qu'il appartenait à une secte judéo-païenne, qui admettait à ses cérémonies mystiques des néophytes de toute race (2). »

D'un autre point de vue, l'allographie assyro-babylonienne d'Halévy (3) conduit à une conclusion identique. Ainsi, l'idéo-

---

(1) Cf. Charles SCHEFER, *Chrestomathie persane*, t. I, p. 156, note. — Cf. Henri MASSÉ, L'*Exposé des Religions* (Kitâb bayân-il-adyân, 1092, 485 de l'*Hégire*), par Abou'l Maâli, p. 32, Rev. de l'*Histoire des Religions*, Annales du Musée Guimet, 1925.

(2) Franz CUMONT. *(Ibid.)* — Cf. notice sur les *Mystère de Sabazius et le judaïsme*, publiée dans les Comptes rendus de l'Académie des Inscriptions, 9 février 1906, pp. 63 sq.

(3) Le principal effort (de J. HALÉVY : *Précis d'Allographie assyro-babylonienne*, XXIX, Ernest LEROUX, Paris, 1912) consiste à rechercher, dans les valeurs attribuées aux idéogrammes simples et complexes, un mot sémitique plus ou moins... tronqué ou truqué. Pareille dérivation apparaît très plausible dans une foule d'exemples. Ainsi GI signifie : être ferme, fidèle, et, en même temps, roseau, parce que le sémitique a le verbe kânu, être ferme, fidèle, et le substantif qanû, roseau. BAR signifie diviser, briller, sanctuaire ; comparez les mots sémitiques correspondants : *parasu*, *bararu*, *barakku* (parakku). AN (ilu) — BAR, qui signifie « fer » = parzillu, fer, en assyro-babylonien et dans toutes les langues sémitiques. BIL a les significations « feu » et « nouveau ». GIBIL désigne le dieu du feu (écrit BIL—GI !) et torche, flambeau ; mais il signifie aussi « nouveau » : pourquoi, sinon à cause de la ressemblance des deux mots sémitiques ešsu, nouveau, et isátu (hébr. ēš), feu ? A-MA-TU, composé de A, eau' + MA, vaisseau,+TU, entrer, signifie inondation ; or, il y a justement un mot babylonien, ammatu, inondation. » — Cf. Stanislas GUYARD, *Rev. de l'Histoire des Religions*, 1881, p. 16. — La citation précédente est empruntée à *Rech. de Sc. relig.*, Mars-Avril 1913. — Cf. Stephen LANGDON, *A Sumerian*

gramme sumérien n'est, pour lui, qu' « un mot sémitique plus ou moins déguisé ». Quoi qu'il en soit, il convient peut-être de rapprocher de la Tétractys pythagorique le tétragramme juif יהוה, dans les trois dernières lettres duquel l'auteur des *Grands Initiés* veut reconnaître l'Evohé fameux des mystères éleusiniens.

Mais alors, il nous faut remonter jusqu'aux « mystères très proches » de l'animisme d'Attis (1). Après Zama, en effet, les Romains avaient accueilli avec enthousiasme, sous la forme symbolique de l'Aérolithe noir, la déesse de Pessinonte, qui venait de les délivrer de la terreur punique. Chaque année, aux Nones d'Avril, ne fêtaient-ils pas la bienvenue de la *Magna Mater* des sommets boisés de l'Ida, aux pins immarcescibles, dont Stace (2) a pu écrire qu'ils n'ont jamais connu les coups de la cognée ? C'est qu'à leurs yeux le dieu de la végétation s'était uni à la Terre. Quand la tempête sifflait dans la forêt profonde du Bérécynthe, ils s'en souvenaient, « c'était Cybèle qui, traînée par des lions rugissants, parcourait la contrée en pleurant la mort d'Adonis » (3).

Plus tard, lorsque, sous l'influence de l'astrologie sémitique, l'hénothéisme solaire sera devenu à Rome la religion dominante,

---

Grammar and Chrestomathy, 1911. — Cf. Ch. Fossey : *Les Permutations des consonnes en sumérien*, dans *Hilprecht Anniversary Volume*, 1909. — Au témoignage de F. Thureau-Dangin, *Recherches sur l'origine de l'écriture cunéiforme*, parmi les exemples que cite Halévy, plusieurs sont discutables — Cf. en particulier, n°s 144, 147, 220.

(1) Il importe de ne pas confondre l'animisme avec le naturisme originel de Dupuis (De l'origine de tous les cultes.) Selon lui, tous les mythes seraient d'origine astronomique. — Cf. Dussaud : *Introd. à l'Histoire des Religions*, p. 2. — S'il faut en croire Guigniault : *Les religions de l'antiquité considérées principalement dans leurs formes symboliques*, on ne peut faire qu'un cas très modéré du symbolisme de Creuzer. — Andrew Lang (*La Mythologie*, trad. Parmentier, Paris, 1886) a fait justice aussi des théories de Bréal : *Hercule et Cacus*, ét. de Mythol., — de Max Muller *(Essais sur la Myth. comparée, les traditions et les coutumes*, trad. Perrot, Paris, 1873. — *La Science du langage et nouvelles leçons sur la science du langage)* — et de A. Kuhn *(Die Herabkunft des Feuers und des Gottertranks*, Berlin, 1859.) — Cf. Frazer, *Golden Bough.* — Cf. Preuss, *Der Ursprung der Religion und der Kunst*, dans *Globus*, 1904-5.) Voir notes complém. p. 87, note 8.

(2) *Achill.* II, 345 : « *Phrygos lucos... vetitasque solo procumbere pinus.* » — Cf. *Aen.*, IX, 85 sq.

(3) Cf. Catulle, CIL-LXIII. — Cf. Swob. *op. cit.*, p. 28.

c'est encore le pâtre de Phrygie qui sera, au Ciel, le « Pasteur des astres étincelants » (1). Les péans de Démétrius de Phalère ne chantaient-ils pas déjà, en l'honneur de Sérapis, la gratitude du miraculé du dieu égyptien, auquel étaient unis, avec le mythe d'Isis, les cultes sabaziastes ; tandis que Néchepso et Pétosiris composaient la Bible de la croyance nouvelle en la divinité des Étoiles et en la puissance de leur Parole ? La translation dans le ciel des fixes serait peut-être, un jour, la récompense de la contemplation et de l'exégèse cosmiques.

§ 3. Le Parsisme.

Or, le mazdéisme des Achéménides, qui avait, d'ailleurs, exercé sur la foi d'Israël une influence indéniable, constituait l'un des éléments du syncrétisme de l'Égypte. A Rome, dès l'époque de Nigidius, sans doute, existait une communauté d'adeptes des mystères persiques de Mithra. Les sacrifices des Maguséens ou Pyrèthes de Zéla du Pont ou d'Hiérocésarée de Lydie, dont l'idéal, à la différence des cultes primitifs, était la catharsis spirituelle, s'accomplissaient, selon les rites de la liturgie avestique, en l'honneur de ce « pur génie de la Lumière » (2). Le parsisme avait aboli, en effet, les divinités parèdres des Baals syriens. Cybèle était l'amante du berger de Phrygie ; Osisris était l'époux d'Isis : Mithra est seul, il est chaste, et les Amshaspands de son empire sont une image de son intégrité divine. En son nom, le Mage prêchait le dualisme iranien et une morale agonistique. Il invitait les hommes à lutter contre les Dévas d'Ahriman pour assurer, avec leur salut éternel, le triomphe définitif des Yasatas d'Ormuzd.

C'est précisément ce verbe pythagoricien des mystères mazdéens qu'à l'époque figulienne (3) une élite latine écoutait avec amour et gardait religieusement dans l'ésotérisme de l'Hiéros Logos. Le *De opificio Mundi* et le *De Decalogo* témoignent, en ce sens, d'un apocryphe « peut-être composé à Rome, et qui ne doit pas être sensiblement antérieur à Nigi-

---

(1) Cf. Cumont, *op. cit.*, pp. 61 et 73. — Sur l'expression : « Quérir le may », Cf. Dussaud, *op. cit.*, p. 54.
(2) Cf. Fr. Cumont, *op. cit.*, p. 175.
(3) Cf. Lévy, *op. cit.*, p. 70.

dius » (1). De son côté, Jamblique ne fait-il pas allusion à certains passages d'Androcyde (2), qui constituent un rappel direct de ce recueil pré-philonien, où l'on remarque, par surcroît, avec le « Περὶ φύσεως λόγος » de Zaratas de Chaldée, Maître de Pythagore, l'influence zoroastrienne (3). Or, un scoliaste de Platon (4) fait observer, à ce propos, que le traité en question constituait l'un des éléments d'une synthèse tripartite, analogue au complexe de la Tétractys. On y distingue, en effet, la trinité du rythme dans le Quaternaire, la Décade et la Somme du double quaternaire, la dyade du fini et la monade de l'infini, le pair et l'impair (5).

*
* *

L'uranographie, la généthlialogie et les catastérismes constitueraient-ils, dès lors, les trois moments du rythme, auquel va préluder, en cette introduction à l'Édition de ses Fragments, la discipline de Nigidius Figulus ? En d'autres termes, le problème ardu que sa Philosophie pose, et dont la phylogénèse se réfère, en dernière analyse, à l'occultisme ancestral, est-il résoluble en faisant appel à une autre méthode que celle du symbolisme transcendantal d'une Sémantique ternaire ?

---

(1) Cf. Lévy, *op. cit.*, p. 85.
(2) Cf. *De fontibus* (ouvrage attribué à Androcyde, par Bertermann.) — Cf. Alex. Polyhistor : *Hypomnèmata.*
(3) Cf. Antonios Diogénès : *Merveilles d'au-delà de Thulé.*
(4) *In I. Alcib.*, p. 480.
(5) On distingue trois Tétractys : la petite, la moyenne et la grande. La première est constituée par le nombre quatre ; la seconde n'est autre que la somme des quatre premiers nombres (1 + 2 + 3 + 4) ou décade ; quant à la troisième, elle est la somme des quatre premiers nombres impairs et des quatre premiers nombres pairs (1 + 3 + 5 + 7) + (2 + 4 + 6 + 8) = 36. — Bouché-Leclercq, *op. cit.*, p. 9, note 3, pense que « celle-ci a pu être suggérée par le système des décans, ou inversement ». — Cf. A. Delatte, *op. cit.*, ch. VIII en entier. — Sur la Décade, cf. Delatte, p. 162. παντέλεια ; *Attis pantelius*). — Cf. Roscher, Lexik. Myth. III, 1550 sq.

SECTION II

ONTOGÉNÈSE

CHAPITRE PREMIER

LE DESTIN

§ 1. Cosmothéisme planétaire.

Le Timée (1), dans la préface duquel Cicéron nous avertit qu'il va converser avec Nigidius sur la genèse cosmique, n'était, sans doute, à ses yeux, que la réplique du Dialogue platonicien, où l'auteur compare à un heptacorde l'immense eurythmie des orbes divins. Aussi bien, le septénaire, en sa réalisation symbolique et ardente des « séries harmonieuses », ne dérive-t-il pas, à son tour, de la Tétractys et du ternaire (2) ?

Déjà, à travers le prisme des disciplines chaldéennes, que réfractait le pythagorisme, le coryphée romain de la doctrine avait aperçu, à coup sûr, cette pyramide fameuse, aux septuples couleurs planétaires des sept temples superposés, dont il se proposait de faire l'ascension jusqu'à la demeure du dieu suprême, pour y contempler de plus près le mystère infini de la voûte

---

(1) « *Ipsi Nigidio... Pythagoreorum placita, qualia Plato in Timæum suum contulerat (Cicero) dedit enarranda.* » HERTZ, *op. cit.*, p. 27.

(2) Cf. GELL. A. N. III, 10 « *De numeri septenarii virtutibus...* » HERTZ, p. 24. — Cf. ALLENDY, *op. cit.*, p. 171.

étoilée. Et de fait, son traité *de diis*, écho de ces cosmogonies primitives, qui racontent, avec « les Travaux et les Jours », le combat gigantesque des dieux et des Titans, précise de plus en plus, à ce sujet, la subordination des premiers « à un Baal souverain, qui tendait, sous le nom de Kronos... à occuper le sommet de la hiérarchie divine (1). »

Or, cette divinité n'était autre que le Saturnus nigidien, fils du Ciel, qui, au début des grands cycles millénaires, dans la communion originelle du Feu-Principe, avait produit Rhéa, la Matrice du Monde. Toute une théogonie ésotérique, apparemment renouvelée du plus pur stoïcisme, montre, d'ailleurs, chez Nigidius, la suite de l'évolution planétaire dans la naissance de Jupiter arrêtant Saturne en son immense courant de vie, tandis que ce vivant génie du Tonnerre (2) préside, en un véritable séisme cosmique, à la catagénèse pythagoricienne des âmes (3). N'était-ce pas ce Zeus-Oromazdès que le parsisme primitif voyait déjà dans les espaces sublimes de l'Éther, quand

---

(1) Cf. M. E. LASBAX : *La philosophie dans l'Afrique du Nord*, p. 25.

(2) « Ζεὺς Κεραύνιος ». — Cf. USENER, *Keraunos* (Rhein. Museum, N. F. LX, 1901. — Jupiter Dolichenus = Ba'al-Samin : Cf. LIDZBARSKI, Balsamen (Ephem. semit. épigr. I) — Inscription de Et-Tayibé Ζεὺς μέγιστος κεραύνιος. — Cf. LIDZB., *Handbuch*, p. 477 et LAGRANGE, *Etudes sur les religions sémit.*, p. 508, Paris, 1905. — Ba'al-Samin = Cœlus : Cf. Fr. CUMONT : *Monuments relat. aux Myst. de Mithra*, p. 87. — Cf. COMYBEARE : *Philo about the contemplative life*, p. 33.

(3) « τὸν σεισμὸν ἐγενεαλόγει οὐδὲν ἄλλο εἶναι ἢ σύνοδον τῶν τεθνεώτων. » (Catéchisme des Acousmatiques.) « Cette explication d'un phénomène naturel par le merveilleux doit être comparée à une croyance pythagoricienne sur la production de la foudre. — *Aristote. (Anal. post.* II, 11, 94 B, 33) (texte rangé avec raison par DIELS, *Vorsokr.*, 279, parmi les ἀκούσματα). On peut se demander si Elien (V. H. IV, 17) a reproduit sa source avec exactitude. Il est assez étonnant, en effet, qu'on attribue à la marche des êtres incorporels, que sont les âmes des morts, l'action violente et tumultueuse qu'est un tremblement de terre. La notice originelle déclarait peut-être simplement que ce phénomène se produisait à l'occasion du rassemblement des âmes. Ce qui m'inspire cette interprétation, c'est que dans la Vision d'Er de la République, mythe dont l'origine pythagoricienne n'est pas douteuse, le voyage des âmes, qui reviennent à la génération, est interrompu tout à coup par un tremblement de terre et des coups de tonnerre, qui causent la chute des âmes. (P. 621 B.) Quoi qu'il en soit, le rapprochement des deux conceptions n'est pas sans les éclairer l'une sur l'autre. » A. DELATTE, *op. cit.*, pp. 276 et 277.

il luttait contre l'Esprit du Mal, Ahriman, issu de l'amphimixie originelle, le démon de la connaissance discursive et de l'individualisme libre, pour l'héroïque défense et la conquête définitive de la Lumière. « Le Monde est né de la guerre », avait écrit le sage d'Agrigente. Avec le dualisme iranien, qui constituait l'une des idées maîtresses du néo-pythagorisme, Mars avait déchaîné, contre le Cercle entier du Ciel, la Haine du dieu lunaire (1).

Sur la Sphère ténébreuse d'Arès aucun astre ne luit encore. Accablée de douleur, Isis, tout en larmes, cherche au milieu des planètes le corps divin d'Osiris, dont Typhon-Set a dispersé les membres, quand, au sein tourmenté des nuées, que barrent les éclairs, passent, tel un rythme alterné d'aspir et de respir, les chauds effluves de l'Esprit. Cependant, la fille toute-puissante de la pensée de Keraunos, l'Arc mystérieux d'Iris absorbe les Eaux célestes : Minerve γλαυκῶπις (2), la septuple Athéna

---

(1) « Attis porte, dans les dédicaces du ive siècle, l'épithète de « menotyrannus. » On interprétait sans doute, à cette époque, ce titre comme signifiant « seigneur des mois », Attis étant alors conçu comme le soleil qui, chaque mois, entre dans un nouveau signe du Zodiaque. (Cf. CIL : Attidi menotyranno invicto.) « Invictus » est l'épithète propre des divinités solaires. Mais, ce n'est pas là le sens primitif de l'expression. « Mèn tyrannos » est mentionné avec une tout autre signification dans de nombreuses inscriptions de l'Asie Mineure. « Τύραννος », Maître, est un mot que les Grecs empruntèrent au lydien, et l'on honorait de ce titre de « tyran » Mèn, vieille divinité barbare, qu'adoraient la Phrygie entière et les régions circonvoisines. (Cf. Paul Perdrizet, Mèn : Bull. corr. hell., t. XX ; Drexlers dans Roscher, Lexikon, s. v. t. II, 2687 ss.) Les tribus anatoliques, depuis la Carie jusqu'au fond des montagnes du Pont, vénéraient sous ce nom un dieu lunaire, qui était conçu comme régnant à la fois sur le ciel et sur le monde souterrain, l'astre des nuits ayant été souvent mis en rapport avec le sombre royaume des morts... Les divinités de la côte de Phénicie passèrent aisément au-delà des mers : on vit débarquer Adonis, que pleuraient les femmes de Byblos,... Marnas, le maître des pluies, adoré à Gaza, et l'on célébrait au printemps, sur le rivage d'Ostie, comme en Orient, la fête nautique de Maïoumas. (Marnas : l'existence d'un Marneion à Ostie peut être déduite de la dédicace CIG 5892 : Cf. Drexler, dans Roscher, Lexikon, s. v., col. 2382.) — C'est probablement avec le culte du dieu de Gaza que s'introduisit la fête de Maïoumas : Lydus, ed Mensibus, IV, 80, p. 133, édition Wünsch-Suidas, s. v. Μαιουμᾶς, et Drexler, ibid., col., 2287. — Cf. Clermont-Ganneau : Recherches d'arch. orient. IV, p. 339. » Fr. Cumont, op. cit., pp. 75, 76 et 133.

(2) Cæsia... a cæli colore (Hertz, op. cit. p. 20). — « Quasi » cælia (Gell. II. 26).

colore d'azur le firmament profond. Aux cycles révolus de la période saturnienne, Apollon-Dianus, le Soleil à sept rayons (1), l'idéal Chorège, en s'ouvrant désormais, aux chemins lumineux du Zodiaque (2), une marche triomphale, allait pénétrer de divin Vénus-Astarté. L'Amour, vainqueur de la Haine, commençait de chanter, aux célestes claviers du Cosmos figulien, l'hymne éternel du Monde.

Au surplus, l'occultisme syrien d'Aphrodite n'avait-il pas accoutumé d'apercevoir en ce symbolique Bétyle (3), demeure de la déesse, que Kronos avait dévoré au terme de sa Nuit mystique, la genèse de Cybèle, la Mère idéenne de la Terre. Et c'est pourquoi celle-ci, tel le Θεμέλιον (4) sacré du Portique, s'était fixée, ferme et résistante, au centre du macrocosme. Née du sacrifice, aux régions souveraines, issue des combats olympiens de Cœlus et de Titée, Cérès, la douce et pure Vestale, se souvenait de la Pierre originelle et, divinement, songeait. Peut-être révélerait-elle aux humains, par l'ésotérisme initiatique, le mystère purifiant de l'agôn rédempteur.

Une voix parénétique n'avait-elle pas retenti soudain au plus profond des cieux ? Avec ferveur, la philosophie nigidienne en écoutait le pénétrant appel, tandis qu'elle contemplait au firmament, jusqu'à l'accomplissement de la promesse, l'ineffable beauté du Messie cosmique. Or, quand un dieu parle, il faut

---

(1) Le soleil était ainsi représenté sur les monnaies d'Antiochus, VIII, Grypus (125-96a. Chr.) — Cf. BABELON : *Rois de Syrie et d'Arménie*, 1890, pp. 178 sq.

(2) Sur l'écliptique. — « Il n'y avait pas de zodiaque égyptien, et on le conçoit aisément puisque les Égyptiens, peu curieux de suivre la marche des planètes, ne se préoccupaient pas de leur route oblique, et avaient adopté une année réglée sur le lever des constellations équatoriales. (Cf. LEPSIUS, Einleitung, pp. 121-125.) Ce qui ne veut pas dire que les Égyptiens ignoraient l'obliquité de l'écliptique, puisqu'ils réclamaient pour disciples Œnopide de Chios, qui, au témoignage de Diodore de Sicile (Bibl. hist. I, 98), tenait cette connaissance de l'enseignement donné par la caste sacerdotale. Œnopide interprétait ainsi le surnom de Λοξίας donné à Apollon. (Cf. MACROB., *Sat.* I, 17, 31.) — Nonnos (Dionys. XLVIII, 334) Λοξώ, servante d'Artémis. » BOUCHÉ-LECLERCQ, *Astrologie grecque*, p. 126, n° 1.

(3) Cf. PLUTARQUE : *Opinions des philosophes*, II, 13.

(4) Cf. G. BOISSIER : *Vie et ouvrages de Varron*, p. 276, n° 1. — Paris, 1861.

qu'on lui réponde. Aussi bien, c'était au contact de Maïa qu'aux siècles millénaires, avait été donné à l'homme, avec la parole intérieure, le verbe plus intime des joies atlantéennes, pour le premier et divin colloque de l'île Poséïdonis.

A ce propos, l'un des préceptes les plus impressionnants de la discipline figulienne introduit, semble-t-il, toute une théorie très personnelle de linguistique transcendante. Il existe, en effet, entre l'étymologie d'un nom et la réalité de l'objet désigné, — dit-elle en substance, d'après un texte curieux des Acousmatiques, — une si exacte correspondance, une harmonie si parfaite, qu'il importe de conclure, contre l'origine conventionnelle du langage, à son naturalisme intégral. Telle est, en particulier, l'attitude très nette de Nigidius au cours de ses *Commentaires grammaticaux*. A la vérité, on ne s'y attendait guère. Mais, en dépit du titre, qui suggère d'autres buts, l'on devine aisément, par l'ensemble du système, l'intention apologétique de la méthode.

C'est alors que sa pensée, s'élevant d'un bond aux plus hauts sommets de la Dialectique, le conduisait à évoquer, dans le puissant concept de la « Voculatio (1) », l'époque, dès longtemps révolue, où « la langue primitive, composée de cris imitatifs et d'interjections passionnées, était un constant appel aux forces invisibles. » Avec le sourire ingénu et les grâces infinies de l'enfance, l'homme communiait alors aux célestes symphonies, et « devenu sonore » à son tour, « il entendait une autre voix », dont le rythme alterné se résolvait enfin dans les « deux notes ascendantes » du Tao, qui chantaient Thot-Hermès au chœur planétaire.

Tellus, cependant, celle que couronnait autrefois du Croissant l'ésotérisme de Paphos, contemple avec ravissement le lever majestueux de l'astre des nuits. En une vision de prophétisme, sublime Pythie des oracles apolliniens, l'Ops-Diana des délires oniriques, telle l'herméneutique de la Voix et l'exégèse de la Lumière, gravissant un à un les degrés uraniens du monde sublunaire, monte lentement au temple du Cosmos (2).

---

(1) Cf. éd. des fragm., fr. 35, p. 110, et fr. 39, p. 111. Voir note compl. p. 88, n. 9.
(2) Cf. Swoboda, *op. cit.*, pp. 26, 27 et 28.

Au ciel nigidien des fixes, les paranatellons (1), synchrones des Signes, déjà étincellent. Les « *dii consentes* », conseil puissant de Zeus, Curètes et Dactyles, Idéens ou Corybantes, président à l'Harmonie universelle. Avec le Cancer involutif, la Canicule radieuse montre son horoscope, culmine avec les Gémeaux fraternels, et se couche en même temps que le Taureau divin (2). Le laboureur, le Bootès des Hellènes (3), sous le Signe de la Vierge, salue au loin le Soleil d'Horus, qui entre dans le Bélier à l'équinoxe vernal. *(Cf. fr. 84, p. 177.)*

**

A cause du phénomène de la précession — connaissance que Nigidius avait héritée, semble-t-il, de la tradition d'Hipparque, (4) — l'occultisme de la doctrine s'était gardé d'attribuer aux constellations l'origine mythique des Mois divins. Le Quaternaire symbolique les eût répartis, il est vrai, en célestes Saisons, que l'antique dieu lunaire n'eût point manqué de multiplier par le Ternaire. Mais la Sémantique originelle du système figulien s'y opposait. Aussi les subordonnait-elle à la succession immuable d'un Zodiaque idéal, que parcourt, dans le Signe duodénaire, un Soleil fictif. L'ordonnance pythagoricienne du Septénaire se montrait, sous ce rapport, des plus propices à l'ontologie nigidienne de la Semaine astrale.

Avec Bérose et Epigène, les Chaldéens, d'ailleurs, n'avaient-ils pas consacré chacune des heures du jour à une planète déterminée ? Les sept dominateurs horaires se succédaient, en effet, dans un ordre de distance croissante à la Terre. Or, si nous considérons la somme des heures diurnes et nocturnes, l'écart entre ce nombre et le multiple du septénaire, qui le contient, n'est autre que le Quaternaire. De cette différence opportune, qui n'avait pas échappé à la clairvoyance du profond penseur de la « Sphaera », il résultait que les « Errones », en leur maîtrise

---

(1) Voir les notes complémentaires, p. 88, note 10.

(2) « *Oritur enim Canicula cum Cancro, in columen venit cum Geminis, occidit cum Tauro.* » — Cf. édit. des frag. 85. p. 177.

(3) Cf. Swoboda, *op. cit.*, p. 50. Série : Saturne, Jupiter, Mars, Soleil, Vénus, Mercure, Lune. (Voir note complémentaire, p. 89, note 11.)

(4) « Les observations de Timocharès et Aristyllos, qui permirent à Hipparque de découvrir la précession des équinoxes, datent de 293-272 av. J.-C. » Bouché-Leclercq, *op. cit.*, p. 38, note 1.

de l'Heure initiale, se répondaient, non plus dans l'ordre primitif, mais selon la loi rythmique des Quintes ascendantes. Ainsi, les Archétypes divins de la Semaine figulienne pouvaient chanter, un à un, au Temple à seize nefs, l'hymne quotidien. Tel est le thème de l'Univers, que la Lyre heptacorde interprète, à son tour, en Quartes descendantes, à partir de la Tonique mondiale, intimée par l'éternel Chorège.

Ce n'était là, toutefois, dans la pensée de l'auteur, que le prélude de l'harmonie des Sphères. Les Décans égyptiens, qu'introduisaient dans son cosmothéisme la brontologie des mois synodiques (1) et sa théorie si suggestive des domiciles planétaires (2), ne tendaient à rien moins qu'à la parachever dans la triplicité d'un duodénaire, évolution ultime de la Tétractys du Maître de Crotone. Ainsi se trouvait proclamé, dans la trinité du Ciel olympien des fixes, du Cosmos zodiacal et des foudres uraniennes (3), l'hénothéisme de l'Univers, qui constituait, en définitive, le dogme fondamental du stoïcisme nigidien.

---

(1) Plus exactement il s'agit ici de la théorie des « ὅρια » = « termini ». Ce sont les combinaisons des planètes avec les signes du Zodiaque. Pour rendre compte de l'œcodespotisme planétaire, trois principaux systèmes sont en présence : « 1° celui des domiciles (οἶκοι), domus) ; 2° celui des exaltations et dépressions (ὑψώματα ; — ταπεινώματα, altitudines, dejectiones = apogées et périgées depuis Hipparque) ; 3° celui des termes ou confins (ὅρια, fines, termini ».) C'est ce dernier système qu'adopte Nigidius pour établir sa théorie des décans. D'après Bouché-Leclercq (Astr. grec.), à qui nous empruntons cette division, on entend par « ὅρια » « des fractions de signes séparées par des bornes intérieures, et distribuées dans chaque signe entre les cinq planètes, à titre de propriété domaniale représentant leur influence spécifique, et équivalant à leur présence réelle. » Nigidius opte dans la circonstance pour le système de l'heptazone nécessaire aux Antiscies (Voir le § 2 de la page 37), ce qui introduit trois décans dans le mois. Dans tous les cas — et avec l'emploi des nombres 3, 4 et 5, à l'exclusion des autres (corollaire de la théorie nigidienne de la Semaine astrale), mais diversement répartis, — la somme symbolique des influences planétaires est constante, et égale à 30. (Voir la figure pl. 3.)

« *Nigidium... hanc de domiciliis doctrinam non ignoravisse adfirmare licet.* » Ṣwob., *op. cit.*, p. 32. — « *In Nigidii libro tonitruali tantum eorum uniuscuiusque mensis dierum ratio haberi videtur, quibus luna in sua domo, i. e. in Cancro est... Cum autem Cancri, ut uniuscuiusque signi, triginta sint partes, ea quoque a Nigidio accurate distincta esse videntur.* » (*Ibid.*, p. 34.)

(2) Voir la note (1) de cette page et surtout la note 11, p. 89.

(3) Au « début de l'Icaromenippos »... « Lucien nous montre son héros survolant, d'abord, les trois mille stades qui séparent la terre de la lune ; puis, après, une halte, franchissant les cinq cents parasanges qui séparent

On le voit, il réside tout entier dans la puissance et l'activisme d'un Signe, c'est-à-dire dans la causalité d'une tension. En réalité, pour l'auteur du *De Diis*, « rien n'arrive sans cause. Dire que quelque chose se fait sans cause, c'est... dire que quelque chose vient de rien. Or, toute cause motrice est déjà elle-même en mouvement, et c'est par son mouvement seul qu'elle est cause. Dès lors, point de cause qui ne soit l'effet d'une cause antérieure, point de cause qui puisse imprimer le mouvement sans le recevoir elle-même. Tout ce qui arrive dans le monde forme une chaîne indissoluble de causes et d'effets, dépendant les uns des autres dans l'ordre même des temps. Plus d'événements desquels on ne puisse pas dire à l'avance avec vérité... ni s'ils seront ni s'ils ne seront pas. Tout ce que l'on peut dire de l'avenir est déjà vrai ou faux, et l'a toujours été, parce que tout est déterminé par une série indéfinie de causes antécédentes... La contingence se réduit à ce qu'il est des choses dont les causes nous sont inconnues. Il n'y a de hasard, il n'y a de liberté que pour notre ignorance » (1). En conséquence, tout est soumis au Destin, qui est assujetti lui-même à une inéluctable Fatalité (2).

---

la lune du soleil, puis gagnant, sur l'aile d'un aigle, la citadelle de Zeus, au sommet du ciel... Il faut l'entendre en fonction d'une division du ciel déjà établie par Philolaos (fr. A. 16, Diels = *Act.*, II, 7, 7) : l' « ὔρανός » jusqu'à la lune exclusivement ; le « κόσμος » de la lune incluse au soleil et aux planètes (incluses) ; l' « ὄλυμπος »... au-dessus des planètes. Cette division est « d'origine pythagoricienne. » Carcop., *op. cit.*, p. 270, note 5.

(1) Cf. Ravaisson, *op. cit.*, II, pp. 156 et 157.

(2) Manilius *(Astron.*, IV, 14) : « *Fata regunt orbem, certa stant omnia lege.* » — Cf. *L'Eternité des empereurs*, dans *Revue hist. litt. rel.* t. I, p. 445 ss. — Cf. Bousset, Göttinger Gel., Auzeigen, p. 704, 1905. — « *Circa deos ac religiones neglegentior, quippe addictus mathematicæ plenusque persuasionis cuncta fato agi.* » Suét. Tib., 69. — Cf. Sén., *quæst. nat.* II, 35. — Cf. Vettius Valens, V, 6., *Catal. codd. astr.*, t. V, 2, p. 30, 11. — Cf. : F. Cumont : *Mon. myst. Mithra*, t. I, pp. 120 et 311. — Sur l'effort exercé par l'apologétique chrétienne contre le fatalisme astrologique, cf. Diodore de Tarse : « περὶ εἱμαρμένης » dans *Photius* (Bibl. 223.) — Saint *Grégoire de Nysse* (P. G. XLV, 145) ; — *Saint Basile : Hexaem*, VI, 5 ; — Saint Méthode : *Symp.*, P. G. XVII, p. 1173 ; — Julien d'Halicarnasse, dans *Usener : Rhein. Mus.*, LV, p. 321. — Minucius Félix : *De Fato ;* — surtout saint Augustin: édit. bénéd., Vivès : t. VI, pp. 281, 492 494,—t. VII, p. 83 ; — t. XII, p. 297 ; — t. XXI, p. 23 ; — t. XXIII, p. 600 ; — t. XXV,

§ 2. Les Antiscies.

Pour Nigidius, il ne s'agissait point, d'ailleurs, de ce déterminisme rigide et inexorable, qui caractérisait l'enseignement traditionnel du Portique. Ici, le stoïcisme est, en effet, d'une nuance à part. Contrairement au système du philosophe de Cittium, le Ciel nigidien devenait, avec une Nécessité d'Hémarmène (1), la toute-puissante causalité d'un Signe révélateur. D'où il suit que la théorie figulienne de la Connaissance ne saurait se construire en marge du parallélisme voulu de la « Sphaera » et des « Commentaires ». Elle est, dans la « voyance » ou « anticipation » de l'Archétype, la résonance intime et l'audition ineffable d'un Verbe. C'est par le rythme alterné de l'expansion et de la concentration, de l'aspir et du respir, que la Lyre figulienne exprime, en une langue divine, l'Harmonie du Monde (2).

Enfin, le feu le plus subtil, le soleil de Cléanthe « absorbe les astres eux-mêmes. » Tel est le terme ultime de la conflagration par laquelle s'achève l'universelle symphonie. « Tout redevient Ether ; toute différence, toute pluralité revient se perdre dans l'Unité » de la Sphère. Puis, pareil à l'oiseau fabuleux, au Phœnix chaldéen, purifié par la flamme, « il recommence à se transformer en un Monde. » A l'embrasement général

---

p. 116. *(De Civit. Dei*, c. XXVIII.) — Sur les survivances de ce fatalisme (d'ailleurs mitigé) à travers le moyen âge, cf. Dante : *Purg.*, XXX, 109 ss :

« *Per ovra delle rote magne.*
Che drizzan ciascun seme ad alcun fine
Secondo che le stelle son compagne. »

Cf. également : *Convivio* II, ch. xiv.

(1) « Dans le mouvement conscient des astres, tous les « fuseaux » tournent « sur les genoux de l' « Ἀνάγκη ». — Cf. Platon, *Rép*. X, p. 661 E. C'est ce mouvement que les Stoïciens appellent « préféré », « προαιρετικὴ κίνησις ». Bouché-Leclercq, *op. cit.*, p. 114, note 2.

(2) « Telle est la théologie physique, ... que le stoïcisme substitue à celle des poètes et à celle des législateurs, à la théologie mythique et à la théologie civile. » Ravaisson, *Essai sur la Mét. d'Arist.*, t. II, pp. 161 et 162. — Cf. Saint Augustin : *De civit. Dei*, IV, 3 ; VI, 5, 6 ; VII, 5.

succèdent, à leur tour, les anagénèses cosmiques ; à l'apocatastase stoïque, les périodiques palingénésies : partout, immutabilité de l'ordre, identité de mesure, égalité des intervalles. La « perpétuité » des événements humains, avec le rythme impressionnant de leur invariable similitude et de leurs intermittences sans cesse renouvelées, va intégrer à « l'éternité » de la « Grande Année » la série infinie des Cycles renaissants ou révolus. « *Æternitas quia semper* (1) », avait expliqué Nigidius dans la proximité d'un Verbe.

Et voici que, par un nouveau prodige de pénétration, l'auteur des *Commentaires* entreprend de « conjuguer » le Verbe lui-même, le Vocable tout-puissant et mystérieux, qui venait de retentir dans le monde. Et il le fait, non selon les normes coutumières de l'empirisme grammatical ou du Droit civil, mais d'après les lois imprescriptibles d'une Éthique éternelle, écrite en caractères vivants au Livre divin des Sphères. C'est qu'en réalité le système si suggestif de l' « *obsecundanter Naturæ* (2) » cessait d'envisager le passé ou l'avenir, pour s'imposer à la volonté avec la Nécessité cosmique d'un éternel présent (2).

Toutefois, tandis qu'au Capitole le *clavus annalis* (3) venait clouer en effigie la *dira Necessitas* du stoïcisme antique, l'Univers, nous l'avons pressenti, apparaissait au déterminisme nigidien comme « un tout sympathique à lui-même ». Dans ces conditions, le Monde n'était plus « un agrégat d'éléments indépendants. » En devenant un Être capable de pitié, il vibrerait à l'unisson d'une Ame.

Or, avant Nigidius, l'occultisme préoccupé, avant tout, d'établir, au nom des lois d'une impeccable symétrie, l'isochronisme des jours et des nuits, avait accoutumé d'associer par couples vivants les Signes « homozones » ; ce qui permettait à ceux-ci de « se voir » « par-dessus et par-dessous le disque de la Terre intercalé au milieu du Cercle. » Ainsi, le Bélier et la Balance sympathisaient du regard de chaque côté de l'Équateur. Mais une impitoyable nécessité reprenant ici tous ses droits avait frappé de cécité les tropiques (4).

---

(1) Cf. fr. 1, p. 99.
(2) Cf. fr. 34 et 66, pp. 109 et 127.
(3) Cf. Aug. Audollent : *Defixionum tabellae*, p. LVI.
(4) Voir à la fin du volume, fig. 1.

Le Fatalisme de « Navigius (1) » ne pouvait s'accommoder d'une doctrine aussi outrancière. Sans doute, il lui ferait sa part, pourvu que le Destin daignât, à son tour, ne fût-ce que par l'humanisme des antiscies, si expressif d'amour et de bonté, se montrer favorable au développement des êtres et du libre arbitre (2). Dans l'hypothèse, la résignation pourrait, du moins, se définir : le concours spontanément apporté à l'acceptation de l'inévitable.

En particulier, un intéressant parallélisme établi entre deux textes, l'un d'Hipparque, l'autre de Nigidius (3), relatifs au

---

(1) « *De antisciis, i. e. de signis a singulis quattuor punctorum cardinalium æqualiter distantibus...* pro « *Navigius noster* »... « *Nigidius noster.* » — Cf. Swoboda, *op. cit.*, p. 45. — Cf. Bouché-Leclercq, *op. cit.*, p. 162, note 1.

(2) Et non de la liberté, qui était à conquérir au cours d'une évolution purificatrice.

(3) Cf. Boll, *Sphaera* : « Il y a ici une différence à noter relativement à nos textes grecs : tandis que ceux-ci, pour un signe du Zodiaque, nomment celles des constellations qui se lèvent, culminent et se couchent, ou se trouvent au périgée quand le Signe se lève, Nigidius, lui, a mentionné apparemment avec quels groupes de Signes les constellations sont à l'horoscope, culminent et se couchent. Cette méthode s'accorderait avec celle d'Hipparque, qui a établi le synchronisme du lever et du coucher des astres avec les divisions du Zodiaque. Le synchronisme sur un même méridien manque, il est vrai, mais on peut le trouver directement dans l'opuscule sur le vingt-quatrième cercle horaire. — Au fragment de *Nigidius* sur la Canicule correspondraient ces passages d'Hipparque :

Nigidius :	Hipparque :
« La canicule se lève avec le Cancer. »	« Lorsque le Chien se lève, se lève en même temps le Zodiaque, depuis le 15e degré du Cancer jusqu'au 5e degré du Lion (du milieu du Lion.)
Nigidius : Atteint son apogée en même temps que les Gémeaux	*Hipparque :* La 5e partie d'une heure sépare du milieu des Gémeaux l'étoile qui brille dans les pieds postérieurs du Chien.
Se couche en même temps que le Taureau.	Quand le Chien se couche, en même temps se couche le Zodiaque « depuis le 11e degré du Taureau jusqu'au 29e. »

Il est possible aussi que Nigidius se soit servi d'Hipparque, ou peut-être d'un livre populaire inspiré de lui, pour les données astronomiques de sa « Sphère », selon la méthode des Grecs. (En note : peut-être (Nigidius) a-t-il pu trouver plus aisément les indications nécessaires dans un autre livre d'Hipparque, intitulé : « περί συνανατολῶν ». (Boll, *Sphaera*,

coucher de la Canicule « depuis le onzième degré du Taureau jusqu'au *vingt-neuvième* », ainsi que l'exige la théorie figulienne des « antiscia », postule l'examen des Signes en lever héliaque (1). En définitive, c'était donc le Soleil qui, pour l'auteur de la *Sphæra græcanica*, devait, en parachevant le ternaire de la Décade, donner le sens de son Verbe à la voûte étoilée, devenue, grâce à lui, une Métaphysique des Intelligibles. Bref, l'infinitisme oriental de la *Sphæra barbarica* allait se préciser à la lumière de l'intellectualisme grec.

CHAPITRE II

L'EXÉGÈSE

§ 1. La Croyance.

Comprendre le Cosmos, pour Nigidius, n'est-ce pas, avant tout, sympathiser avec lui par l'imitation. Zeus, avec son cortège impressionnant d'*Involuti* et de *Consentes*, vainqueurs d'Ouranos et de la Nuit, était, à la vérité, un dieu sublime, mais aussi redoutable qu'inaccessible. On subissait ses oracles sans les entendre. Vainement les humains l'invoquaient, lorsque, dans la chute émouvante du soir, ils contemplaient, en tremblant, les astres innombrables du firmament, ou se courbaient, résignés et silencieux, sous la foudre où il grondait. Irrésistible et impérieux, le Maître de l'Olympe réglait, sans doute, le destin des mortels, mais prenait-il seulement souci de la race misérable

---

p. 253, *Lipsiæ*, 1903. — Ce passage, dont nous donnons le texte allemand aux notes complémentaires, p. 91, note 13, est extrait du chapitre XIII de cet ouvrage. Le chapitre est intitulé : *Die Sphaera græcanica und die Sphaera barbarica des Nigidius* (pp. 349 à 363.)

(1) « Les astronomes appellent lever héliaque d'une étoile l'époque où on commence à la distinguer dans les premières clartés de l'aurore ; il s'en suit que le signe, en lever héliaque, est celui qui héberge à ce moment le soleil, lequel se trouve déjà presque au milieu quand le signe « se lève. » Bouché-Leclercq, *p. cit.*, p. 384. — Voir la suite de la note, p. 91, n. 12.

des hommes ? Aussi, ce fut une véritable révolution dans la pensée philosophique, lorsque le Pythagoricien de la *Sphæra* vint révéler aux hommes l'hénothéisme nouveau, car, avec lui, il ne s'agissait plus d'une dieu lointain, mais d'une divinité partout présente.

A genoux, en effet, devant Phénix, le Palmier mythique de Délos, où la chaste Artémis, du vol insensible de ses traits ailés, avait étendu Orion expirant sur le sol, Pallas-Athéna n'avait-elle pas enfanté le dieu puissant archer, que Thémis elle-même avait nourri de nectar et d'ambroisie ? C'est en ce symbolisme, d'une si pénétrante profondeur, que l'occultisme post-homérique s'est plu, d'ailleurs, à reconnaître l'ésotérisme délien de la Terre-Astéria, de l' « étoile obscure » d'Ortygie.

Et c'est pourquoi, sans doute, faisant écho à la tradition d'Homère, l'auteur des Argonautiques chantait, à son tour, au vainqueur de Python : « O Dieu propice, jamais ta chevelure ne connaîtra le ciseau : elle ne subira jamais aucune souillure, car c'est la Loi éternelle. Léto, fille de Céos est la seule qui puisse la manier dans ses mains secourables (1). » C'est en de tels accents que le poète célébrait l'éternité du traditionalisme delphien, dont le souffle puissant passait, avec le coryphée romain, sur un pythagorisme rajeuni.

Ainsi le fils de Zeus, par la lyre et le chant, daignait incliner vers l'humaine infortune toute la grâce de sa lumière et lui apprendre, avec le mot divin de passe, le Verbe infini des béatitudes du cœur. Au nombre de la Parole et au rythme des astres, Dianus-Apollon allait créer l'homme harmonique des affinités électives, de l'apotélesmatique personnelle et de la mélothésie planétaire.

Il importe de l'observer ici, nulle discipline jusqu'alors n'avait eu l'idée d'une Sémantique apollinienne. Peut-être pour l'avoir trop vécue, aucune doctrine antérieure n'en avait deviné la richesse ou pressenti les secrets. Prestigieux évocateur des Mystères, Nigidius est le premier qui ait formulé — et en quels termes ! — un principe, non d'individuation, mais d'expansion, dans lequel la vision des Archétypes divins et l'enthousiasme dionysiaque apparaissent comme un réflexe des puissances cosmiques.

---

(1) Cf. APOLL. RHOD. : *Argon.* II.

Parmi les modernes, Nietzsche (1) seul, à notre connaissance, en a tenté l'essai, mais sans y réussir, parce qu'il manquait au concept schopenhauérien, qui informe sa méthode, l'optimisme indispensable à une philosophie de l'effort. Serait-ce à celle-ci, dès lors, que devrait servir d'interprète la théorie nigidienne d'une initiation ternaire où le Cosmos se révélerait, tout d'abord, comme expressif d'une croyance ? Et à ce titre, toute une généthlialogie psychique deviendrait-elle, dans le système figulien, l'inspiratrice de cérémonies rituelles ?

§ 2. Le Rite de l'entrée.

C'est le soir (2) ; un homme à l'esprit méditatif, Nigidius lui-même, descend dans l'ombre et le mystère d'un hypogée. Telle est la forme et l'image du Monde : c'est « l'antre caché », dont parle Aristoxène. Le myste n'est point seul : un autre lui-même, dans lequel l'occultiste sacré aime à reconnaître d'avance, selon le principe des disciplines pythagoriciennes, la moitié de l'Unité universelle, l'accompagne en cette retraite silencieuse. Aussi bien, la sympathie du binaire ne saura que la rendre plus propice au processus initiatique et aux joies intérieures de l'évolution divine.

Mais il faut, auparavant, que le rite de l'accès à la grotte souterraine soit fidèlement accompli selon les règles imprescriptibles de la Tétractys. Il ne suffisait point, en effet, de délaisser les grands chemins pour prendre, au gré du Maître, les sentiers plus intimes de l'amitié. Il était indispensable, par surcroit, d'avancer ensemble, en conformité avec la pensée des dieux. C'est pourquoi l'orientation de deux galeries rectangulaires du souterrain, dont l'une mesurait précisément le septénaire de l'ontologie astrale, devait se trouver en harmonie avec les quatre points cardinaux de la Sphère céleste.

Au surplus, la table pythagoricienne des dix Oppositions (3), qu'Aristote nous fait connaître, ne stipulait-elle point que le

---

(1) Cf. *Die Geburt der Tragœdie aus dem Geiste der Musik.*

(2) Le matin était consacré à la promenade rituelle et à l'examen de prévoyance. — Cf. DELATTE, *Essai sur la politique pyth.*, p. 10, Paris, 1922.

(3) Cf. DELATTE *litt. pyth.*, p. 300.

nombre pair est le symbole de la séparation. La divisibilité par le binaire jusqu'au quotient final de l' « un » marque, en effet, la dissolution. L'identité « gauche et pair » étant admise, il fallait, dès lors, sortir du temple par ce côté, ce qui suppose l'entrée par la droite impaire et déjà divine.

Ne lisons-nous pas, d'ailleurs, « dans le *De antro nympharum*, un chapitre où Porphyre admire la science d'Homère, égale, d'après lui, à celle des pythagoriciens Nouménios et Cronios, parce que le poète a introduit les mortels dans la grotte des nymphes, qui s'ouvrait sur la côte d'Ithaque, par la porte du Nord, et qu'en même temps il réserve aux dieux seuls la porte du Midi. Ainsi la comparaison du sanctuaire avec la caverne cosmique était poussée jusqu'au bout avec une inflexible rigueur » (1). Dès le seuil du temple initiatique, Nigidius progressait, de la sorte, vers la candeur de la lumière. Aussi bien, comment eût-il recherché, dans les ténèbres de la matière, l'éclat du « Vrai » libérateur et l'avènement de l'esprit ?

« Des choses pythagoriciennes ne parle pas sans lumière (2) », avait prescrit le Maître de Crotone. C'est donc au flambeau mythique qu'il appartenait de porter dans la psychologie nouvelle la flamme intelligible d'une foi purifiante, au sens où l'entendait depuis longtemps déjà l'orphisme héraclitéen (3). C'est pourquoi, comme autrefois sur les murs de la célèbre caverne platonicienne, où passaient, semblables à des ombres, devant les yeux des captifs « les reflets pâlis de la réalité transcendante », le lampadaire pythagorique répandait dans l'enceinte sacrée sa mystérieuse et tremblante clarté. C'est le secret de cette participation intime que symbolisera, chez Nigidius, en une série harmonieuse d'ascensions d'âme, l'évolution purificatrice des cultes cérémoniels.

Le plus humble en était le rite de l'aspersion : il constituait, avec le signe authentique de la rénovation spirituelle, le premier terme de la théologie sacramentaire. Ainsi, près de cet autre temple de Delphes, le pèlerin d'Apollon, préludant à la discipline de l'arcane, se lavait dans l'eau lustrale de la fontaine

---

(1) Cf. Carcopino, *op. cit.*, p. 227.
(2) Cf. Jambl. V. P. 105.
(3) Cf. Carcop. *op. cit.*, p. 218.

de Castalie (1). Sous la toge blanche, il s'était fait une âme d'Euménide (2). C'est que le blanc, avait dit le Maître, « tient de la nature du bon et le noir, du mauvais » (3). Il est « le symbole de la vérité absolue ; le noir... celui de l'erreur ; il réfléchit tous les rayons » dans le syncrétisme du septénaire ; « le noir est la négation de la lumière. Il fut attribué à l'auteur de tout mal et de toute fausseté » (4).

La lustration, tel est le premier moment du rythme initiatique. C'est alors que le Mystère commence. L'autel, le « presbytre » et la victime, tout est prêt pour le Sacrifice. Il se déroulera dans la majesté si suggestive de ses cérémonies, selon les règles liturgiques de la Sémantique ternaire, c'est-à-dire de l'oblation, de l'immolation et de la communion.

§ 3. Le Sacrifice.

Quel que soit le degré du rite, s'initier, « c'est donner son âme, échanger un principe de vie » (5), en vue d'une ascension. Sous ce rapport, l'offrande ou libation présente déjà, dans la discipline nigidienne, tous les caractères d'un véritable sacrifice. Or, parmi les quatre éléments qui constituent le Monde, la Source vivante, en son peuple de déesses, devient, à ce titre, dans le système, le premier objet sacrificiel de la participation prélogique (6).

Le dieu Ea, figuré, dans l'occultisme asiatique, sous les traits du Bélier à queue de poisson (7), ne symbolisait-il pas,

---

(1) Allusion à la rénovation spirituelle qui précédait les jeux pythiques. La Pythie elle-même se lavait dans la « Κασταλία », avant de rendre ses principaux oracles. — Cf. PLUT., *Pyth.*, (oracles en vers, 17.) — Cf. HÉRODOTE : *Hist.*, II, 37. — Cf. ELIEN : *Hist. var.*, IV, 17.

(2) Les Furies, au témoignage de Pausanias, apparurent toutes blanches à Oreste, lorsqu'il eut recouvré la raison.

(3) « Pythagore enseigne à ses disciples que, pour offrir à la divinité un sacrifice qu'elle puisse agréer, il faut se présenter devant elle avec des vêtements décents, le corps propre et une âme chaste. » Diod., Sic., bibl. hist., X, 9. *(Excerpt. de Virt.*, p. 555, d'après Timée de Tauromenium.) Cf. CARCOPINO, *op. cit.*, p. 230.

(4) Cf. F. Portal : Des couleurs symboliques.

(5) C'est, selon la définition du rituel de Babylone, « ajouter de la vie à la vie. » DHORME, *Relig. assyr-babyl.*, p. 188. — Cf. René DUSSAUD, *op. cit.*, p. 225.

(6) Cf. LÉVY-BRUHL : *Les fonctions mentales dans les sociétés inférieures.*

(7) Cf. DUSSAUD, *op. cit.*, p. 51.

aux yeux de la secte, l'activisme prestigieux des flots frangés d'or, ou le mugissement sacré du Fleuve-Taureau, que la fontaine Callirrhoé Ennéacrune, la Muse novénaire, aux charmes infinis, dispensera plus tard aux blancs loutrophores des mystères d'Eleusis, comme la promesse d'un sacre de Vestale, l'expression d'un vœu de virginité ? (1) C'est ce symbolisme puissant de la « Catharsis », que traduisait, en l'occurrence, le rite si suggestif du « versement de l'Eau (2) » sur l'autel initiatique.

Au surplus, la légende était venue, par la suite, interpréter ces pratiques lustrales, au point d'associer à l'ésotérisme de l' « Aquarius », la religion du Soma. Le naturisme anatolique, d'ailleurs, eut tôt fait d'imaginer qu'il mûrissait aux extrémités du Monde, sur l'Océan mythique qui environnait Gaïa. C'est pourquoi Gilgamès était parti sur-le-champ à la recherche de cette « plante de renom », grâce à laquelle l'homme allait obtenir, avec le double corporel, « son souffle de vie (3) ».

Tellus, puissance cosmogonique incarnée en Déméter-Cérès, avec le Signe de l'Épi, en pénétrera, à l'instant, le néo-pythagorisme rituel. Et de fait, le Maître l'avait prescrit encore : « Ne sacrifiez point sans farine (4). » Aussi, s'était-on empressé de pétrir dans la fine fleur de froment les pains sacrés (5) du Quaternaire, que, pour la gloire du Cosmos et le salut des hommes, on avait disposés deux à deux, à droite et à gauche de l'autel. Peut-être leur forme mystique de peloton de laine (6) rappelait-elle, par surcroît, le psychisme divin de la Toison d'Or, dont le myste,

---

(1) Cf. Dummler, *Philologus*, 1897, pp. 5 ss.
(2) Cf. Dussaud *(ibid.)*, p. 164.
(3) Cf. Dhorme, *op. cit.*, p. 189.
(4) Cf. Lanoé-Villène, *op. cit.*, lettre B, p. 103.
(5) « Libos » et non « liba ». Allusion au *Nomen-Numen*, dont parle René Dussaud *(op. cit.*, p. 5), d'après Usener et la théorie du panbabylonisme, renouvelée de Dupuis (origine de tous les cultes). Le masculin « libus » convenait au sexe du dieu solaire. — « *Oportet bene dignoscantur et bene adpellentur dii, ne irritæ cadant formulæ magicæ...* » Aug. Audollent, *op. cit.*, p. LIX. L'auteur du *Defixionum tabellæ* cite, plus loin, une relation curieuse (du Journal des *Débats*), qui fait avaler aux Sères l'ordonnance magique, à cause de la vertu du « *Nom* » écrit. La remarque est générale : « Le « nom », dans toutes les magies, c'est la personne elle-même ». Henry, *Magie*, p. 31.
(6) Cf. Varron, *de ling. lat.* V, 105.

en l'ivresse d'un beau rêve, avait entrepris de réaliser un jour la sublime conquête.

Une autre conception préfère, il est vrai, d'après une allégorie hésiodique, reconnaître dans l'oblation de grain l'union du principe de vie de l'initié avec la « puissance végétative du sol », envisagée au sens de la « personnification » hermétique « des forces fécondantes (1). » C'est ce point de vue que considère Juvénal (2) quand il décrit le viril colyphium d'orge, générateur de l'athlétisme romain. L'occultisme du traité nigidien « *De hominis naturalibus* » y voyait sans doute le rite phallique de la libération du Mal par l'effort méritoire de virginales ascèses (3). Aussi bien, ce n'était là qu'un substitut (4) de la mort rituelle du myste par le sacrifice sanglant.

Revêtu de la blanche tunique de lin, de la *trabea talaris* (5), ornement sacré de la secte, le pontife, le pied gauche posé sur l'escabeau initiatique (6), est debout à l'autel d'Apollon, qu'adorait Pythagore (7). L'*anima vocis*, l'Apex (8) symbolique couvre son front pour l'isolement sacré du fils de la Lumière. Sur le rivage d'Italie, raconte un mythe étiologique, Enée n'avait-il pas sacrifié, la tête voilée, pour échapper ainsi au trouble que lui causait la présence de Diomède (9) ?

Cependant, la main du *Decussis mystique* — celle qui, à cet endroit même, par le Signe de la Croix du Monde, avait,

---

(1) Cf. Dussaud, *op. cit.*, p. 60.

(2) *Sat.*, II, 25.

(3) Frazer : *Golden Bough*, III, II, p. 4 ss. n'aperçoit dans ce rite qu'un moyen pour le voyageur (allusion à l'hermès des carrefours), de se libérer de sa fatigue. Ce n'est là qu'une notion apotropaïque, étrangère au rite nigidien et à l'occultisme de la doctrine.

(4) A ce substitut de la mort rituelle, il convient d'ajouter l'imitation d'une victime modelée dans l'argile, ou pétrie dans la pâte. C'est ce dernier mode qu'avait adopté Pythagore, en reconnaissance de sa découverte du carré de l'hypoténuse. (Cf. Carcopino, *op. cit.*, p. 234.) — Cf. Hérodote, II. 47. — Cf. *Serv. ad Aen.*, II, 116.) — Il suffisait même de construire un bœuf en effigie, dans un fruit, une pomme, par exemple, sur laquelle on fixait de petits morceaux de bois, afin de figurer les cornes et les pattes. (Offrande à Héraclès dans le dème de Mélité). (Cf. Legrand, dans le *Dict. des antiq. grec. et rom.* de Daremberg et Saglio, s. v. *Sacrificium*, p. 597, note 20.)

(5), (6), (7), (8), voir pp. 91 et 92, notes 14 à 18.

(9) voir p. 90, notes 19 à 21.

naguère, défini le temple et consacré l'autel, — s'appuie sur le thyrse noueux des tâches difficiles et des rites agonistiques. Sans doute le presbytre l'avait-il lu dans Homère, la Sagesse antique portait, elle aussi, le sceptre d'or, expressif d'olympiennes odyssées (1), mais les livres achérontiens et tagétiques du génie autochtone, que son érudition avait traduits (2), lui recommandaient de se garder surtout du seuil des sombres demeures.

Ulysse accomplissant au bord du large fossé, qu'il venait de creuser, le geste liturgique des libations en l'honneur des héros tombés sous les coups de l'impitoyable Arès, n'avait-il pas eu soin d'écarter de l'épée les ombres accourues pour boire le sang du Bélier, immolé à la gloire du devin Tirésias ? (3) Et c'est pourquoi, à l'autel néo-pythagoricien, selon l'occultisme de Cybèle, évocateur des divines thérapeutiques, la pointe de Perséphone (4) du *lituus augural* bannit, à l'instant, des guérets maudits, le funeste Jasion (5), l'éternel ennemi des morts, de ceux qui, à l'exemple du pontife, sont venus veiller au sein de la Terre. L'autre extrémité, recourbée en volute, tel le rameau arrondi et scellé des runes gaëliques (6), signifie, à son tour, aux mystes attentifs, « le chemin du Soleil » à parcourir dans le cercle zodiacal (7) des doux pastorats de l'ancien delphisme (8).

Mais voici que les « *Camilli* » présentent au sacrificateur, avec l' « acerra » et la ciste, la torche allumée. Près du feu sacré, que parfument le cinname et l'encens (9), se déroulent, aux accents de la lyre, les rites de l'immolation (10). C'est, en effet, par la vertu du sang répandu près de la Source lumineuse,

---

(1), (2), voir p. 92, notes 19 à 21.

(3) Cf. *Odyss.*, ch. xi.

(4) De πέρθειν, détruire, φόνος, chardon.

(5) ιασιώνη, liseron : mauvaise herbe (φόνος)

(6) Cf. D'Arbois de Jubainville : *Le Tain Bô Cualnge*, p. 52.

(7) Le cercle d'or du tombeau d'Osymandès, à Thèbes (en langage symbolique).

(8) Cf. Festus, s. v. *insula*. — Cf. Pausanias : *Elide*, 11. — Cf. *Odyss.*, c. XI. — Cf. Diog. Laerce, *Vie de Pyth.*

(9) Cf. Ovide : *Fast.* IV, 953 ss.

(10) Cf. *Dict.* Daremb. et Sagl. s. v. *Sacrifice*, fasc. 41, pp. 973 ss.

que le principe de vie, émané du sol initiatique, pénètre en profondeur l'âme du myste régénéré. Celui-ci acquiert, par surcroît, le pouvoir d'agir sur la Lumière, que vient de « lier » le geste cérémoniel (1).

Voilà pourquoi la puissance de Déméter, jusqu'alors au stade du Soma, s'associe désormais au Coq solaire (2) de Mercure et au « porcelet (3) » hermétique de Maïa (4) Kallichoïros (5) », victimes privilégiées (6) de la *prognose*. L'antique Nisaba, la « déesse-grain », devenue la « déesse-roseau », « la grande Scribe », plaçait ainsi dans la main du « presbytre », le pur calame de la loi d'amour et de la science du Nombre (7).

Toutefois, il convient de le reconnaître, l'initiation figulienne étant « avant tout la religion des puissances mystiques, qui sont les agents du Sacrifice» (8), offrait, dès lors, tous les caractères d'un sacrifice complexe, où l'extipiscine tenait une place prépondérante. Dans ces conditions, les minutieuses recherches de la *litatio* s'imposaient au système.

A cet effet, l'on séparait des *viscera* du Sacrifice-Banquet les « exta » du Sacrifice-Don (9), qui, placés sur l'autel, constituaient la part de la divinité. Il s'agissait maintenant, pour l'Haruspice mystérieux des sublimes Sémantiques, dont la mort rituelle venait d'appeler les dieux mêmes au Temple à seize demeures (10), de saisir, au plus intime du sanctuaire, où elle habitait, le secret de la Lumière, qui se dérobait encore. Et la pensée de Nigidius écoutait, en ce silence profond de la Parole intérieure, où elle percevait comme un rythme ternaire de divination attendrie et d'extatique prière.

---

(1) Cf. DUSSAUD, *op. cit.*, p. 131.

(2) Cf. LANOÉ-VILL., *op. cit.*, let. B., p. 49. — Cf. ROSTAND : *Chantecler* (l'hymne au Soleil.)

(3) Cf. SWOBODA, *op. cit.*, p. 28.

(4) Cf. DUSSAUD, *op. cit.*, pp. 58, 59, 142. — Cf. CARCOPINO, *op. cit.*, pp. 92, 242-244. — Cf. DIOG. LAERCE : VIII, 20. — Cf. A. DIETERICH : *Mutter Erde*.

(5) Et non Kallichoros, épithète réservée à la danse au cours de laquelle les Pythagoriciens « priaient en tournant », par analogie avec le mouvement du Cosmos. (PLUT., *Numa*, 19.) Au surplus, les deux épithètes ne s'opposent pas, attendu que le puits Kallichoros d'Eleusis symbolisait l'initiation au culte de Déméter.

(6), (7), (8), (9), (10), voir p. 92, notes 22 à 26.

Verbe créateur, Puissance du « Nom (1) » divin, n'es-tu pas l'essence du dieu capable de créer un Monde ? « *Jane Pater*, proférait-il, *bonas preces precor, uti sies volens propitius mihi!* » (2) Soudain, une Voix se fit entendre. C'était l'heure fatidique où, dans la splendeur mordorée d'un soir d'Orient, le Soleil, à son déclin, rougissait les stèles de la tombe initiatique. Après avoir achevé sa course au-dessus de l'horizon, comme autour de l'enceinte sacrée de la « Cella », Zodiaque mystique, le *Sol invictus* venait ceindre de ses derniers rayons le front de l'Augure transfiguré (3).

Jusqu'au jour attendu de l'éternelle extase, l'épopte le contemplait, enveloppant d'un suprême regard l'âme exquise de la Terre, l'auguste Sanctuaire de Vesta, où était venu se soustraire à l'exotérisme banal des foules, et se blottir avec amour, le symbolisme ardent de la foi nouvelle. Hermès avait parlé dans la Lumière apollinienne. Au temple fulgural, Zeus s'était apaisé ; Junon luisait au firmament d'Athéna, tandis que Mars et Vénus s'étaient enfin réconciliés dans la Sympathie septénaire de la « Saturnia Tellus ». L'holocauste avait réalisé la merveilleuse synthèse, et c'était l'heure du mystique Banquet.

---

(1) Voir note (7), p. 43.

(2) Cf. Caton, *De re rustica*, 134. Cette invocation était, sans doute, sept fois ou trois fois répétée. « *Neminem autem fugit numerum septem post numerum ter in artibus magicis maximam partem obtinere.* » Aug. Audollent, *op. cit.*, p. LXXIV.
Cf. Virg., *Buc.*, V, 73-75. (*Comm. Serv. ad Virg. Georg.*, I, V, 232.)...
— Cf. Théocr., *id.*, II, V, 43. — Tib. *eleg.*, I, 2, 54 : « *Ter cane, ter dictis despue carminibus...* » — Tib., *Ciris*, V, 378. (*Ibid.*, p. LXXVII, note 7.)
— « Une seule ligne, sept fois répétée, qui se compose de signes mystérieux et de lettres, les unes groupées trois par trois (Κ, Κ, Κ, Λ Λ Λ Λ Λ Λ) les autres rangées dans un ordre incertain, où l'on démêle peut-être le terme divin Iao, voilà tout ce qui constitue proprement le caractère magique de la « *devotio* ». (D'après Cagnat : *Journal des savants*, mai 1903, p. 258, cité par Aug. Audollent, *op. cit.*, p. 383. — « *Occurrit praeterea nonnunquam in inscriptionibus graecis vocalium series* « α ε η ι ο υ ω » *quibus figurabantur septem planetae earumque divina harmonia.* » En note : Cf. Poirée et Ruelle : *Le chant gnostico-magique des sept voyelles.* (*Defix. tab.*, p. LXXXIII.)

(3) Voir p. 92, note 27.

Aux tables quaternaires (1) des sept (2) convives symboliques, d'où l'on avait exclu, avec l'irascible rouget (3), la mélanure mensongère (4), ceux qui avaient fui la Belette (5), ou qui, jamais, n'étaient passés par-dessus la Balance (6), allaient communier à la chair des victimes (7) et rompre ensemble le pain de l'amitié. Au silence de la préparation morale succédait, en l'occurrence, le dialogue initiatique, dont la pensée aimait à se nourrir à cette heure désirée des fraternelles agapes.

L'âme du myste n'était-elle pas une fontaine limpide, un miroir qui réfléchissait le Ciel, un cristal parfaitement net, et qui, heurté, d'aventure, rendait un son harmonieux et prolongé ? C'est pourquoi l'on pouvait y entendre, avec un léger bruissement d'ailes, comme un bourdonnement éthéré d'*abeilles de Diana* (8), au psychisme divin qui ne butinaient pas au calice amer des fèves impures. Telle était la conséquence des rites hermétiques. Celles-ci étaient impuissantes, d'ailleurs, à instaurer cette indispensable royauté de la Voyance, qui eût abouti autrement à la vision angoissée des cycles infernaux de la métempsycose.

§ 4. L'Hieros Logos.

I. *Trinité intime.*

Puis, prenant place à la « Cathedra », Nigidius commentait en profondeur les préceptes de l'Hiéros Logos, ou bien expliquait à son auditoire la Lettre si suggestive de Lysis à Hipparque

---

(1) et (2) Cf. Carcopino, *op. cit.*, pp. 247 à 257. — Cf. Glotz, et Cohen, *Hist. grec*, I, Paris, 1926, p. 359 (analogie avec les « *phiditia* » de Sparte.»

(3) Couleur de colère et de sang. (Jamblique : *adhort. ad. phil.*, 21.)

(4) La bogue, à queue noire.

(5) Acroamatisme de Galates, de Gaulois, et surtout de Galanthis (γαλῆ = belette). Ménade de l'ancien culte lunaire.

(6) Ésotérisme de la notion de justice.

(7) Ou plutôt des « *hostiæ* », par opposition à « *victimae* », mot qui désigne la race bovine.

(8) A noter ici le curieux symbolisme de l' « ache » = σέλινον, du calice idéographique σελ (Σελήνη). (Cf. Symbolisme de l'Abeille dans Lanoé-Vill., lettre A, *op. cit*, pp. 9-22.)

sur les Vers d'Or pythagoriques. C'était une incessante exhortation à la Vie sage, et, selon l'herméneutique platonicienne, un irrésistible appel à la conquête d'une « âme septuple ».

C'est que, pour l'occultisme de la secte, le microcosme, lui aussi, gamme de lumière, vibre comme un heptacorde. La Dialectique rituelle doit, dès lors, consister, avant tout, dans la recherche et l'emploi d'une méthode intuitive de l'audition, ou plutôt de la voyance du rythme, qui harmonise les deux Mondes. Or, en l'espèce, puisqu'il s'agissait tout ensemble d'une harmonie de dessin et d'une architecture sonore, il importait, au plus haut point, pour l'indispensable simultanéité auditive et visuelle, de réaliser en soi la synthèse des deux types.

Et c'est ici qu'apparaît la puissante originalité du système. Tandis que, dans l'initiation orientale, le futur adepte était condamné à une léthargie rituelle de trois jours, afin d'apprendre à discerner, dans la Mort mystique, l'Intersigne, c'est-à-dire le Lien qui unissait son âme à son génie, l' « esseulé » (1) du pythagorisme romain était un « éveillé », qui devinait, au mystérieux appel de l'hiérophante, l' « ἐπίσημον (2) » sénaire du repos éternel, l'énigme, la sonorité de son cœur, et s'efforçait de l'entendre pour la résoudre.

Mais, qu'est-ce que le premier moment de cette divination « sinon un effort pour se détacher de l'intelligence purement conceptuelle et se rapprocher de la Vie, une sorte de dilatation de l'intelligence, une expansion de plus en plus grande de la vie de l'esprit pour atteindre par delà le « phénomène », par-delà la couche superficielle des choses, la même vie qui se cache et bouillonne encore à l'intérieur de leur enveloppe ? » Elle est « la vision d'un monde supranaturel, la contemplation... d'un plan supérieur de l'Univers, où les êtres du plan terrestre se dépouillent progressivement de leur matérialité, pour se manifester dans une spiritualité croissante » et parvenir enfin à la Sagesse, prérogative des dieux, « Soleil du Monde intelligible (3) ».

---

(1) « ὀρφός », de « Orphée », nom réservé à la secte. — Cf. O. KERN, *Orpheus*, p. 16.

(2) ς , reproduction cursive du diagramme cadméen, qui s'est conservée comme nombre = 6 dans l'arithmologie (Cf. DELATTE, *op. cit.*, p. 241.

(3) Cf. M. E. LASBAX, *Le Problème du Mal*, pp. 421, 423 et 424.

Pour le Timarque figulien, qui allait peut-être trouver, lui aussi, dans le mystère de sa nuit initiatique, « paix, joie, et pleurs de joie », l'antre sacré de Trophonius évoluait, de la sorte, en la solitude d'un temple, école du Métaverbe (1), c'est-à-dire de l'intelligence sympathique d'un son. C'est que « voisine de la magie, soumise, par suite, à sa loi mystique de participation, la musique nous élève dans les plans supérieurs de la vie (2) ». Elle initie à cette période ineffable, qui est le Signe décisif des mots de passe.

Or, à cette Sémantique ésotérique, ou audition gnomique inversée, tout ensemble « voculation » et « teneur », (3) que viendra rythmer l'effort de l' « Animus » libérable pour la conquête définitive de la Liberté de la « Mens », le myste a fait le serment de participer. Par la séparation progressive de la triplicité inférieure de l' « Anima », (4) il a juré de parvenir à l'état mystique, à ce ternaire supérieur de la Vérité occulte, qui est, à la fois, purificatrice, illuminatrice et béatifiante.

Ainsi que le fait judicieusement observer l'auteur de la « Hiérarchie dans l'Univers chez Spinoza », il veut être, lui aussi, le réalisateur de « la fusion intime de tous les « conatus »

---

(1) Cf. SAUVAGE-JOUSSE : *Le Métaverbe*, Paris, 1929.

(2) Cf. M. E. LASBAX, *Le Problème du Mal*, pp. 421, 423 et 424.

(3) La « voculation » et la « teneur » ne s'appliquent pas uniquement à l'ésotérisme transcendant de la Sémantique, elles trouvent aussi leur application dans les télétismes. Ainsi, dans *Bréal-Maspéro*, p. 68 (témoignage reproduit par Aug. AUDOLLENT, *op. cit.*, p. LXXI, en note), « les syllabes sont choisies de manière à faire sonner la voix qui les énonce et à la porter au loin... Les mots magiques sont composés... sur un plan tel que les intonations successives, au lieu de se contrarier, s'appuient et se développent progressivement, jusqu'à donner à la voix du magicien son maximum d'intensité et de puissance, jusqu'à la porter, à travers l'espace, aux êtres qu'elle doit évoquer. » — « *Accentus varie a veteribus appellantur.* Quintilianus, lib. I, c. 5, 22... « *Adhuc, inquit, difficilior observatio est per* « *tenores* »... P. Nigidius, Ciceronis æqualis, accentum « *voculationem* » *nominat ; tenorem vero* « *tonum* » *more Græcorum. Gellius* l. XIII, c. 25. — Diomedes, l. II, p. 425 : « *Accentus fastigia vocaverunt, quod capitibus litterarum apponerentur ; alii tenores vel tonos appellant... Ut nulla vox sine vocali, ita sine accentu nulla est ; et est accentus, ut quidam recte putaverunt, velut* « *anima vocis.* » — Cf. Emm. ALVARI, *De institut. grammat.*, pp. 525 et 526, n° 568.

(4) C'est-à-dire du « corps physique » considéré sous le « triple » aspect de la matière inerte, de la vie végétative et du mouvement spontané.

idéaux dans l'unité d'une même synthèse. Pour parvenir à cette unité supérieure, il faudra dépasser les notions communes elles-mêmes ; ... il faudra englober dans une synthèse unique... les idées des impressions organiques de l'Anima avec les idées des affections de l'*Animus*,,,. avec les idées des modes de la *Mens* eux-mêmes... Mais qui ne voit alors qu'arrivée à ce point, la Mens prenant conscience de sa propre puissance créatrice s'identifie avec la synthèse qu'elle vient de former, et qu'elle embrasse désormais dans une intuition ineffable. A cet instant, toutes les causalités externes se sont évanouies, puisqu'elles sont venues coïncider avec la puissance de l'entendement qui les pense : par là cet entendement s'est gonflé au point de venir se confondre avec l'Entendement divin, puisque tous deux maintenant ayant même contenu, rien ne saurait plus les distinguer. La « mens humana », dans son effort infini d'expansion, est rentrée au sein de l'*Idea Dei*, et elle prend éternellement conscience d'elle-même, parce que sa puissance de penser est remontée en même temps dans l'Intellect infini (1) ».

Tel est le rythme ternaire de cette « harmonie totale (2) », de cette idéale sonorité (3), à laquelle le spinozisme même ne s'intègre qu'à la condition d'entendre l'idée claire de l'auteur de l'Éthique dans la résonance du bergsonisme. C'est alors que l' « Essai sur les données immédiates de la conscience), en nous plaçant « sur le terrain de l'être, de la chose intuitivement saisie à travers la notion » deviendrait l'écho des *Commentaires nigidiens*. La « qualité éminente » de « Matière et Mémoire », des « attributs de l'être vrai », permettrait, avec le traité *De diis*, de pénétrer, alors, « de la circonférence de l'être à son centre de production et de jaillissement. Une fois en possession de cet attribut de durée absolue », la *Sphaera* et l' « Évolution créatrice » n'auront plus qu'à dérouler ensemble « la dialectique descendante... du vieux drame cosmique, avec sa traduction dans le plan de l'affectivité. »

La « voyance » figulienne et l'intuitionisme bergsonien ne sont plus, en effet, « ni vouloir pur, ni pure intelligence, mais participation de ces deux contraires dans une troisième notion,

---

(1) Cf. M. E. LASBAX : *La Hiérarchie dans l'Univers*, chez Spinoza, p. 341.
(2) *Ibid.*, p. 342.
(3) Acroamatisme de « tintinnare ». (Cf. édit. des frag., p. 103, fr. 9.)

qui caractérise le sentiment... sous la forme dernière du devenir, c'est-à-dire sous l'aspect de sympathie ou d'amour, qui était celui de... l'Ame du Monde » (1).

Si la maxime fameuse de l' ἔπου Θεῷ, inspirée d'Homère (2) s'explique, dès lors, par le « θυμῷ πείθου » (3) nigidien, c'est que l'un est, en effet, le « Signe » de l'autre. En définitive, il fallait être pur. Mais l'intégrité morale n'est pas toute la beauté. Ce n'est point Callirrhoé qui est belle, c'est la Lumière qui s'y reflète. Vienne donc le Père des dieux faire luire au cœur l'intuition divine, et nous entendrons en nous, avec le chant de la promesse, la résonance de la trinité cosmique. « O Zeus, notre Père, puisses-tu nous délivrer du Mal et nous communiquer cette révélation suprême ! » (4)

Alors, nous ne serons pas « une étrange mathématique réalisée »; (5) mais, devenus « cette poésie pure, qui coule de source, qui est une prière, *un cri*, nous accepterons dans notre âme et dans notre cœur, le mystère de la grandeur du Ciel étoilé et nous serons, dans les deux sens du mot, exhaussés. C'est vers ces lendemains disputés entre le crépuscule et l'aurore » que les initiés se tournaient enfin, avec le prophète, en saluant en lui « le poète des musiques inentendues, l'orateur impeccable et secret, le philosophe aux clartés profondes (6) ».

Si l'adepte nigidien a l'ambition d'atteindre à la pénitude de l'idéal rêvé, c'est qu'en effet, par la passion du Verbe universel, qui est, au sens où l'entendait le subtil et prestigieux onomathète, une sublimité d'Apex, il croit tout d'abord à l'énergétisme

---

(1) Cf. M. E. Lasbax, *op. cit.*, p. 133.

(2) Cf. Delatte, *op. cit.*, p. 119.

(3) Cf. Delatte, *op. cit.*, p. 76.

(4) Cf. Delatte, *op. cit.*, p. 67, et litt. pyth., ch. I, II, III, pp. 3-80. — Cf. Mario Meunier : *Les Vers d'or.*, pp. 287-307.

(5) Expression de M. Paul Valéry relative au scepticisme de cette formule : « Qu'est-ce qu'un esprit de qui les pensées ne s'opposent aux pensées, et qui ne place son pouvoir de penser au-dessus de toute pensée ? Un esprit qui ne se déjoue vivement de ses jugements à peine formés et ne les déconcerte de ses traits, mérite-t-il le nom d'esprit ? Tout homme qui vaut quelque chose dans l'ordre de la contemplation ne vaut que par un trésor de sentiments contradictoires, ou que nous croyons contradictoires. » Discours de récept. à l'Académie française, 23 juin 1927.

(6) Réponse de Gabriel Hanotaux au discours de Paul Valéry. (Acad. française.)

de l'Idée, au rythme de la discipline, à la possibilité ainsi qu'au réalisme d'un harmonieux effort (1). L' « interprète » mystique ne laissait pas ignorer que toute vérité rationnelle exclusive est, dans la nuit de son rêve, une vérité mort-née, si l'enthousiasme mantique ne vient pas lui intimer en même temps la tonalité initiale, lui communiquer la force émotive des « synesthésies », l'irradier enfin de l'éclair onirique des visions submergeantes.

Et la glose parénétique, qui, sur de célestes ordonnées, venait de tracer à la contemplation la courbe représentative, le zodiaque intime des viatiques sonores, soulevait puissamment l'initié jusqu'à la cime des flots de l'Océan mythique. Avec l'humble et douce épiphanie de la *vocalis princeps* (2) du Moi sensible, c'est-à-dire de la vertu infinie d'expansion d'une conscience qui s'élève, Nigidius avait élevé un Monde. De tous les charmes d'une trinité à la fois psychologique et morale, le prosélytisme de l'apôtre avait définitivement centré l'orbe divin des âmes.

On le voit, dès lors, le mystère de la genèse initiatique devra réaliser ses ascensions conformément à l'occultisme du Cancer, ♋, en sens inverse de l'évolution cosmique. Au terme de l'involution, l'âme devenue eurythmique saisit dans la synopsie de sa parole intérieure le sens profond de cette symphonie si impressionnante que Pythagore a justement appelée l'harmonie des Sphères. Il s'agit, en l'espèce, d'une vibration, non métaphorique, mais réelle, de la pensée, sous la touche délicate d'un invisible archet. Et ici, la sémantique figulienne accusait un trait nouveau. Par la vertu des rites sacrificiels, le Signe » lumineux du Cosmos, en l'herméneutique finale des sonorités planétaires, communiait au « Cygne » (3) mélodieux d'Apollon.

A ce grade de l'ascèse, le myste, dont la marche dialectique s'harmonise désormais avec celle du Verbe solaire, est marqué pour la définitive promesse d'une radieuse paternité. Générateur de son Verbe, expressif de la pensée féconde du Cosmos, tout ensemble père de l'homme nouveau, qui est en lui, et père de ses disciples, deux fois créateur, parce que deux fois né en

---

(1) « *Nixurire* ». Cf. édit. fr., p. 111, fr. 40. — Variation de Freund *(Dict.* s. v.) : « *Nixurit... qui... aliqua re* « *perpellitur.* »
(2) Cf. A. Roehrig, *de Nigid. Fig.* cap. duo, p. 60.
(3) Cf. Delatte, *op. cit.*, p. 75.

sa propre résurrection, Nigidius, le Mage, avait acquis en même temps le pouvoir sur la Nature.

On a dit que d'humbles besognes ont exprimé parfois cette puissance de l'épopte, puisqu'avec un enfant, mis en état d'hypnose, Fabius avait retrouvé une partie de ses « talents » perdus (1). Ce n'était là, pourtant, qu'une manifestation transitoire d'une tendance plus profonde. A vrai dire, était-ce bien de deniers qu'il s'agissait ? Si l'une des pièces, miraculeusement retrouvées, devait, en effet, constituer la part de la Lumière (2), ne convient-il pas d'expliquer plutôt cette expérience magique par l'occultisme intégral d'un réflexe apollinien, c'est-à-dire par la transcendance d'une catoptromantique (3) ?

C'est que l'enseignement néo-pythagoricien se référait, en dernière analyse, par la discipline de l'ascèse initiatique, la contemplation de la vérité spéculaire et l'union finale au Souverain Bien, à cette lumineuse sotériologie de culture personnelle et de vie mystique, qui, loin d'être exclusive de l'apostolat, en devenait le plus puissant levier. Aussi bien, le thaumaturge de l'Idée ne sentait-il pas son âme s'élargir à celle de la Cité ?

II. *L'Interpsychologie.*

Si le couvent nigidien avait, en effet, une foi rayonnante, c'est précisément qu'il se gardait de la confondre avec le pragmatisme désuet du télétisme et de la théurgie. Le prophète averti, qui venait de prédire l'avènement du Césarisme, savait trop que l'attitude magique du « sacrifice de contrainte », acte anti-dialectique par excellence, véritable crime contre l'objectivité » de la vie, ne se substitue point sans péril à l'attitude religieuse du sacrifice spontané (4).

L'idéal figulien, en conséquence, « réel plus primitif que le réel de l'expérience », selon la forte expression d'un philosophe

---

(1) Cf. notes compl., le texte d'Apulée, p. 93, note 29.
(2) Cf. APUL., *de Magia*, 42. (SWOB., *op. cit.*, p. 136. « *In stipem Apollinis* ».
(3) Cf. JAMBLIQUE, V. P., 138. — Cf. saint AUG., *De Civit. Dei*, VII, 35. — MAURY : *Magie et astrol.*, pp. 437-444.
(4) Cf. M. E. LASBAX, *Cité humaine*, II, p. 352.

contemporain, visait d'autres buts qu'un communisme de prolétariat, manifestait d'autres tendances que celles d'un « géographisme ratzélien (1). » L'institut sacerdotal de Zoroastre, dont il se réclamait, au nom de Pythagore, lui interdisait même le construction d'une « Économie », renouvelée du système des castes védiques. C'est qu'il s'inspirait, à nouveau, du principe platonicien de la royauté philosophique.

L'hétairie de la similitude cosmique, et de l' « *obsecundanter naturæ* », inclinerait ainsi à l'humanisme de l'eunomie sociologique, à l'harmonieuse « conciliation de la matière et de l'esprit », de la lutte des classes et du thème théocratique communautaire. Dans ces conditions, la Politique du système ne pouvait qu'introduire, dans la contemplation de la Forme aristotélicienne, l'Idéal d'une Tonique d'activisme affectif, constamment tendue, avec le stoïcisme, vers la réalisation de la Cité parfaite, par l'accomplissement du Bien effectivement générateur.

Au lieu d'une formule, limpide, peut-être, mais froide, irrémédiablement figée dans le prosaïsme abstrait d'une « Constitution », il s'agissait, désormais, pour Nigidius, d'une Autorité vivante, de ce « Signe » révélateur que venait d'incarner, à ses yeux, au mystère de l'hypogée, la Loi en personne, Cérès-Thesmophore. Le néo-pythagorisme romain, tout en condamnant ainsi, longtemps à l'avance, avec le déterminisme rigide de Comte, le principe ruineux de la sociocratie durkheimienne, unissait déjà, semble-t-il, le moralisme absolu de Kant au chaud solidarisme de Renouvier (2).

Le tétracorde nomothétique était, au surplus, dans la pensée nigidienne, l'instrument de cette synthèse, dont le socialisme religieux de Cicéron célébrait aussi, dans les fragments du *De Republica*, inspiré de Polybe, le rythme dialectique et l'origine divine (3). C'est que la Loi, écrit Archytas, est une proportion. Elle est à l'âme et à la vie de l'homme comme l'harmonie « est à l'ouïe et à la voix ; car la Loi enseigne l'âme et organise la

---

(1) M. E. LASBAX, *op. cit.*, t. I, p. 108 et t. II, p. 223.
(2) Cf. M. E. LASBAX, *op. cit.*, t. I, p. 224.
(3) M. E. LASBAX, *op. cit.*, t. I, pp. 129 et 131.

vie, comme l'harmonie rend l'oreille diserte et fait que la voix s'accorde avec elle » (1).

Au témoignage d'Isocrate (2) le Maître de Crotone n'avait-il pas emprunté à l'Égypte une suggestive théorie des Nombres (3), où le Quaternaire incarnait la Justice elle-même dans le syncrétisme d'Isis ? Or, cette « Racine épitrite », dont parle Platon, et qui avait le privilège de produire le mystérieux accord (4) du Ternaire d'Osiris et du Quinaire d'Horus (5), de cette Quinte transcendante de la Semaine figulienne, n'était autre, au terme ultime de l'évolution néo-pythagoricienne, que la Vierge des mythes de l'âge d'or.

L'Ops-Diana de la Terre désincarnée, n'était-ce pas, en effet, cette Ève nouvelle « Marie » ou « Maya », (6) « *Magna Mater deum Idea* », authentique exégèse des candeurs apolliniennes, qui assurait, désormais, par le bienfait unique d'une parthénogénèse, rédemptrice de l'amphimixie originelle, l'équilibre de l'Univers ? Telle la lyre vivante d'Orphée, le chrysostome romain, dans toute la séduction d'une sémantique neuve, instaurait, de la sorte, le culte aimable de l'Équité, sur la ruine des temples chtonniens de l'antique Hécate.

On le voit, dès lors, l'acroamatisme équinoxial de la Cité humaine est des plus apparents dans le système nigidien. Si Magistrats et Citoyens ont désormais à vivre une même Euphonie, ce n'est plus la justice rigide des fatalités antiques, mais l'harmonie politique d'un Droit d'hémarmène, de jurisprudence nettement équilibrée et humaniste, à la fois exclusif de l'égoïsme despote et de l'épistatisme démagogue, et puissamment réalisateur, dans la société, comme dans la famille (7) et l'individu,

---

(1) Cf. Delatte, *Polit. pyth.*, p. 83.
(2) *Burisis*, 24 et 25.
(3) Cf. Delatte, *op. cit.*, p. 45.
(4) Cf. Delatte, *op. cit.*, p. 60.
(5) *Ibid.*, p. 64.
(6) Cf. J. Brieu, *La forme*, Paris, 1909.
(7) Esotérisme de « *irascere* ». (Voir fr. 2, p. 99.) D'abord, du point de vue exclusivement grammatical, ce verbe est dit « commun », (Cf. Alvari, *op. cit.*, pp. 114 et 260), c'est-à-dire qu'il est à la fois actif et passif. Il est pris ici au sens actif de l' « ἀρχή δεσποτική » « qui fait haïr le mari (irascere) par sa femme (*irasci*, sens passif). (Cf. Delatte, *Polit. pyth.*, p. 109). — C'est que la famille doit être, à l'exemple de la Cité, l'image politique, et non despotique, des Formes cosmiques dont parlent Archytas (ap. Stob., *Flor.*, 43, 129) et Ocellos (ap. Stob, *ecl.*, I, 13, 2,

de la trinité de l' « accordement (1) » cosmique. A vrai dire, c'est le problème métaphysique de la notion de Valeur (2), que pose, ici, la philosophie de Nigidius, comme principe de solution de la question sociale.

Il n'est résoluble, d'ailleurs, même pour les Ligures, qu'à la Lumière indéfectible du Verbe, dans l'ésotérisme du sénaire ; car, c'est en Apollon seulement que se manifeste le Ternaire universel (3). La théorie figulienne du sixième parallèle, d'une gnomonique transcendantale, ne serait-elle pas, en conséquence, dans l'exemplarisme de la Ville éternelle et le paradigme de la Cité omphale, la traduction occultiste de l'Horoscope d'Auguste ? (4)

---

p. 139.) — L'autorité dans la famille introduit, d'ailleurs, les éléments d'une propédeutique, où l'enfant, base de la constitution politique (Cf. le περὶ ὁσιότατος de Diotogène, ap. Stob., Flor., 43, 95) sera soumis à l'autorité épitastique du pédotribe, puis du pédagogue, et, enfin, de l'instructeur. (Cf. Carcopino, op. cit., pp. 117-120.) D'après le « περὶ πολιτείας » d'Hippodamos de Thuries (document que Zeller, Phil. der Griech, III, 2ᵉ, p. 122 ss. et p. 158 ss., croit apocryphe et qu'il attribue aux néo-pythagoriciens) « il faut encore créer pour les âmes des jeunes gens des groupements militaires et civiques, tels que phratries, syssities, syscénies, synagélasmes, et établir une certaine « harmonie » (συναρμόζεν) entre les jeunes gens et les anciens. Les premiers ont besoin, en effet, de correction et d'apprivoisement (ou de discipline, κατάρτυσις) ; les seconds, d'affection et de distraction. » Cf. Delatte, op. cit., p. 145.) — Quant à la patrie, le pythagorisme la considère comme une extension de la famille et de la cité. « Que personne, en effet, dit Zaleucus (Préambules des lois ap. Stob. Flor., IV, p. 123) n'aime une autre cité plus que sa patrie, car les dieux familiaux s'irriteraient... En outre, il est plus difficile de vivre sur une terre étrangère, privé de la sienne; car rien n'est plus proche que la patrie. » — « Que l'on regarde comme plus honorable de mourir pour sa patrie, observe, à son tour, Charondus (ibid., IV, p. 149), que de l'abandonner, elle et la vertu, par amour de la vie. Car il vaut mieux bien mourir que vivre dans la honte et l'opprobre. » Trad. A. Delatte, op. cit., p. 199. On ne saurait mieux introduire la notion de culte des grands morts. Du reste, morts obscurs ou morts glorieux, il faut les honorer tous, et cela, « par un bon souvenir et l'offrande des fruits de l'année ».

(1) L'instrument, l'accord et le jeu harmonique. Delatte, op. cit., p.160.

(2) Nous attendons la parution prochaine du cours de métaphysique de M. E. Lasbax, où l'analyse de cette notion eût apporté ici une précieuse et large contribution.

(3) Cf. Allendy, op. cit., p. 149. — Cf. fr. 88, p. 184, 7ᵉ ligne : Sexta comprehensio.

(4) Voir note (30) p. 93.

Ne marquerait-elle pas, pour un proche et glorieux avenir, la suprême exaltation de la patrie, par le triomphe final de la paix romaine, par l'avènement et le culte de la fraternité dans l'Empire du Monde ? C'est, du moins, ce que nous a suggéré, en l'occurrence, la sublime folie du *Frater fere alter* du traité *De etymis*.

Le principe de l'universel amour n'exclut point, d'ailleurs, de la doctrine, l'intérêt de plus humbles parentés. Que dire, en particulier, de l'instinct fatidique du grillon (1) ternaire, en le syncrétisme duquel l'auteur du traité *De animalibus* se plaît à unifier les perspectives infinies de sa discipline d'arcane ? L'insecte figulien, en effet, apparaît, à son tour, comme l'initié de la Terre, d'une psychologie au rite involutif, expressive d'un verbe, que le picus (2) et la chevêche (3) élèvent de concert à la dignité du novénaire (4) de l'harmonie cosmique.

La funeste *subis* (5), il est vrai, vestige attardé du dualisme mazdéen, tue dans l'œuf l'espoir de futurs et lumineux essors ;

---

(1) Cf. fr. 127, p. 215.

(2) — « Picus, fils de Saturne et de Faunus, changé en pivert, se réfère, en sa qualité d'oiseau bigarré, au symbolisme de la trabée des rois de Rome. Voilà pourquoi il sympathise avec le loup (la louve) des origines de Rome. — Cf. fr. 119, p. 213.

Traduction.	Texte.
Pour ceux qui exposent ce qui a trait à Romulus et Rémus, non seulement une louve les allaitait, mais un pivert leur donnait habituellement la becquée. En effet, aujourd'hui encore, au pied des montagnes et dans les lieux boisés, là où se montre le pivert, le loup se trouve aussi, comme le remarque Nigidius.	... « τοῖς περὶ Ῥωμύλον καὶ Ῥῶμον ἐκτεθεῖσιν οὐ μόνον λύκαινα θηλὴν ἐπεῖχεν, ἀλλὰ καὶ δρυοκολάπτης τις ἐπιφοιτῶν ἐφώμιζεν· ἐπιεικῶς γὰρ ἔτι καὶ νῦν τοῖς ὑπωρείοις καὶ δρυμώδεσι τόποις ὅπου φαίνεται δρυοκολάπτης, ἐκεῖ καὶ λύκος, ὡς Νιγίδιος ἱστορεῖ. » Plut. *Quæst. Rom. auct. Hal. Sax.*, 1864, d'après Swoboda, *op. cit.*, p. 63.

(3) Cf. fr. 119, p. 213.

(4) Les « neuf » voix de la chevêche : symbolisme de l'ennéade. (Allendy *op. cil.*, ch. ix.)

(5) Cf. fr. 120, p. 213.

mais, en revanche, le muscle (1) est « l'œil » du cétacé des hauts-fonds, tandis que la corne (2) du scarabée est, au cou des enfants, sous la tutelle de Diana, qui les guérit, l'invincible réplique du lucanien, fils de la Lumière.

Pourquoi le fruit mystique du Hêtre (3) virgilien, lui-même, auquel Tityre n'a jamais songé, sans doute, donne-t-il la joie à l'élu de la prognose, que le gland de la profane yeuse (4) ne saurait préparer à la plénitude de l'immolation ? Peut-être parce que, selon le précepte du Maître, il ne fallait point « se manger le cœur » (5). Mais, à n'en pas douter, le dessein était plus profond en son extrême signification de vie.

Miniature parachevée du Monde, en effet, Tétractys séminale, dont l'unité, elle aussi, est expressive du ternaire, la Faîne des symbolismes préhomériques, au tout-puissant mimétisme de macrocosme, synthétise à la fois, dans la pensée nigidienne, avec la mystique du tétracorde et la triade de l'hémarmène, le double « atma » de l'occultisme zodiacal et du cosmothéisme planétaire (6).

L'épopte, parvenu à cette voyance suprême de la trinité de son cœur dans le ternaire de la Raison séminale, touchait ainsi au terme d'une évolution radieuse, éminemment propice aux ascensions finales. Il avait trouvé la source de l'Oubli, sinon à l'ombre des grands hêtres, du moins, au pied du Cyprès blanc. Aussi bien, il n'ignorait point le mot de passe et il savait le chemin. Avec plus de vérité que l'initié de l'orphisme ancestral, le prédestiné aux nouveaux Champs Élyséens pouvait dire aux Archontes du Seuil : « Je suis fils de la Terre et du Ciel étoilé. Ainsi, ma race est céleste. Sachez cela, vous aussi ! Donnez-moi vite à boire de l'eau fraîche qui coule du Léthé, afin que mon âme puisse régner ensuite parmi les autres héros. »

---

(1) Cf. fr. 118, p. 212.
(2) Cf. fr. 123, p. 214.
(3) Cf. fr. 125, p. *ibid.*
(4) Cf. fr. 125, p. *ibid.*
(5) Cf. DELATTE, *op. cit.*, p. 35.
(6) Le fruit du hêtre se compose d'une capsule quadrivalve à quatre semences triangulaires.

CHAPITRE III

L'ESPRIT

§ 1. L'Hyperespace.

Sans doute, à l'heure des révélations suprêmes, à cet instant décisif de la « Tempestas » (1). qui marque la fin du Sacrifice, le corps physique sera balayé par les autans (2) funèbres, mais les Vents étésiens de la Porte du Nord porteront sur les eaux aériennes, aux sympathiques visions de Tritons et de Néréides, que préside Neptune, l'esprit à jamais libéré des ténèbres de la matière, du monde sensible et de l'enfer terrestre.

L'odyssée septénaire de la translation astrale est un chant sublime. Nous allons essayer de l'entendre, pourvu que nous nous placions, tout d'abord, sur les plans supérieurs de l'Ether incorruptible et de la Durée éternelle, aux régions infiniment dilatées de l'hyperespace nigidien. Le philosophe de la *Sphaera* ignorait, à ce propos, mais en les dépassant, les concepts attractifs et figés de la physique des métagéométries. Celles-ci, selon la vigoureuse expression d'un philosophe contemporain, ne sont, dans le domaine de la dimension, qu'une « exaspération » continue « de la solidité. »

Au surplus, ce n'est pas avec ce genre d'accroissement qu'il eût pu construire la courbe ascensionnelle d'une Sémantique d'intention. Celle-ci est, en effet diamétralement opposée au monisme des théories, aussi géniales que régressives, de Laplace et de Newton. Képler, le disciple de Tycho-Brahé, avait une intuition astrale plus proche de la clairvoyance du Mage romain, lorsqu'il écrivait dans les *Harmonies du Monde :* « Toute la création constitue une symphonie merveilleuse, dans l'ordre des idées et de l'esprit, comme dans celui des êtres matériels.

---

(1) Cf. VARRON, *de ling. lat.*, VII, 51.
(2) Cf. SWOBODA, *op. cit.*, p. 15.

Tout se tient et s'enchaîne par des rapports mutuels indissolubles ; tout forme un ensemble harmonieux. En Dieu, même harmonie, une harmonie suprême : car Dieu nous a créés à son image et nous a donné l'idée et le sentiment de l'harmonie. Tout ce qui existe est vivant et animé, parce que tout est suivi et lié ; point d'astre qui ne soit un animal, qui n'ait une âme. L'âme des astres est cause de leurs mouvements et de la sympathie qui unit les astres entre eux ; elle explique la régularité des phénomènes naturels. » (1) *(Harm. Mundi.)*

Tel est, avec la « *perennis quædam philosophia* » de Leibnitz.

N'est-elle pas d'une intuition largement compréhensive du Ciel figulien, qui, après tout, ne se laisse mesurer, avec quelque précision, que par la force et le sens de nos agonies ? C'est que le thème de la lutte morale n'est pas un objet d'analyse. Il suffit de le sentir pour que, dans l'optimisme de l'effort, et à l'exclusion de l'espace et du temps, il devienne expressif « d'une continuité infinie d'expansion et de rayonnement (2). » Si l'eschatologie nigidienne, en particulier, ne se réduit pas en formule, c'est que le salut et l'éternité sont, pour elle aussi, une « Expérience », que béatifient les Catastérismes (3).

§ 2. L'Odyssée zodiacale.

Et c'est pourquoi, au soir révolu du labeur duodénaire, Hercule était appelé à l'immortelle gloire, dans le bonheur inamissible d'un éternel Banquet.

Héra, dont Tellus était, au sens occulte, la réincarnation, avait suscité les « monstres fabuleux », qu'avait dû vaincre

---

(1) Cf. Galilée, théorie dynamo-animiste différenciée de la libration lunaire, à rapprocher du signe de la Balance. — Cf. Henri Kunrath : *Theatrum sapientiæ æternæ.* — Jacob Boëhm : l'*Aurore naissante, ou la Racine de la Philosophie, de l'Astrologie et de la Théologie.* — Paracelse : *Astronomia magna.*

(2) M. E. Lasbax : *Le Problème du mal*, p. 426.

(3) Pour ce qui va suivre, Cf. Hertz, p. 39, et Swoboda, *op. cit.*, pp. 35-61.

le héros (1). Mais la Loi d'amour de l'involution initiatique venait de lui faire entendre la Voix harmonieuse d'Hermès psychopompe, dont la Barque symbolique, à la cuisse d'Hathor(2) Vénus-Astarté, l'Aphrodite des Hellènes, s'offrait au nouvel Osiris pour la céleste traversée. Au surplus, l'ésotérisme des douze travaux (3) postulait, aux routes du Zodiaque, autant d'escales mystiques.

N'était-ce pas, en effet, à la faveur du Poisson-Hirondelle (4),

---

(1) Cf. *Dict. antiq. gr. et r., la légende argienne*, fasc. XXII, p. 85, col. 1 et 2. « La haine d'Héra... suscite les monstres que (le héros) ira combattre ; elle le harcèlera ainsi pendant sa vie entière jusqu'au jour où aura lieu sa réconciliation avec lui et l'admission d'Héraclès dans l'Olympe. — Quel est le sens primitif de cette donnée ? Les partisans d'une explication naturaliste y voient la traduction évidente de l'antagonisme entre Héra... la mère de Typhaon, et le héros solaire, qui doit, dans sa course, vaincre les nuages et les tempêtes. (Cf. DECHARME, *myth. gr.*, p. 480). — D'après une théorie récente (Tümpel, Philologus, 1891, p. 616 et ss.) il y a là une déformation, faite par les Grecs, d'un mythe préhellénique, qui admettait la subordination du dieu solaire à une déesse de même essence que lui. » (Hécate = déesse lunaire.)

(2) Cf. *Livre des Morts*, cc. 99 et 100, et Rituel funéraire. *(Musée du Louvre.)* Cf. DIODORE, bibl. hist., I, 92.

(3) Ce n'est qu'à l'époque érudite, il est vrai, que cette légende a fait penser aux douze signes du Zodiaque. Cf. Dict. DAREMBERG, fr. 26, p. 86.

(4) « Il est très significatif que l'assyriologie moderne ait trouvé dans le zodiaque, au lieu de deux Poissons, un seul avec un ruban. Également dans le Zodiaque indien un seul Poisson est représenté. Un mythe astral, que raconte Nigidius (Cf. fr. 100, p. 202) pourrait peut-être s'expliquer par le « Poisson-Hirondelle. »... D'après cette légende figulienne, « les Syriens... sont reconnaissants à la fois envers les Poissons et envers la Colombe. Pourquoi Jupiter ne récompense-t-il que les Poissons ? Toute la légende ne serait intelligible que si elle devait avoir pour objet d'expliquer un oiseau-poisson. Alors seraient réunis dans une figure céleste l'oiseau et le poisson. » BOLL, *op. cit.*, p. 197, note 1. — Mais alors, pourquoi l'hirondelle est-elle catastérisée, et non la colombe ? Le texte de Nigidius ne parle, en effet, que de cette dernière. C'est qu'en réalité, le fragment en question ne vise que l'occultisme syrien de la colombe, non exclusif, d'ailleurs, de l'ésotérisme plus évolué des « Chelidones » du temple de Delphes.» Au surplus, la colombe et l'hirondelle, — BOLL *(ibid.)* le reconnaît lui-même, — sont tous deux des oiseaux de Vénus. Il convient donc de s'en tenir au catastérisme d'un Poisson « unique », le Poisson-Hirondelle. Ce qui ajoute encore à cet argument, c'est que — toujours d'après BOLL *(Ibid.)* — Hommel a indiqué une Hirondelle au ciel babylonien. — Il fallait tenir compte aussi de la vraisemblance, qui est l'âme du mythe. Or, dans le cas, la vraisemblance est sauve. On pourrait en dire autant

dans le mythe de la déesse syrienne, dont parle Nigidius (1), qu'Aphrodite et Cupidon avaient échappé aux poursuites du géant Typhée ? Éternellement éprise de la Beauté intelligible, l'âme du héros glorifié traduisait ainsi, au passage, sa vision agonistique d'antan, dans l'éloquence si suggestive de l'Ichtus libérateur. (Usener, *Sintflutsagen*, 1899, p. 223, ss.)

Cependant, sur l'onde chargée de psychisme divin, où se délecte l'esturgeon (2) mystérieux, dont l'écaille est inversée par la loi du retour, l'Esquif fatidique vogue au gré des Vents en poupe. D'une coulée d'or, Apollon involutif trace le sublime chemin. Ahriman eût indiqué d'autres sillons, mais la délivrance du Mal, fruit des rites de l'ascèse, avait assuré le triomphe définitif du Bien. — Déjà, les lyres des Muses étincellent sur la voûte étoilée (3), tandis que, dans une allégresse orphique de Victoires et de Bacchantes, les Pléiades assidues saluent au loin les athlètes entraînés aux antiques palestres. Tels les vainqueurs des concours gymniques, ils ont brisé le cycle infernal des réincarnations et des métempsycoses. De tout l'enthousiaste élan de leur course aérienne, invinciblement portés sur le Verbe nautique, ils tendent éperdûment la main vers la couronne du salut, qu'ils ont tant convoitée (4).

Au Verseau, où il fait son entrée triomphale, Ganymède (5) ne se ceint-il pas déjà des rayons de ce bouclier fameux d'Héraclès, dont le poète des « Travaux et des Jours » s'attarde à contempler, avec la frange de gypse et d'ivoire, et l'éclat d'ambre et d'or, les cercles d'azur de l'Océan céleste aux « Cygnes »

---

dans l'hypothèse d'un Poisson-Colombe, sans, doute, — du moins au sens de Poisson volant, — mais ce ne serait point, cette fois, sans sortir du domaine de la réalité. — Sur la déesse syrienne, Cf. Lucien, *De dea Syr.*, 14, 54. — Diodore, II, 4, 2. — Ovide, *Mét.*, IV, 46 ; V, 331. — Philon, *de Provid.*, II, 107. — Tibulle, I, 7, 17. — Sur les colombes du sanctuaire d'Astarté du mont Eryx, en Sicile, cf. Pauly Wissowa, *Realenc.*, s. v. *dea syria*, col. 2242. — Cf. Robertson Smith, *The relig. of the Semites ;* Selden, *de dis syris* (sur le culte du Poisson.)

(1) Cf. fr. 100, p. 204.
(2) Cf. fr. 113, p. 211.
(3) Cf. Carcop., *op. cit.*, p. 295.
(4) *Ibid.*, p. 294).
(5) Cf. fr. 99, p. 202.

initiatiques, chanteurs de la gloire du bienheureux ? Kronos n'était-il pas apparu en songe à Sisouthros pour lui faire connaître son dessein de le soustraire à l'universelle corruption de l'exotérisme ?

En lui annonçant le déluge libérateur, il lui avait ordonné, en effet, de prendre le début, le milieu et le terme de tout ce qu'on avait écrit avant lui, puis, de le confier à l'ésotérisme de Sippara, cité symbolique des « quatre positions du Soleil. » C'est pourquoi, tel le Noé de la mystique judaïque, ou pareil à l'Imos des mythes précolombiens, le roi de Chaldée, après avoir, sur l'ordre de l'Ichtus annédote, construit en secret, avec le Gophrith quaternaire (1), l'arche de la Prognose, dernier vestige de l'occultisme védique (2), avait mis à la voile vers les dieux (3).

L'initié de Prométhée, le roi équitable de Phtie (4), n'avait-il point caché, à son tour, dans le Vaisseau du Temple, le Livre des Principes de cette voyance suprême, qu'Hermès lui-même, avant le cataclysme, avait inscrits sur les stèles de la tombe agonistique ? (5) Aussi, Deucalion, par la volonté de Zeus, venait-il de lancer le Bétyle involutif (6) de l'humanité régénérée. En récompense, Ganymède-Aristée, à la place d'Hébé, répandra, désormais, dans la coupe des dieux, aux joyeux accents de la Syrinx septénaire, la céleste ambroisie.

Quant au vainqueur de Typhon, il ouvre aux Immortels la Porte (7) du Capricorne. Autrefois, en effet, il s'en souvient, Pallas-Athéna se couvrait les épaules de l'Égide formidable, où figurait, avec « le signe funeste du courroux de Zeus, » — la tête de la Méduse, que tua Persée, — la triade de la Force, de la Discorde et de la Poursuite. De ce point de vue, Amalthée ne symbolisait-elle pas, avec la fille d'Héphaistos, ou nuée

---

(1) ξύλα τετράγωνα des Septante.

(2) Cf. Fauche, t. IV, Mahâ-Bhârata. Entretiens de Markandéya — *Ibid.*, Pèlerinage aux Tirthas, chant de Vana-Parva, p. 10.

(3) Cf. F. Lenormand, *Frag. cosm. de Bérose*, p. 244.

(4) Racine « φθι », calice idéographique de « corruption ».

(5) Cf. Lenormand, *ibid.*, p. 269.

(6) Voir fr. 99, p. 202.

(7) Allusion à Apollon Thyréen. Cf. fr. 73, p. 129. Janus : Dianus, mais aussi = Janitor.

orageuse, que secoue Jupiter Pluvius, (1) Aegipan lui-même, vainqueur de l'esprit du Mal ?

Aussi bien, le soleil d'Héraclès venait de triompher, en même temps, de la haine de la triple Hécate et des embûches de Géryon. Or, au regard des « chevreaux tombés dans le lait » (2), celui-ci n'était autre que le frère d'Osiris, le faux initié de l'antre de Corcyre, au mont Taurus, Typhon-Set, qui voulait être, au Ciel, le Maître de la Lumière, et que, sur le conseil du Capricorne (3), le Père des dieux avait à jamais écrasé sous le poids de l'île Inarime.

A la vérité, les Étésiens, mystiques cavales, venaient de dissiper le nuage sombre. Soudain, dans la clarté de l'Éther, apparaît le Signe du Cheval ailé. Hippomolgue renouvelé des temps préhomériques (4), Crotos, l'initié du dionysisme naissant, applaudit Apollon, le divin citharède à l'arc recourbé. Le mystérieux Sylène, dont la danse scandait naguère, sur la colline de l'Hélicon, le chant éthéré des Muses, symbolisait, dans le Signe du Sagittaire (5), la joie réservée aux cœurs purs d'Éolie, dont les plus doux accents ne s'éveillent qu'au souffle intelligible de l'Esprit. C'est pourquoi, les déesses de l'eurythmie, au mythisme évolué de la roue d'Ixion, avaient cessé d'écouter le son mélodieux de la flûte du Centaure Pélionien, Chiron, ou du fils d'Oagnès, Marsyas de Phrygie, pour décider en faveur de la lyre divine du fils glorieux de Léto.

Au surplus, celui qui avait su, en guérissant les âmes, révéler aux humains le secret de la justice intangible, des serments inviolés et des « sacrifices heureux (6) », pouvait, sans doute, leur enseigner aussi les Formes subtiles du Cosmos, où le Scorpion (7) lui-même prenait, dans l'olympienne épopée, figure

---

(1) Cf. Pictet, *orig. indo-européennes*, t. II, p. 91.

(2) Cf. BOULANGER, *op. cit.*, p. 39.

(3) Cf. fr. 98, p. 199.

(4) *Il.*, XIII, 5.

(5) CARCOPINO, *op. cit.*, pp. 322 et 323 (note 1) pense que c'est Chiron qui... « mérita .... d'être placé par Nigidius Figulus dans la constellation du Sagittaire, si la scholie à Germanicus... se réfère tout entière au *de Signis de Nigidius* ; fr. 97, SWOBODA. »

(6) Cf. CARCOPINO, *op. cit.*, p. 322.

(7) Cf. fr. 96, p. 196.

de héros sur l'ordre de Diana, n'avait-il pas, du venin de son dard, délivré Tellus des orages menaçants et des pluies intempestives d'Orion ? (1) Il n'était, par surcroît, qu'une corruption du mythe de l'oiseau chéri de Keraunos. C'est l'Aigle, en effet, qui, dès la plus haute antiquité, représentait l'un des éléments du Quaternaire de la constitution occulte de l'homme. Aussi bien, l'ésotérisme hellénique, dont Figulus s'était peut-être inspiré, avait accoutumé d'y voir la réplique du symbolisme chaldéen de Gilgamès (2).

Plutôt, laissons Héraclès lui-même, au cours de sa splendide Odyssée, demander à Thémis de clore le débat. En tout cas, les « Serres » de l'animal céleste (3) tiendront, à son appel, avec le fléau mythique, le plateau binaire de la Balance équinoxiale. Telle est, en réalité, pour Nigidius, la divine Sémantique de la Loi universelle, qui régit les Mondes, et maintient, aux célestes chemins, l'éternelle harmonie des lignes.

§ 2. Le Signe de la Vierge.

Fille d'Ouranos et de Ghê, Athéna, l'immaculée, n'avait-elle pas engendré l'Équité, le Droit et la Paix (4) ? Aussi, l'occultisme argonautique aimait-il, en s'y attardant, à contempler, sous les traits augustes d'une Femme ailée, à la belle chevelure, doucement reposée sur l'orbe zodiacal, en toute la grâce d'un « peplum » d'azur, que Théano avait tissé, l'éponyme d'Isis, la puissante reine de Delphes, l'initiatrice orphide de la chaste divination. N'était-ce pas de cette Balance d'or des antiques psychostasies, au symbolisme ardent et délicat de la Vierge

---

(1) « Aussitôt que se levait le Scorpion, Orion s'enfonçait sous l'horizon. » Cf. Bouché-Leclercq, *op. cit.*, p. 143.

(2) L'homme-scorpion était son irréconciliable ennemi. — Cf. Bouché-Leclercq, n. p. 143.

(3) Aigle ou scorpion.

(4) Cf. Lanoé-Villène, *op. cit.*, lettre B, p. 21 : « Thémis... est... la mère d'*Eunomia, de Dicé et d'Irène...* A Athènes, elle figurait dans le temple de Zeus Xénios. »

romaine, que, dès l'éternité, le « Très Haut », « Celui qui met le Poids » (1), s'était servi pour peser le Destin des mortels ?

Or, voici que, sur un signe de sa main, le héros s'approche de la douce Vision, qui, d'un sourire divin, l'encourage à lui parler... « Je viens, dit-il, d'une communauté de purs, ô pure Souveraine du Temple céleste, et vous autres, dieux immortels ; car j'appartiens à votre race bienheureuse. Mais la destinée m'a abattu et les autres dieux immortels... J'ai bondi hors du cycle des lourdes peines et des douleurs, et me suis élancé d'un pied prompt vers la couronne désirée. Je me suis réfugié sous le sein de la Dame, reine du Temple céleste. Je viens, en suppliant, auprès de la resplendissante Perséphone, pour que, dans sa bienveillance, elle m'envoie au séjour des saints. »

Et la déesse de répondre : « O fortuné, ô bienheureux ! Tu es devenu dieu, d'homme que tu étais... Salut à toi, qui as subi la souffrance, que jamais auparavant tu n'avais soufferte. ... Salut, Salut, Salut à toi, prends la route de droite vers les prairies sacrées et les bois de Perséphone (2). »

C'était elle, en effet, qu'avec les disciples de Linus et de Phérécyde, l'aède sublime des Cycles d'Osiris, Nigidius lui-même, avait aperçue au recul des siècles millénaires, plaçant, à son tour, dans le plateau symbolique, le Poids idéal, qui, un jour, devait assurer, contre les Hellènes, en dépit de la chute de Troie, la victoire finale d'Ilion. « Voici que se déclare l'infortune des Grecs, avait écrit Homère, leur plateau descend, repose sur la Terre, tandis que celui des Troyens s'élève, et touche la voûte immense du Ciel (3). »

Aussi bien, l'ésotérisme de l'École ne se plaisait-il pas à voir, dans la bigarrure (4) des armes de Paris, au vocable paraclétique de « défenseur des hommes (5) », l'esprit des Étésiens,

---

(1) Cf. fr. 95, p. 196.

(2) Cf. BOULANGER, op. cit., p. 39.

(3) Cf. VIREY, op. cit., p. 157. — Il., VIII, 68 et ss.

(4) ποικίλα, Il., VI, 504.

(5) Alexandre, Il., III, 16. Allusion à l'occultisme préhomérique de la pomme d'or.

soufflant avec amour sur le Verger divin, pour en détacher, en faveur de Vénus Idéenne, la Pomme d'or (1) du Jardin des Hespérides ? Manifestement, le fils de celle, qui, sur l'arc d'Iris (2), chemine dans le lointain des cieux (3), l'Isodaïtès d'Œnone (4), se rappelait, que, par la grâce d'Aphrodite, il avait fait don du palladium aux pontifes de la Troade, en venant habiter avec Hélène à la cour de Priam et d'Hector. C'est ainsi que le prédionysisme phrygien le cédait à la supériorité initiatique du temple de Delphes. Sur les ruines de l'Hellade, Vénus allait élever enfin le trône du fils d'Anchise, tandis qu'au céleste Parthénon, la suprême Gardienne de la Mesure (5) et du Nombre préludait au chant d'amour de l'Énéide cosmique (6).

Dans le Lion néméen, Apollon contemplait avec ravissement la divine Balance, dont l'équilibre parfait libérait, à l'instant, l'héroïsme d'Héraclès des injustes fureurs de la sombre Hécate de l'ésotérisme ergien. Celui-ci oubliait alors les jours attristés de sa longue servitude chez Eurythée. Par la grâce de la Lumière

---

(1) Cause de la guerre de Troie.

(2) Épiphanie de Zeus.

(3) Étymologie d'Hécube (mère de Pâris) = la Lune = Juno cœlestis en langage occultiste. Cf. LANOÉ-VILLÈNE, *op. cit.*, lettre B, pp. 82 et 83 (Hécube, de Ἐκαβη, ἑκάς,, au loin, 6ῆ subj. aor. 2 de Βαίνω, marcher).

(4) Initiation de Pâris au prédyonisisme. Avant le rapt d'Hélène (initiation au delphisme, d'un occultisme plus évolué), Pâris avait épousé Œnone. — « L'enlèvement d'Hélène est une initiation... imparfaite... » (Cf. CARCOPINO, *op. cit.*, pp. 337 et 338) qui se spiritualise et se parachève dans la délivrance d'Hélène par Ulysse. C'est ce qui apparaît clairement d'après deux illustrations parues, à ce propos, dans la *Revue des Deux Mondes* (15 nov. 1926, pp. 406 et 408). Dans le premier cas, « à gauche, Hélène, persuadée par Aphrodite, se décide à suivre Pâris. A droite, Pâris, en costume pastoral, un rameau feuillu dans la main gauche, l'entraîne vers d'autres terres et une vie nouvelle. » Dans le second, on aperçoit, « au fond, le profil du temple d'Athéna, à Ilion. A gauche, Ulysse, le pied posé sur l'escabeau des initiations, adjure Hélène de lui remettre la statue de Pallas-Athéna. A droite, Hélène écoute le héros qu'elle a seule reconnu dans Troie, et lui livre le Palladium, qu'elle tient dans son bras gauche et qui est ici l'emblème de la sagesse divine. »

(5) Cf. fr. 94, p. 192.

(6) Cf. notes complémentaires, pp. 92 et 93 note 28, sur l'occultisme de la ville de Paris, de Tombelaine, et, d'une façon générale, sur l'occultisme rabelaisien, inspiré de Nigidius, non dans sa forme, mais sûrement dans son fond.

et l'amitié de Molorchos, il avait, à l'aide de la « massue » initiatique, triomphé de l'esprit du Mal de l'antre et du « Torrent » d'Amphidymon. La « Virgo cœlestis » du néo-pythagorisme romain, la lumineuse Diana le marquait enfin du « Signe » de l'immortalité.

Par le privilège d'Hermès, Hercule, l'initié, le vainqueur de l'hydre de Lerne, sympathisait désormais avec l'Écrevisse mystique (1), qui, au nom de l'Ops-Diana, l'œcodespote nouvelle, l'accueillait de front, au passage, à l'heure du retour éternel, à la Porte de l'Univers, réservée aux dieux. Par suite de l'inversion occultiste, et contrairement à ce qu'il avait éprouvé dans le monde de ses héroïques travaux, la cause venait, ici, après l'effet. La clairvoyance nigidienne lui avait donc, une fois encore, fait « résoudre expérimentalement le problème téléologique, qu'aucune métaphysique, avant lui, n'avait pu résoudre par la pensée abstraite. »

Au surplus, comment ne pas établir, en l'occurrence, le curieux parallélisme de cette intuition et du mysticisme étrusque des anneaux d'or (2) ? On y aperçoit, en effet, deux chevaux ailés, cavales de l'Océan mythique. Une sirène, retournée de leur côté, les précède. Le lotus symbolique, renouvelé de l'Apex nigidien, ceint le front de la déesse (3). Telle était, sans doute, cette roue sacrée, à seize rayons, division figulienne du Temple céleste, où la fleur allégorique, d'un même nombre de pétales, apparaissait à l'occultiste si largement expressive de la voix, redevenue harmonieuse, des Sphères, après la catabase des cycles pythagoriques (4).

Aussi bien, portée sur la primauté des Vents nordiques (5), l'âme sonore des héros, vibrant désormais à l'unisson planétaire,

---

(1) Cf. fr. 92, p. 190.

(2) Le style des gravures de ces anneaux suppose des originaux ioniens du VIe siècle avant notre ère. Cf. DELATTE, op. cit., p. 74, d'après Furtwangler, Ant. Gemmen, I, t. VII, n° 2.

(3) Ibid., p. 75, note 2.

(4) Les Stoïciens s'appuyant sur l'autorité de Bérose, assignaient pour cause à l'ecpyrosis la réunion des planètes dans le Cancer.

(5) Les étésiens, domiciliés dans le Cancer, hypsoma de Jupiter. — Cf. ROEHRIG, op. cit., p. 57. (Tabula ampeliana). — BOUCHÉ-LECLERCQ, op. cit., p. 98, n° 2. — (Voir la figure 4 à la fin du volume. — Sur les Étésiens, cf. ARIST., meteor, II, 5, p. 362a.)

s'apprête à chanter, sur des modes divins, au lever radieux de Sothis, l'hymne fraternel. A la vérité, il convenait au poète des Idylles (1) d'immortaliser « la tendre et chaste amitié » des nouveaux Amphidymons. L'évhémérisme ancestral aimait à contempler les Dioscures dans leur adresse à manier la lance et le javelot, ou bien à toucher avec art les cordes mélodieuses de la Lyre. En d'impérissables accents, Pindare a pleuré la fin tragique de l'un d'eux, tombé sous les coups d'Idas, qu'avait foudroyé Jupiter. Mais, « plus de bonheur, ici-bas, pour l'homme privé d'un ami » (2).

C'est pourquoi, à la prière de Pollux, le Père des dieux avait accordé à l'infortuné Castor le privilège de vivre alternativement, un jour sur la Terre et un jour dans les hauteurs éthérées du Cosmos. Le rythme de ce transfert symbolisait, au surplus, la « pérennité » solaire (3). De ce point de vue, l'ésotérisme initial du Signe céleste ne laisse pas d'offrir à la pensée un vif intérêt. Figulus se rappelait, en effet, qu'à ce titre ils étaient descendus de l'Olympe, pour assister les Romains à la bataille du lac Régille.

Au plus fort de la mêlée, Posthumius Albinus n'avait-il pas fait vœu de leur élever un autel, qui, plus tard, fut érigé sur le forum, vis-à-vis du temple de Vesta ? Les frères de la Tyndaride, en conséquence, ces demi-dieux issus de l'initiation cabirique des antiques mystères de Samothrace, prenaient, dans la théologie nigidienne, figure d'apothéose.

Les hardis nautoniers de l'Argo, dont le fier idéal rêvait, avec leurs compagnons, la sublime conquête de la Toison mythique, apparaissaient, d'ores et déjà, propices à la réalisation des nobles desseins, aux héroïques et lointaines traversées de l'acroamatisme néo-pythagorique (4). Aussi, l'occultisme de

---

(1) *Théoc.*, XXII.
(2) Cf. Pind., *Ném.*, X.
(3) Cf. Carcop., *op. cit.*, p. 368.
(4) Nous constatons ici un nouveau progrès de l'ésotérisme delphien de la Tyndaride, sœur des Dioscures. Peut-être pourrait-on apercevoir quelque trace de l'occultisme d'Hélène dans l'acroamatisme de la navigation aérienne. — Cf. Diod., *Sic., op. cit.*, IV, 43. — Cf. Lydus, de *mensibus*. S'il faut en croire Creuzer *(Relig. de la Grèce,* t. III — mais nous donnons son témoignage sous toutes réserves — « les premiers Dioscures étaient

la doctrine ne manque-t-il pas d'installer au Ciel, en un point d'où ils continueront à secourir leurs frères, les mortels, ceux qui, par leurs exploits, avaient su mériter de la faveur de Zeus, dans le Signe des Gémeaux, « la consécration de l'immortalité »(1).

L'on s'en souvient, avec eux, au témoignage de l'auteur de la *Sphaera*, culmine la Canicule, pour le catastérisme de Méra (2). La prière d'Aristée avait enfin apaisé la colère des dieux justement irrités contre les habitants de l'Ile de Céos, qui avaient immolé à la fureur de Liber le fils d'Œbalus, le père d'Érigone. Et c'est pourquoi, sans doute, sur l'ordre de Jupiter, après avoir gardé, aux plaines éthérées, les célestes bergeries, elle se couchait en même temps que le Taureau divin (3), dont elle partageait, au surplus, l'intelligence sympathique et le verbe sonore.

L'humanisme de l'initiation évolutive, où Zeus lui-même, sous les traits de l'Animal céleste, avait conduit en Crète la mère de Minos, qui s'épiphanisait dans le Soleil, était loin d'échapper à l'intuition nigidienne. N'était-ce point, d'ailleurs, vers le syncrétisme du Labyrinthe fatidique, que la sagesse d'Ariadne avait dirigé le vainqueur du Minotaure ?

Aussi bien, l'influence des cultes orientaux avait achevé de pénétrer l'antique lande épineuse de l' « Europe » nordique. Le symbolisme du maintien de l'héroïne, inclinée sur le « cou » de son ravisseur, ne pouvait que confirmer, aux yeux du pontife de la doctrine, l'idée de cette participation. Mais, avec lui, le rituel s'intériorisait, et la participation devenait, en l'occur-

---

certainement les dieux du feu contenu dans les espaces éthérés du ciel. Aussi disait-on qu'ils apparaissaient après l'orage à la pointe des mâts des vaisseaux, sous la forme de ces petites flammes d'heureux augure, que les marins, aujourd'hui encore, appellent « Feu saint Elme ou Sainte-Hélène. » Ce qui est certain, c'est qu'Hélène et les Gémeaux ont toujours été considérés comme des divinités favorables aux marins. Cf. Théocrite, *id.* XII. — Cf. Euripide, *Oreste*. — La navire d'Alexandrie, que prit saint Paul quittant l'île de Malte pour se rendre à Rome, portait comme inscription : Castor et Pollux. (Cf. *Act.*, XXVIII, 11.)

(1) Cf. fr. 91, p. 188.
(2) La chienne d'Icare.
(3) Cf. fr. 90, p. 187.

rence, la discipline même de la langue, de l'esprit et du cœur. Aussi, contrairement au traditionalisme antique, c'est dans l'attitude de la contemplation que le Signe septénaire, doué à la fois d'intelligence humaine et de voyance divine, debout, hiératique, écoute, avec ravissement, les modulations de la cithare apollinienne, que Neptune était, désormais, incapable d'entendre (1). C'était le chant du « Cygne » (2).

Cependant, le Vent du Nord fait entendre sa Voix : « Tu passes avec moi, souffle-t-il au divin nautonier ; le Poids de la Balance d'Équité est en forme de Taureau, pour ce qui concerne les énonciations de la Langue (3). » Ainsi avait parlé l'Esprit que portent « la Force de l'Eau, la Cité de l'Eau, l'incommensurabilité de l'Eau. » — Et le Verbe de l'épopte lui faisant écho : « J'ai traversé les marais, soupire-t-il ; je suis le Taureau représenté en bleu, Maître du Champ, le Taureau, dont parle Sothis à son heure... Je sers la triade céleste (4) ».

A ces mots, l'Animal divin (5) lève vers le Ciel des fixes un front majestueux, que marque le triangle blanc de la tombe agonistique. Un mugissement sacré retentit soudain dans la profondeur des Cieux. L'initié aperçoit alors, sous sa langue, le Scarabée symbolique des rites de l'ascèse, et, sur son dos, l'Aigle de Zeus, l'emblème de la trinité cosmique (6).

---

(1) Poseidon avait procuré le Taureau à son frère. Cf. fr. 90, p. 187. C'est le Taureau qui, sur son dos écumeux, avait transporté Europe de l'autel d'Esculape au temple de Jupiter, c'est-à-dire depuis la côte de Sidon jusqu'à l'île de Crète. Au surplus, le Palmier, (φοινῖξ), père mythique d'Europe, selon l'orphisme, était un des attributs principaux du Dionysisme de la Grèce et de l'Anatolie. Il convient d'apercevoir ainsi, dans le signe du Taureau, la suprématie du néo-pythagorisme.

(2) Cf. DELATTE, op. cit., p. 75. — Cf. SCHURÉ, op. cit., p. 87.

(3) Livre des Morts, CIX.

(4) Ibid.

(5) Le Bœuf Apis, cf. fr. 98, p. 199.

(6) Cf. HÉRODOTE, III, p. 28. L'Aigle était considéré comme le « symbole de la sphère aérienne de la Trimourti. » LANOÉ-VILLÈNE, op. cit., lettre B, p. 160.

§ 4. L'Hénothéisme solaire.

A ce moment, la tête du Bélier au repos se détournait de l'Occident (1). Était-ce pour marquer du regard la place où, autrefois, il avait laissé tomber une jeune vierge (2) dans les flots de l'Hellespont, lorsqu'il portait Phrixos, à la nage, vers les rives désirées de la Colchide ? Plutôt attentif au tintement harmonieux des « cloches » (3) dodonéennes (4), celui qui avait conduit naguère aux sources de l'oasis les héroïques Saliens de la lutte initiatique, accueillait avec amour le cortège assoiffé de Bacchus Eleuthère du temple de Limnæ. Par la vertu d'Apollon ἀγυιεύς, et la grâce de l'équitable Vierge, Athéna tritogène, l' ἀγυιόπεξα Κουρητίς de l'Hellade, les âmes lumineuses et sonores du groupe sacré de l'Hypogée étaient « passées dans le Chemin » (5).

Près du Dragon d'Arès, que le magique Evohé des rites de l'ascèse avait, pour jamais, endormi, la Nef fatidique, née du Hêtre épiréen, ou du Chêne pélasgique de la forêt profonde des Helles, parlait, à son tour, et livrait ainsi le secret de la conquête. La Toison mythique, qu'avaient défendue jusqu'alors,

---

(1) Cf. Bouché-Leclercq, op. cit., p. 131, en note.

(2) Hellé.

(3) Sur l'animisme de « l'airain sonore ». Cf. Delatte, op. cit., p. 120.

(4) « La volonté de Zeus se manifestait par le vent soufflant dans le feuillage d'un grand chêne qui se dressait au milieu de l'enceinte sacrée, et, dans ses branches, on avait attaché des vases d'airain, qui tintaient à la moindre brise, en se heurtant l'un l'autre. » (Lanoé-Villène, ibid., p. 199.) Or, l'une des deux colombes, qui, au témoignage d'Hérodote (II, 55 et ss.) s'étaient envolées de Thèbes d'Egypte, était venue se percher sur un hêtre de l'Épire, où elle avait articulé « d'une voix humaine que les destins voulaient qu'on établît en ce lieu un oracle de Zeus » semblable à « l'oracle d'Hammon » prescrit par la Colombe lybienne, elle-même originaire de Phénicie. — Cf. Il., XVI, 234, la prière d'Achille à Zeus Dodonéen. — Cf. Odyss., c. XIV. — Hercule (cf. Soph., Trach.), écrivit sur des tablettes les oracles du « Chêne paternel ». — Cf. Pausanias : Arcad., 23. — Cf. Platon : le Phédon. — Cf. Étienne de Byzance : De urb. et pop. fragm. Dodona. — Cf. Strab., géog. VII, 9 et ss. — Cf. W. Smith., Dic. of greek and rom. geog. — Cf. Angelo de Gubernatis, s. v. Bois et forêts dans Myth. des plantes.

(5) Cf. Delatte, op. cit., p. 148. Cf. fr. 73, p. 131.

contre les vaines prétentions des non-initiés de Corcyre ou de Némée, le fol éréthisme des Galles et le pneumatisme désuet des Psylles, ne pouvait être, en définitive, sur la ruine des antiques confessions religieuses, que la récompense réservée aux mystes de la foi nouvelle. Le Bélier symbolique n'était autre, en effet, dans la pensée du néopythagorisme, que l'incarnation vivante de la philosophie des cultes cérémoniels. Il marquait, dès lors, l'étape suprême de l'odyssée duodénaire vers l'ineffable candeur de la Lumière éternelle. Voilà pourquoi, dans l'extase du Verbe argonautique, l'âme de l'épopte communiait, à l'instant, à l'Unité divine du Soleil d'Osiris, à Jupiter-Hammon, dont le front s'irradiait du binaire Croissant de la douce Diana ; il s'unissait enfin au divin Bélier de l'éternel Printemps.

Aussi bien, sur les Eaux célestes de la Droite, où se porte l'Esprit nordique « le Prince des Signes », qu'environne, avec Dianus, Salus et Nocturnus, le cortège somptueux des *Dii consentes, complices et selecti* », — légions étincelantes des Pénates psychopompes et des Lares fraternels, théories impressionnantes des « *Opertanei* », gracieuses phalanges des « *Favores* (1) », — conduit l'olympienne Ambarvale (2) au Ciel nigidien des fixes, terme ultime de la Dialectique transcendante. Par la volonté de l'« ὕψιστος » rémunérateur, l'universelle conflagration de l'antique Destin n'y viendra plus troubler, désormais, l'océan de quiétude éternelle et sereine des *Involuti* béatifiés et créateurs.

Et l'immortel héros de la lutte ternaire, le divin Laboureur, sous le Signe de l'Épi, Pain vivant que la Vierge accorde à sa prière, Triptolème-Arcturus (3), debout dans l'immensité de la Plaine, courbé sur le timon d'Hélicé (4), contemple, en

---

(1) Cf. fr. 78, p. 134.
(2) Ésotérisme de la cinquantaine, « nombre » des héros qui, dans l'expédition des Argonautes, caractérisent les initiations de l'évolution hellénistique. C'est là, du moins, le sentiment de la plupart des mythographes. — Cf. A. JOUNET : *Clef du Zohar*, Paris, 1909, « les cinquante Portes de la connaissance. » Cinquante est le nombre « favorable » (Saint Hilaire, *in ps. prol.*, 10. — Saint Ambroise : *De Noe et arca*, 33 ; — Saint Jérôme : *in Ezech.*, XII, 40) de l'illumination et de l' « esprit » des Etésiens.
(3) Étymologiquement « qui a combattu trois fois » : allusion à la Trimourti.
(4) Calisto, la Grande Ourse. Cette constellation, selon Nigidius (Cf. fr. 103, p. 207, s. v., stiva, etc...) ressemble à une charrue, dont Triptolème tient le mancheron. Il y a là, surtout, une allusion à l'ésotérisme d'Artémis arcadienne, à laquelle l'Ours était consacré.

avant du soc immobile, le Bœuf novénaire d'une autre Saturnia Tellus. Sous le regard de Jupiter-Arcas (1) et l'Étoile polaire d'Artémis-Alalcomène (2), l'Ami d'Apollon, dans la paix souveraine d'une âme septuple, aux feux lemnéens (3), écoute, suprême harmonie, la grande Tétractys, un souffle d'Asphodèles (4).

---

(1) La petite Ourse. Arcas était le fils de Jupiter et de Calisto.

(2) Étymologiquement « auxiliaire puissante », parce qu'Artémis avait aidé Jupiter à sculpter dans le chêne le premier dédale (statue) des cultes initiatiques. (Cf. Plut., fragm. IX, 6.)

(3) Cf. Lycophron : *Alex.*, 227.

(4) Cf. M. E. Lasbax, *Le Problème du mal*, p. 440.

CONCLUSION

Au terme des Cycles révolus, tel nous apparaît, dans le développement binaire inversé de la « Nature naturante » et de la « Nature naturée », avec la courbe savante que décrit sa pensée, le philosophe néo-pythagoricien Nigidius Figulus. Sa discipline se définit, semble-t-il, par le rythme alterné d'une catabase et d'une anagénèse septénaires. Et ainsi, l'ensemble de son système relie le stoïcisme du Portique au néo-platonisme alexandrin, avec cette réserve, toutefois, que la nuance de son mysticisme panthéistique le rapproche davantage du plotinisme des *Ennéades*.

Au surplus, ne convient-il pas d'observer, de part et d'autre, l'analogie de l'intuition dans le mouvement unique de « procession » vers le Mal et la Matérialité, et de « conversion » vers l'éternité de l'Intelligence ? » Ce qui les distingue, pourtant, c'est que, chez Plotin, l'évolution, dans les deux sens, est rectiligne, tandis que, pour Nigidius, il s'agit du thème, cher à Pythagore, de l'universelle Panégyrie. De ce point de vue, le Figulisme, si l'on peut ainsi dire, apparaîtrait éminemment révélateur de la méthode.

Mais, si l'auteur de la *Sphaera* se montre, avant tout, le disciple fidèle du Maître de Crotone, il n'en revêt pas moins une personnalité puissamment originale. En particulier, s'il est vrai que la danse infernale d'Agavé, par delà les rives du noir Cocyte, soit réservée aux seuls non-initiés de l'Hadès, la « mésentomatose », avec ses alternatives de déchéance et de progrès, n'a plus à intervenir dans le développement harmonieux et continu des cycles cérémoniels et des rites nigidiens. Elle perd, en conséquence, tout droit de cité dans une philosophie agonistique de l'initiation.

D'où l'on conclut que, si une doctrine, à préoccupations eschatologiques exclusives, se réfère à la théologie du Nombre, il ne saurait être question, en l'espèce, que d'un pythagorisme profondément intériorisé. Il s'agit ici, en effet, d'une discipline d'ascension, que caractérise une dialectique confessionnelle. Il convient d'y reconnaître, en dernière analyse, tous les traits du néo-pythagorisme orphique, depuis la Sémantique originelle, jusqu'à l'évolution finale de l'évhémérisme.

La doctrine apparaîtrait, de la sorte, des plus cohérentes, si elle n'offrait, en sa note fondamentale, ou Tonique du Signe, une irréductible antinomie. Nigidius a été trop loin, semble-t-il, en y découvrant la toute-puissance de la Causalité intrinsèque, nécessaire à son système. Mais alors, il se condamnait, en même temps, à ne jamais franchir l'étape du héros glorifié de ses catastérismes.

L'on entrevoit, dès lors, pourquoi la série des *Errones* dont l'auteur s'applique à établir la genèse septénaire, n'aboutit peut-être, en réalité, qu'au quatrième terme. Autrement dit, la voyance figulienne de la Tétractys, — le principe d'individuation mis à part — était impuissante à surpasser la théorie nietzschéenne du « surhomme », que tend vainement à réaliser, par la synthèse des trois règnes inférieurs de la Nature, le Quaternaire du plan exclusivement humain.

Dans ces conditions, la vie du héros catastérisé ne se limitait-elle pas à l'audition plus humble d'un rythme ternaire, dont le Feu-Principe, les Eaux aériennes, la Terre désincarnée et l'Atmosphère cosmique constituaient le premier moment, tandis que les deux autres étaient introduits par le symbolisme conjugué de l'Épi et de l'Animal céleste ? Par suite, la philosophie de l'époptée romaine cessait d'être exhaustive de la réalité qu'elle voulait atteindre.

Aussi bien, personne ne songe, pour autant, à le reprocher au coryphée de la doctrine. Chercheur désintéressé du Vrai, toujours épris d'idéale Beauté, la pensée constamment tendue vers le souverain Bien, avec l'énergie accrue de ses infortunes et de ses tristesses d'exilé, il avait eu foi en son Étoile. Et l'on comprend la sympathie qui attache aujourd'hui plus d'une âme latine à cette âme diserte et sonore, très proche de nos inquiétudes, et vraiment fraternelle.

Il fut un sage : une amitié fidèle daigna l'appeler « un saint ». Que faut-il de plus pour mériter ce titre de grand philosophe, que, certes, n'ambitionnaient, ni l'occultisme obstiné de sa méthode, ni l'hermétisme voulu de ses concepts ? Il fut aussi un savant : c'est le moins que nous puissions accorder à sa gloire. D'aucuns, peut-être, cherchant, d'aventure, à pénétrer le secret de son génie, seront tentés d'opposer à la « Sphère » nigidienne, la Carte céleste des Modernes, au désavantage marqué de la première. Ce serait une grave erreur.

Pascal disait : « Je trouve bon qu'on n'approfondisse point le système de Copernic. » C'est que les Anciens étaient, sans doute, plus près de cette Vérité vivante, pour laquelle les puissances de l'imaginaire, cessant d'être négatives ou positives, ne peuvent s'intégrer qu'à l'infinité de la Droite impaire et divine. L'auteur de « *l'Avenir de la Métaphysique fondée sur l'expérience* » a profondément écrit en ce sens : « Les Lois, que la science découvre, ne sont pas et ne peuvent pas être des actes réels, ni de réels procédés de la Nature ; ce sont seulement des notations de la marche observée dans les phénomènes, ou, comme on dit, de leur processus. La loi ressemble aux choses comme la courbe, tracée par le Sphygmographe, ressemble aux pulsations de la vie. »

N'est-ce pas reconnaître que la Mathématique de l'hyperespace ou de la logistique, en reculant, à son gré, les frontières de l'inconnu, n'a fait que les élargir, souvent à son insu. En tout cas, qu'elle le veuille ou non, elle ne les a point supprimées. C'est que, si les nombres, simples ou complexes, sont objet de science, le Nombre est objet de foi. La science affirme parce qu'elle sait ; mais l'homme, — celui qui « passe infiniment l'homme, » — n'affirme bien que lorsqu'il croit. A la vérité, pour l'ésotérisme du philosophe romain, le point de vue était identique. Quand il contemplait le firmament, il savait et il sentait que son âme était « une goutte d'eau tombée de l'Océan céleste », un moment échappée aux immenses courants de vie, qui traversent le Cosmos. Aujourd'hui, le regard s'est abaissé vers la matérialité du plan physique, et c'est pourquoi le scientiste n'éprouve pas le besoin d'une religion. Il lui manque, à cet effet, de percevoir son âme. C'est là ce qui explique la séparation de la science et de la Foi.

Cependant, pour peu que se recueille la pensée parmi les pentéliques épars de l'œuvre de Nigidius, qui sont bien, de la part de ce précurseur, comme une promesse magnifique des constructions durables de l'avenir, le séparatisme ne saurait être qu'apparent et provisoire. La « dissolution » du paganisme gréco-romain, tel qu'il nous est apparu dans la pensée nigidienne, n'est-elle pas, elle aussi, expressive d'une « résurrection » à la condition, toutefois, que l'on ait soin de ne jamais envisager, en ce paganisme même, une tradition ésotérique qui, sous le voile des symboles, eût reconnu et adoré le Mystère de la Trinité.

NOTES COMPLÉMENTAIRES

(1) « La crypte pythagoricienne de la Porte Majeure. » — « Une des plus belles découvertes, et des plus imprévues, que l'archéologie ait faite dernièrement à Rome, est celle de cette basilique souterraine, qui fortuitement fut trouvée en 1917 aux abords de la « Porta Maggiore », sous la voie du chemin de fer, à la suite d'un affaissement du ballast. Cette basilique, plus exactement cette crypte, ornée de pied en cap de remarquables stucs historiés, a posé une énigme : à quel culte appartenait-elle ? M. Cumont, le premier, eut l'intuition que l'on avait affaire à un lieu de culte néo-pythagoricien. Depuis, l'archéologue anglaise éminente qu'est Mme Strong, et, plus récemment, M. Carcopino, de l'Université de Paris, ont apporté à la divination de M. Cumont les confirmations les plus complètes. A défaut du *Mémoire* de Mme Strong, paru dans le *Journal of hellenic studies*, de 1924, on lira avec un intérêt passionnant le livre que M. Carcopino vient de publier : *La Basilique pythagoricienne de la Porte-Majeure*. (L'Artisan du Livre.) — Cf. *La Vie catholique*, n° du 26 novembre 1927, art. de Pierre Batiffol.

(2) Cf. Swoboda, *op. cit.*, p. 134. — « *Itaque introductis in senatum judicibus, institui senatores, qui omnia iudicum dicta, interrogata, responsa perscriberent. At quos viros ! non solum summa virtute et fide... sed etiam, quos sciebam memoria, scientia, celeritate scribendi facillime, quæ dicerentur, persequi posse : C. Cosconium... M. Messalam... P. Nigidium, Appium Claudium...* » Cic. *Pro Sulla, XIV*, 41 sq.

(3) « ὁμοίως δὲ (sc. παρώξυνεν Κικέρωνα ἐπὶ τοὺς ἄνδρας) καὶ Κόιντος ὁ ἀδελφὸς, καὶ τῶν ἀπὸ φιλοσοφίας ἑταίρων Πόπλιος Νιγίδιος, ᾧ τὰ πλεῖστα, καὶ μέγιστα παρὰ τὰς πολιτικὰς ἐχρῆτο πράξεις. » Plutarch ; Cic. XX.

(4) Voici le texte *in extenso* de la Lettre de Cicéron à Nigidius exilé. Lettre écrite en 46 J.-C., un an avant la mort de Nigidius. — M. T. C. P. Nigidio Figulo S. D. — (Romae, anno U. C. 707) « *Quærenti mihi jamdiu, quid ad te potissimum scriberem, non modo certa res nulla, sed ne genus quidem litterarum usitatum veniebat in mentem. Unam enim partem et consuetudinem earum epistolarum, quibus, secundis rebus, uti solebamus, tempus eripuerat ; perfeceratque fortuna, ne quid tale scribere possem, aut omnino cogitare. Relinquebatur triste quoddam et miserum, et his temporibus consentaneum genus literarum : id quoque deficiebat me ; in quo debebat esse aut promissio*

auxilii alicujus, aut consolatio doloris tui. Quod pollicerer, non erat. Ipse enim pari fortuna abjectus, aliorum opibus casus meos sustentabam, sæpiusque mihi veniebat in mentem queri, quod ita viverem, quam gaudere, quod viverem. Quamquam enim nulla me ipsum privatim pepulit insignis injuria, nec mihi quidquam tali tempore in mentem venit optare, quod non ultro mihi Cæsar detulerit, tamen nihilominus eis conficior curis, ut ipsum, quod maneam in vita, peccare me existimem. Careo enim quum familiarissimis multis, quos aut mors eripuit nobis, aut distraxit fuga, tum omnibus amicis, quorum benevolentiam nobis conciliarat per me quondam, te socio, defensa respublica, versorque in eorum naufragiis et bonorum direptionibus ; nec audio solum, quod ipsum esset miserum, sed etiam video, quo nihil est acerbius, eorum fortunas dissipari, quibus nos olim adjutoribus illud incendium (la Conjuration de Catilina) *exstinximus ; et, in qua urbe modo gratia, auctoritate, gloria floruimus, in ea nunc iis quidem omnibus caremus. Obtinemus ipsius Cæsaris summam erga nos humanitatem ; sed ea plus non potest, quam vis et mutatio omnium rerum atque temporum. Itaque orbus iis rebus omnibus, quibus et natura me, et voluntas, et consuetudo assuefecerat ; quum cæteris, ut quidem videor, tum mihi ipse displiceo. Natus enim ad agendum semper aliquid dignum viro, nunc non modo agendi rationem nullam habeo, sed ne cogitandi quidem ; et, qui antea aut obscuris hominibus, aut etiam sontibus opitulari poteram, nunc P. Nigidio, uni omnium doctissimo et sanctissimo, et maxima quondam gratia, mihi certe amicissimo, ne benigne quidem polliceri possum. Ergo hoc ereptum est litterarum genus. Reliquum est, ut consoler, et afferam rationes, quibus te a molestiis coner abducere. At ea quidem facultas vel tui, vel alterius consolandi, in te summa est, si unquam in ullo fuit. Itaque eam partem, quæ ab exquisita quadam ratione et doctrina proficiscitur, non attingam : tibi totam relinquam. Quid sit forti et sapienti homine dignum ; quid gravitas, quid altitudo animi, quid acta tua vita, quid studia, quid artes, quibus, a pueritia floruisti, a te flagitent, tu videbis. Ego, quod intelligere, et sentire, quia sum Romæ, et quia curo attendoque, possum, id tibi affirmo ; te in istis molestiis, in quibus es hoc tempore, non diutius futurum ; in iis autem, in quibus etiam nos sumus, fortasse semper fore. Videor mihi perspicere primum ipsius animum, qui plurimum potest, propensum ad salutem tuam. Non scribo hoc temere. Quo minus familiaris sum, hoc sum ad investigandum curiosior. Quo facilius, quibus est iratior, respondere tristius possit, hoc est adhuc tardior ad te molestia liberandum. Familiares vero ejus, et ii quidem, qui illi jucundissimi sunt, mirabiliter de te et loquuntur et sentiunt. Accedit eodem vulgi voluntas, vel potius consensus omnium. Etiam illa, quae minimum nunc quidem potest, sed possit necesse est, respublica, quascumque vires habebit, ab iis ipsis, a quibus tenetur, de te propediem (mihi crede) impetrabit.*

Redeo igitur ad id, ut jam tibi etiam pollicear aliquid, quod primo omiseram. Nam et complectar ejus familiarissimos, qui me admodum diligunt, multumque mecum sunt ; et in ipsius consuetudinem, quam adhuc meus pudor mihi clausit, insinuabo ; et certe omnes vias persequar, quibus putabo ad id, quod volumus, pervenire posse. In hoc toto genere plura faciam, quam scribere audeo : cætera quae tibi a multis prompta esse certo scio, a me sunt paratissima. Nihil in re familiari mea est, quod ego meum malim esse, quam tuum. Hac de re, et de hoc genere toto, hoc scribo parcius, quod te, id quod ipse confido, sperare malo, esse usurum tuis. Extremum illud est, ut te orem et obsecrem, animo ut maximo sis ; nec ea solum memineris, quæ ab aliis magnis viris accepisti, sed illa etiam, quae ipse ingenio studioque peperisti. Quæ si colliges, et sperabis omnia optime, et, quae accident, qualiacumque erunt, sapienter feres. Sed hæc tu melius, vel optime omnium. Ego, quae pertinere ad te intelligam, studiosissime omnia diligentissimeque curabo ; tuorumque tristissimo meo tempore (Banni par Clodius, *Cicéron* fait ici allusion à son propre exil, à Thessalonique. Cf. FELLER, art. *Cic.*) *meritorum erga me memoriam conservabo. Vale. (Cic. epist.*, IV, 13. — Collect. Firmin Didot, t. XV, p. 177.)

(5) Sources de la doctrine de Nigidius :

M. Tullius Cicero, pro Sulla, 14, 42 ; *ad Atticum*, II, 2, 3 ; — *ad Quintum fratrem*, I, 2, 16 ; — *ad familiares*, IV, 13 ; — *Timæi*, frag. I. *M. Terentius Varro* : « *Varronem Nigidio usum esse ejusque opera legisse et adhibuisse, et per se pro hujus viri summa doctrina verisimile est et duobus locis confirmari videtur ap. Gell. III*, 10, 2, *et Apul., de mag.*, c. 42 *servatis... Nigidium ab eo magni æstimatum esse Hertzius* (p. 16 sq.) *recte... conjecit, quia raro æquales citare solet.* » RŒHRIG : *De P. Nigid. Fig. capita duo*, p. 3

Lucanus : Pharsalia, I, 639, sq. — *Dio Cassius*, XLV, 1. *S. Augustinus : De Civit. Dei*, V, 3. — *M. Verrius Flaccus :* (Paul. ex. Fest. *Nigid. ap. Gell.* XIII, 10, 4 « *Frater = fere alter.* » —Paul. ex Fest., *Nigid. ap. Donat., ad Phormionem*, I, 4, 13 : « *protinam.* » — *Nigid., ap. Gell.*, X, 5, 2. (Paul. ex Fest.) « *locupletes.* »

C. Plinius Secundus, Historia naturalis. (Nigid. de animabilibus et de historia naturali.)

VII, 63 sq...............	Collect. Arist. p. 582^b, 747^a v. g. φαῦλον ἔκγονον (Arist.) et « saniosum » (Nigid.)
VIII, 205..................	p. 573^a
IX, 185-6	pp. 590^b, 610^b
X, 39, 106................	pp. 600^a 609^a, 613^a, 633^a
XI, 97 et ss., 139-141	pp. 532 et 533^a ; — 491 ^{b}. 492^r, 535^a.
XVI, 25....................	360^b
XIX-XXX.	

M. Fabius Quintilianus, Institutiones oratoriae, XI, 3, 143 *(de gestu). Aulus Gellius, Atticae Noctes*, III, 12, 1 ; — IV, 16, 1 ; X, 11, 2 ; XI, 11, 1 ; XIII, 26 ; XV, 3, 5 ; XVII, 7, 4 ; XIX, 14, 1-3.

Nigidius, comm. gramm., lib. XI, cité par AULU-GELLE, N. A., IV, 9, 11. *Nigid. comm. gr.*, XXIII (GELL. XVII, 7, 4). — *Nigid.* XXIV (GELL., XIII, 26, 1.) — *Nigid.* XXIX (GELL. X, 5, 1.)

De Nigidio Gellii fonte. Cf. KRETZSCHMER, *De Auct. Gellii gramm.*, 1866 pp. 54-58.

Marcus Vitruvius Pollio, de Architectura. (Niqid. de Vento), cité par Claudius GALENUS : « *Ventus autem est aëris fluens unda cum incerta motus redundantia ; nascitur cum fervor offendit humorem, et impetus fervoris exprimit vim spiritus flantis.* » — *Suetonius Tranquillus, de Viris illustribus*, fr. 85. — *Vita Augusti,* c. 94. — ISIDURUS (saint Isidore de Séville) *de originibus*, lib. XI, 1, 72 et lib. XX, 2, 10) — Cf. *Nigid. de homin. nati et comm. gr.*

P. Virgilius Maro { *Eclog.*, IV, 6   { *De Justitia*   { *Nigid.*
{ *Georg.* II, 473-4 { *De Virgine*   { fr. 94.

Georg., I, 428 ; — *Aen.*, XI, 715 « *Vane Ligus* » — *Aen.*, I, 378, de *Penatibus.*

P. Ovidius Naso { *Fast.*, I, 149-160.
{ *Metam.*, XV, 169-417.

Plutrachus, *Vita Cic.*, c. 20 et « *an seni...* », c. 27.

Nonius Marcellus : *De proprietate sermonum.* — Cf. Schmidt : *De Nonii Marcelli auctoritate gramm.* , Lipsiae, 1868, p. 143. *(Nigid. comm. gr. ; de Diis et de extis.)*

Macrobius, *Saturnales*, VI, 8, 8. *(Nigid. comm. gr.)* — et VI, 9, 5. *(Nigid: de extis.)*

Arnobius, *adversus Nationes, et Cornelius Labeo.* (Cf. Schmeisser : *Die Etrusk. Disciplin.*, Liegnitz, 1881, p. 31.) — Martianus Capella (Cf. Eyssenhardt, *præf. in Mart. Capell.*, p. XXXIV, sqq.)

Marius Victorinus, *Ars grammatica*, I, c. 4. — Cf. Schady : *de Mar. Vict.*, I, 4, Bonn, 1869.)

Aelius Donatus, *de scholiis Terentianis*, édit. Venetæ, 1473 ; ad *Phormion.*, I, 4, 4. ; — I, 4, 13 — II, 1, 3.

Servius Maurus Honoratus Vergilii Commentator in scholiis Bernensibus : ad *Eclog.*, IV, 10 ; —'ad *Georg.*, I, 174, 428, 432. *(Nigid. de ventis.)* III, 147. — Ad *Aen.*, I, 378 ; X, 175. *(Nigid. de augurio privato.)*

Germanici Cæsaris (Tiberii Drusi Neronis) Aratea. (Cf. Breysig, Germ., *Cæs. Arat.*, ed. Berolini, 1867.)

Lucius Ampelius — *(Liber memorialis.)*

Dosithei *Fabulae et Genealogiae.*

C. *Julii Hygini poeticon astronomicum*, lib. II et III *ex Eratosthenis catasterismis.* (Cf. Robertus, proleg. ad. catast., édit., p. 1-15.) — Cf. *Schol. Basileensia, Sangermanensia Strozziana. (Nigid. de Signis.)* — Cf. Maassius: *Anal. Eratosth. philol. Untersuch-Kiessling-Wilamowitz*, VI.

« Sur les mythes astronomiques et la filiation de ces mythes, C. Robert : *Eratosthenis catasterismorum reliquiæ* , Berlin, 1878. On y trouve mis en regard les textes d'Eratosthène, des scoliastes d'Aratus et de Germanicus, d'Hygin, et mention des autres dans les notes ou les « epimetra ». Bouché-Leclercq, *Astrologie grecque*, p. 61, n° 1.

(6) « τί ἐστι τὸ ἐν Δελφοῖς μαντεῖον ; τετρακτύς. » Cf. Jambl., V. P., 82. — Cf. Rohde, *Rhein. Mus.*, XXVII, p. 33. — Cf. Hoelk, *De acusmatis sive symb. Pythag.*, Kiel, 1894, pp. 5 et 33.

(7) Lucain, *Phars.*, 639.

639. *At Figulus, cui cura deos secretaque cœli*
640. *Nosse fuit, quem non stellarum Ægyptia Memphis*
641. *Æquaret visu, numerisque moventibus astra,*
642. « *Aut hic errat, ait, ulla sine lege per ævum*
643. *Mundus, et incerto discurrunt sidera motu :*
644. *Aut, si fata movent, Urbi generique paratur*
645. *Humano matura lues. Terræne dehiscent,*
646. *Subsidentque urbes ? an tollet fervidus aer*
647. *Temperiem ? segetem tellus infida negabit.*
648. *Omnis an infusis miscebitur unda venenis ?*

649. Quod cladis genus, o Superi, qua peste paratis
650. Sævitiam ? extremi multorum tempus in unum
651. Concenere dies. Summo si frigida cœlo
652. Stella nocens nigros Saturni accenderet ignes.
653. Deucalioneos fudisset Aquarius imbres
654. Totaque diffuso latuisset æquore tellus.
655. Si sævum radiis Nemeæum, Phœbe, Leonem
656. Nunc premeres, toto fluerent incendia mundo
657. Succensusque tuis flagrasset curribus æther
658. Hi cessant ignes. Tu, qui flagrante minacem
659. Scorpion incendis cauda, Chelasque peruris,
660. Quid tantum, Gradive, paras ? nam mitis in alto
661. Jupiter occasu premitur, Venerisque salubre
662. Sidus hebet, motuque celer Cyllenius haeret
663. Et cœlum Mars solus habet. Cur signa meatus
664. Deseruere suos, mundoque obscura feruntur.
665. Ensiferi nimium fulget latus Orionis.
666. Imminet armorum rabies ; ferrique potestas.
667. Confundet jus omne manu, scelerique nefando
668. Nomen erit virtus ; multosque exibit in annos
669. Hic furor. Et Superos quid prodest poscere finem ?
670. Cum domino pax ista venit. Duc, Roma, malorum
671. Continuam seriem ; cladem que in tempora multa.
672. Extrahe, civili tantum jam libera bello. »

(8) Sur cette question très complexe de l'animisme, « trois systèmes surtout sont en présence... Trois mots conventionnels serviront à les désigner : *magisme, prémagisme, théisme primitif.*

1º Le Magisme de M. Frazer fait pendant à l'animisme de M. Tylor, auquel il prétend s'opposer. Avant l'âge où, d'après l'école de Tylor, l'humanité naissante ne connaissait que des esprits non encore promus au rang de dieux, les partisans du magisme rigide (ils sont en réalité peu nombreux), croient découvrir à travers les ténèbres de la préhistoire un âge plus primitif encore, celui de la magie pure et non animiste. L'animisme et, *a fortiori*, la religion, le culte de dépendance à l'égard des dieux, ne serait qu'un produit d'évolution assez tardif. La foi aux dieux serait sortie de la crise d'âme, par laquelle, après de longs siècles d'exercice, passèrent les sorciers, s'apercevant enfin de l'inanité de leur art.

2º « Le Prémagisme est professé par la plupart des préanimistes » (surtout par les préanimistes du « mana » mélanésien (a), « c'est-à-dire de ceux qui, dépassant l'animisme de Tylor sans tomber dans le radicalisme magique de Frazer, postulent, avant la religion et avant la magie pure « un état social très imparfait, où magie et religion sont encore confondues dans quelque chose qui n'est, à proprement parler, ni la magie, ni la religion, et qui tient la place de l'une et de l'autre. »

(a) Cf. Marett : The Treshold of religion ; — The « tabumana » formula as a minimum dfinition of religion, dans archiv. für Religionswissensechaft 1909, t. XII. — Cf. Hubert et Mauss : *Mélanges d'Histoires des Religions*, Paris, 1909. — Cf. Lévy-Bruhl : *Les fonctions mentales dans les sociétés inférieures.*

3º Ceux « qui refusent d'adhérer aux théories évolutionnistes rigoureuses, qu'on vient de caractériser, se rattachent presque tous, mais avec des nuances infinies, à l'idée d'un théisme primitif, antérieur à la magie, ou, du moins, acclimaté dans le monde presque aussitôt qu'elle, et, dès lors, suffisamment distinct d'elle. » Frédéric Bouvier, *Religion et Magie*, dans *Recherches de sc. relig.*, mars-avril 1913, pp. 109 et 110.

Nous nous sommes efforcé de le montrer, l'hénothéisme nigidien s'apparente à ce dernier système, en dominant les deux autres de toute sa transcendance.

(9) « *Græci* « προσῳδίας », *Latini accentus, tenores et interdum tonos vocant. — Accentus rector est ac moderator pronuntiationis : eo enim vel attollitur, vel dejicitur vox ; vel partim attollitur, partim dejicitur. Unde ipsum non immerito quidam vocis animam appellarunt.* » Alvari, *inst. gramm.* p. 523. — Cf. Quintil. I. o. lib., I, c. 5., 22.

(10) Note de Franz Boll : *Sphaera, Lipsiæ*, 1903, p. 352, sur les « *Paranatellons.* »

TRADUCTION :

Maintenant, si l'on considère l'ensemble des fragments, qu'on peut avec certitude attribuer aux ouvrages astronomiques de Nigidius, on voit se ranger en deux groupes les passages donnés sans l'indication complète de leur origine. L'un nous montre que Nigidius a traité en détail du Zodiaque, et des légendes astronomiques, qui l'expliquent. A ce groupe appartiennent les fragments 86 et 89-100. L'autre groupe n'est représenté que par un seul fragment. Nous y apprenons que Nigidius a aussi parlé des planètes. Maintenant, si nous rangeons le Soleil et la Lune parmi les Planètes, selon la conception ordinaire, ne manquent, des corps célestes, que les constellations extra-zodiacales. Et deux des trois fragments qui restent parlent de ces dernières, comme on le verra tout à l'heure.

L'un des deux nous est fourni par Servius Dan. dans les scolies sur les Géorgiques, I, 218 : « *Nigidius Commentario Sphaeræ græcanicæ : Oritur enim Canicula cum Cancro, in columen venit cum Geminis, occidit cum Tauro.* » Cette relation nous apprend avec certitude deux choses : d'abord, que, dans la

TEXTE :

Überblickt man nun die Fragmente, die sich den astronomishen Werken des Nigidius mit Sicherheit zuschreiben lassen, so scheiden sich diejenigen Stellen, die ohne Vollständige Nennung der Quelle überliefert sind, ohne Rest in zwei Gruppen. Die eine zeigt uns, dafs Nigidius ausführlich den Tierkreis und die ihn erklärenden Sterusagen behandelt hat ; dahin gehoren die Fragmente 86 und 89-100. Die andere Gruppe ist nur durch ein dafs Nigidius auch von den Planeten gesprochen hat. Nun fehlen von den Himmelskörpern, wenn wir Sonne und Mond nach der üblichen Auffassung zu den Planeten rechnen, nur mehr die Sternbilder aufserhalb des Tierkreises. Und von diesen, sprechen, wie sich sogleich zeigen wird, zwei von den drei noch übrigen Fragmenten.

Das eine von beiden überliefert Servius Dan. zu Georg. I, 218. « *Nigidius commentario Sphaerae græcanicæ : Oritur enim Canicula cum Cancro, in columen venit cum Geminis, occidit cum Tauro.* » Diese Worte lehren uns zweierlei mit Sicharheit : erstlich, es war in der Sphaer. graec. die Rede von den

Sternbildern aufserhalb des Tierkreises ; und zweitens sie waren in ihrem Verhältnis als παρανατέλλοντα betrachtet. Servius selbst gebraucht wenige Zeilen vorher das Wort paranatellon, ohne Zweifel wie wir jetzt, da wir Teukros haben, mit Sicherheit sagen können, ebenfalls aus Nigidius. »

Sphère grecque, on parle des constellations extrazodiacales ; et, secondement, que ces constellations étaient, dans leurs rapports, considérées comme « παρανατέλλοντα» ,c'est-à-dire en synchronisme avec les Signes du Zodiaque. Servius se sert du mot Paranatellon, sans doute d'après Nigidius, ainsi que nous pouvons le dire avec certitude, ce mot étant emprunté à Nigidius, d'après Teukros, qui nous renseigne sur ce point.

(11) Explication de la série : Saturne, Jupiter, Mars, Soleil, Vénus, Mercure, Lune, d'après la théorie nigidienne des Domiciles et des « *Antiscies.* » (*a*)

Le lever héliaque de Sothis, qui marquait le commencement de l'année égyptienne, assignait au Soleil le domicile du Lion et mettait le Cancer à l'horoscope (Zodiaque de Denderah.) Or, pour Nigidius, lorsque le soleil entrait dans « le Lion », qui était sous la tutelle de *Jupiter* (cf. Manilius, *Syst. des* « *tutelae* », II, 433-477, *Astronomicon*), la Lune, c'est-à-dire Junon, était « en opposition » avec lui dans le « Verseau » (Cf. Manil., *ibid.*) et « l'inondation du Nil battait son plein. » (Cf. Bouché-Leclercq, *op. cit.*, p. 186, note 1.) Manifestement, l'auteur de la *Sphaerae barbarica* faisait coïncider la genèse cosmique avec cette Haine originelle de l'*aspect diamétral* (Voir, fig. 1, à la fin du volume) lorsqu'il écrivait au sujet du Lion- « Torrent » de Némée : (Cf. Bursian, *Geog. Griechenlands*, II, p. 35. — Cf. *dict. des antiq. grec et rom.*, fasc. XXII, p. 86, col. 1. —« ... *hunc Leonem nutritum apud Lunam... demissumque cœlo a Junone...* » (Cf. fr. 93, p. 189,) — Aussi bien, au témoignage de Firmicus (III, *Prœm.*) et W. Kroll et F. Skutsch *(Matheseos,* libri VIII, I, 1, Lipsiae, 1897), Hermès trismégiste, par l'intermédiaire d'Esculape et d'Anubis, avait révélé à Néchepso et Pétosiris, ce thème initial du Monde. (Cf. Nechepsonis et Petosiridis *fragmenta magica* ; E. Riess, Goettingen, 1891-1893, pp. 323-394. — Cf. E. Riess, *Diss. philol.*, Bonnæ, 1890.) Mais la théorie nigidienne des *antiscies*, supprimant les deux aspects diamétraux du quadrat (les diagonales du carré inscrit), parvenait, avec le sextil, à l'aspect heureux du trigone. De la sorte, à l'encontre du dualisme d'origine, le monde devenait un tout sympathique à lui-même par la réalisation de sa propre trinité. Et, dès lors, la série pythagoricienne (*b*) Saturne, Jupiter, Mars, Soleil, Vénus, Mercure, Lune, élisait domicile dans le Signe unique (*c*) de la trinité des décans. (Voir fig. 3, à la fin du volume). Quant aux douze vents, ils

---

(*a*) Nigidius, nous l'avons vu, ne prenait pas ce mot au sens géodésique de latitudes opposées, mais il y trouvait l'expression même de la sympathie cosmique.
(*b*) Cf. Hiller : *Théo Smyrn.*, p. 138-140. — Cf. Macrobe, *in somn. Scip.*, I, 19, 2. — Cf. de Rep., VI ; — *De Divin.*, II.
(*c*) En vertu de la théorie des épicycles.
Cf. Bouché-Leclercq, *op. cit.*, pp. 111, 114 et 115.

occupaient le trentième degré de chaque Signe, aux sommets des douze trigones, qu'introduisait la théorie. (Voir fig. 4, à la fin du volume). Le système s'accordait parfaitement, d'ailleurs, avec l'ésotérisme de la doctrine, où nous avons vu que la triade Léthô, Apollon et Artémis triomphe de la haine du dieu lunaire. Au fond, c'est l'acroamatisme de l'arc-en-ciel qui est ici en jeu. Nous avons vu, en effet, dans l'exposé du premier Cosmothéisme planétaire, l'arc d'Iris absorber les Eaux célestes. (Cf. PLUT., *opin. des phil.*, II, 13.) Or, l'hiéroglyphisme de l'Arc-en-ciel n'est autre que le Caméléon. (Cf. ARIST., *Hist. anim.*, II, 7, 1. — Cf. PLIN., H. N., XXVIII, 29. — Cf. PLUT., *Alcib.*, 28.) Et, de fait, un vieillard tenant à la main une fleur de « chamaelæ » symbolisait, chez les Romains, le mois de janvier consacré à Janus. (Cf. A. DE GUBERNATIS, *op. cit.*, s. v.) C'est que l'initié Hercule avait, à l'aide du « jardinier », (Cf. *dict. des antiq.*, fasc., XXII, art. Héraclès) Molorchus, « *terrassé* » « le *Lion* » de Némée, c'est-à-dire desséché, par la chaleur de ses rayons (a), le « Torrent » qui ravageait le sol initiatique. D'une part, en effet, au témoignage de l'auteur des Dionysiaques, Hercule représentait alors le Soleil (ἀστροχίτων Ἡρακλες, Ἥλις ; Nonnos, XL, 369) et, d'un autre côté, « Caméléon » veut dire « Lion à terre ». (χαμαιλέων). Cf. LANOÉ-VILLÈNE, *op. cit.*, lettre C, p. 21.

Avant Hipparque et Nigidius, l'astrologie empirique attribuait généralement deux domiciles aux cinq planètes, à l'exclusion, toutefois, des deux Luminaires, qui n'en avait qu'un. On obtenait ainsi « une série qui commençait par le « Verseau, exactement comme l'année civile des Romains. (Juin, Cancer, domicile « unique » de la Lune-Junon.) Le calendrier romain a sans doute été remanié sous l'influence de ces idées astrologiques. Le début de l'année civile aurait été reporté de mars en janvier, et le nom de Januarius substitué à Undecimber, pour aboutir à une ordonnance censée naturelle, et d'accord par surcroît avec les traditions de la Saturnia Tellus. Le remaniement aurait été opéré par les pontifes après la « *lex Acilia de intercalatione* » (191 av. J.-C.) et donné comme un retour aux instructions de Numa. » BOUCHÉ-LECLERCQ, *op. cit.*, p. 189, note 1. Mais ce système était incompatible avec la série unique des sept « errones », dans le système des « *Antiscia.* »

Ce qui est remarquable. c'est que la position actuelle de l'équateur, dans les parapegmes astronomiques, a été rapportée à l'observation de Nigidius. On a tenu compte seulement de la précession. « Une étoile nouvelle qui parut à l'époque d'Hipparque conduisit cet astronome à dresser le premier catalogue, pour mettre ses successeurs à même de connaître les changements qui s'accompliraient dans le ciel, et aussi pour arriver à faire des observations plus exactes de la Lune et des Planètes. Les raisons invoquées par Hipparque conservent toute leur valeur aujourd'hui. » (Discours de M. Tisserand, à la 4e réunion du Comité international pour la photographie du ciel ; 1896.)

Quant à la Terre, si les Stoïciens croyaient à son fixisme au centre du macrocosme, le Pythagorisme, au témoignage de PLUTARQUE *(Vie de Numa*, 15), ne pensait point qu'elle fût immobile et placée au

---

(a) *Allusion à la massue du héros, qui avait également desséché les « marais » (l'hydre) de Lerne.* (Cf. *Dict.* de DAREMBERG et SAGLIO, art. *Héraclès*.)

centre des « révolutions » du Monde. » Pour les néo-pythagoriciens, la Terre décrivait « une courbe (la spirale des modernes) autour du Feu. » *(Ibid.)* C'est pour cette raison, — nous l'avons observé ailleurs — que, pour adorer, ils tournaient en rond, « aussi rapides qu'une roue essayée par la main du « Figulus ». Cf. *Il.*, XVIII. — Nigidius, ignorait, il est vrai, la courbe du Feu (*a*), mais la science moderne l'ignore avec lui, et, sans doute, l'ignorera longtemps encore. Tout ce qu'elle sait, c'est qu'il existe, à cette courbe inconnue, une tangente, dirigée actuellement vers la constellation d'Hercule. Il est aisé de constater, par ce qui précède, que l'ésotérisme des douze travaux va beaucoup plus loin.

(12) « Les astronomes ne s'accordent pas tout à fait sur la distance à laquelle les planètes, émergeant des rayons solaires, commencent à être visibles en lever héliaque. La doctrine la plus ancienne probablement fixait l'écart à 15°. (Cf. *Schol.*, *Arat.*, V, 152.)... Pline admet 11° pour les trois planètes supérieures : « *Exoriuntur matutino discedentes partibus nunquam amplius undenis* »; H. N., II, § 59. — M. CAPELLA, 12° : « *intra duodecim partes, non ultra partes duodecim.* » VIII, 886, 887. » BOUCHÉ-LECLERCQ, *op. cit.*, p. 384.

(13) « Indessen ist hierin ein Unterschied gegenüber unsern griechischen Texten zu bemerken : während diese zu einem Tierkreiszeichen diejenigen Sternbilder nennen , die aufgehen kulminieren, untergehen oder im Hypogeïon stehen, wenn das Zeichen aufgeht, hat Nigidius statt dessen anscheinend erwähnt, mit welchen Zeichen zusammen die Sternbilder aufgehen, Kulminieren und untergehen. Das würde dem Verfahren des Hipparch entsprechen, der II,5-III,2 das « συναντέλλειν » und « συγκαταδύνειν » der Gestirne mit den Teilen des Tierkreises festgestellt hat ; das « συμμεσουρανεῖν » fehlt zwar, ist aber dem Abschnitt über die 24 Stundenkreise (III, 5) meist unmittelbar zu entnehmen. Dein Fragment des Nigidius über die Canicula würde bei Hipparch entsprechen :

NIGIDIUS :	HIPPARCH :
« *Oritur enim Canicula cum Cancro.*	Ὅταν δὲ ὁ κύων ἀνατέλλῃ, συνανατέλλει μὲν αὐτῷ ὁ Ζῳδιακὸς ἀπὸ καρκίνου μοίρας ιε′ ἕως λέοντος μοίρας ε′ μέσης (p. 228, 19.)
In columen venit cum Geminis.	Τὸ δὲ πέμπτον ὡριαῖον διάστημα ἀφορίξει περὶ μέσους τοὺς διδύμους, ...τοῦ κυνὸς ὁ ἐν τοῖς ὀπισθίοις ποσὶ λαμπρός. (p. 280, 9.)
Occidit cum Tauro. »	Τοῦ δὲ κυνὸς δύνοντος συγκαταδύνει μὲν αὐτῷ ὁ Ζῳδιακὸς ἀπὸ ταύρου μοίρας ιχ′ ἕως ταύρου μοίρας θ′ καὶ κ′. (p. 240, 26.)

Möglich also, dafs Nigidius den Hipparch oder vielleicht ein von ihm beeinflufstes populares Buch für die astronomischen Angaben seiner *Sphaera* nach griechischer Art' benutzt hat. » Cf. *Sphaera*, Fr. BOLL, p. 353, Lipsiae, 1903.

Vielleicht konnte Nigidius oder seine Quelle in einem andern Buch des Hipparch, nämlich in der Schrift « περὶ συνανατολῶν » (Note 1, *ibid.)*

(14) Cf. STRABON, *géogr.*, XVI, 1, 20.)

(*a*) C'est-à-dire du système solaire.

(15) Pausanias (*Ach*. 20) parle d'une statue d'Apollon, qu'il avait vue à Patras, et qui avait « le pied gauche » appuyé sur la tête d'un bœuf, c'est-à-dire, en langage occultiste, d'un initié.

(16) Cf. Diogène LAËRCE, *Vie de Pythagore*.

(17) Sur l'Apex, cf. *Dict*. DAREMBERG et SAGLIO, art. *Haruspices*, fasc.22, p. 23, col. 1, figures 3711 et 3712.

(18) Cf. S. REINACH, *Le voile de l'oblation*, dans *Cultes, Mythes et Religions*, I, p. 300.

(19) Cf. LEGRAND, *Dict. des antiq. grec et rom.*, fasc. 42, col. 2, p. 977, s. v., *sacrificium*.

(20) Cf. LANOÉ-VILLÈNE, *op. cit.*, lettre B, p. 55

(21) Cf. BOUCHÉ-LECLERCQ, art. *Haruspices*, fasc. 22, p. 17, col. 1.

(22) Le porc était consacré à Cérès-Thesmophore. On choisissait aussi le coq, parce qu'il avait « le foie plus parlant ». « *Sunt qui vel argutissima haec exta esse dicant.* » Cic. *De divin.*, II, 12. Et il fallait, sous peine de « *piaculum* », que les entrailles ne fussent pas muettes. *(Fest. epit.*, p. 156, s. v.)

(23) Cf. DIODORE DE SICILE, Bibl. hist, IV, 4, 5. — Cf. DUSSAUD, Introd, à l'*Hist. des Relig.*, p. 63. — Cf. Fr. THUREAU-DANGIN, *Rev. d'Assyr.*, t. VII, pp. 107-111.

(24) Cf. A. BARTH. : *Rev. de l'Hist. des Relig.*, t. XXIX, p. 389,1894. Du même auteur : Les *Religions de l'Inde*.

(25) Par « *exta* » on désigne « le foie, les poumons, le cœur, le fiel et la membrane qui enveloppe les intestins. Sous la forme du « *ferculum* » dûment assaisonné, sur lequel on répandait la « *mola salsa* » et du vin, les « exta » étaient placés sur l'autel *(porrecta* ou *reddita.*) (Cf. MARQUARDT et MOMMSEN, *Manuel des antiq. rom.*, trad. fr. p. 219-20.) C'était la part de la divinité : elle était brûlée. » *Dict. des antiq.*, fasc. 41, p. 976.

(26) Le temple hépatique à 16 demeures, à l'image du temple céleste.

(27) Il s'agit ici de l'Augure privé. Les disciplines étrusques distinguaient, à la vérité, trois sortes de Temples : le temple fulgural, dont le « bidental » ou tombeau de la foudre *(*de *bidentes*, brebis immolées à cet endroit) était l'une des formes, le temple augural (pour les Augures publics) et le temple hépatique. Celui-ci était une condition de la formation de l'Augure privé, et cette condition était exclusive de la théorie des deux autres temples. Cependant, Nigidius avait la science des Augures publics ; il distinguait, comme eux, les « *præpetes aves* » des « *inferæ* », dans l'interprétation des auspices, selon la hauteur à laquelle se tenaient les oiseaux. Mais ce qui l'intéressait surtout, — on sait pourquoi, — c'était la fréquence, l'*accent* du cri des « *oscines* ». D'après lui, une chouette, par exemple, n'avait pas moins de neuf cris différents. Il en était de même de la chevêche. (Cf. Plin, H. N., X, 17, 39.) Cf. *Dict. des antiq.*, de DAREMBERG et SAGLIO, t. I, p. 555, col. 2. — Il y trouvait, nous l'avons observé, un sens ésotérique des plus profonds.

(28) « La symbolique de Gargantua est rattachée à celle de la la « Table ronde ». On y voit, en effet, l'enchanteur Merlin procréer, sur une haute montagne d'Orient, à l'aide d'opérations magiques... Grand-Gosier et...

Gallamelle (Jupiter et Junon) qui mettent au monde Gargantua, figure grotesque de Nârâyana : l'énorme jument aérienne qu'ils chevauchent n'est autre que le nuage orageux. Ils arrivent ainsi au bord de la mer, où se trouvent à présent le mont Saint Michel et l'îlot de Tombelaine. Grand-Gosier forme la presqu'île du Mont Saint-Michel, à l'aide d'un énorme rocher qu'il place en cet endroit, et Gallamelle... l'îlot de Tombelaine...

C'est donc sur le rocher de Tombelaine, suivant ces vieilles légendes, que les traditions de l'Hellade se reforment encore une fois, car les initiés du premier moyen âge ont connu l'occultisme d'Hélène, et ils ont donné à son tombeau (Tombelaine, ou Tombe-Hélène) la même signification qu'y trouvaient les Sages de la Grèce. D'ailleurs, Robert Wace, dans le *Brut*, donne au mot Tombelaine le sens de « Tombe d'Hélène. »

« *Hoêl... fit faire (au mont Saint-Michel) une capelle*
Que l'on tombe Elène appelle ;
Pour Elaine qui ilor fut
Tombelaine ce nom reçut. »

Nous citons textuellement tout ce passage d'après *Le Livre des Symboles*, de LANOÉ-VILLÈNE. lettre C, pp. 181 et 182. — Sur l'occultisme de la ville de Paris, cf. RABELAIS, *Garg.*, XVII.

(29) « Memini... Fabium, cum quingentos denarios perdidisset, ad *Nigidium* consultum venisse, ab eo *pueros carmine instinctos* indicavisse, ubi locorum defossa esset crumena... » Cf. Apulée, De Magia, XLII.

(30) HOROSCOPE D'AUGUSTE.

TEXTE	TRADUCTION
.., « ἄρτι τε ὁ παῖς ἐγεγένητο, καὶ Νιγίδιος Φίγουλος βουλευτὴς παραχρῆμα αὐτῷ τὴν αὐταρχίαν ἐμαντεύσατο.	L'enfant (c'est-à-dire Octave) vient de naître, et le sénateur Nigidius Figulus lui prédit aussitôt le pouvoir absolu...
....	....
... οὗτος οὖν τότε τὸν Ὀκτάουϊον βραδύτερον ἐς τὸ συνέδριον διὰ τὸν τοῦ παιδὸς τόκον (ἔτυχε γὰρ Βουλὴ οὖσα) ἀπαντήσαντα ἀνήρετο, διὰ τί ἐβράδυνε · καὶ μαθὼν τὴν αἰτίαν ἀνεβόησεν, ὅτι δεσπότην ἡμῖν ἐγέννησας, καὶ αὐτὸν ἐκταραχθέντα ἐπὶ τούτῳ καὶ διαφθεῖραι τὸ παιδίον ἐθελήσαντα ἐπέσχεν εἰπών, ὅτι ἀδύνατον ἐστι τοιοῦτόν τι αὐτὸν παθεῖν. »	Un jour que le Sénat était en séance, Nigidius interpella Octavius, qui arrivait en retard, à cause de la naissance de son fils. Après avoir appris la raison de ce retard, il s'écria : « Tu viens de nous donner un maître ! » A ces mots, Octavius bouleversé voulait tuer l'enfant. Nigidus le retint en lui disant qu'il était impossible que le nouveau-né éprouvât rien de pareil.

Le destin des Antiscies veillait, en effet, sur le berceau : l'enfant était intangible.

Cassius Dio, XLV, I, p. 286, éd. Sturz. — Cf. Suétone, Aug. 94. — Tiber., § 14. — Cedren., Hist. compend., p. 171, édit. Bekker. — Cf. A. Maury : la Magie et l'astrologie, p. 73, éd. Didier 1864.

LES VERS D'OR

« *Discours sacré* ».

Traduction de Mario MEUNIER dans un ouvrage sur les Vers d'Or *des Pythagoriciens, avec commentaire d'Héroclès*. Paris 1925

« Les Vers d'Or des Pythagoriciens »

1. *Préparation.*

« Honore en premier lieu les Dieux immortels dans l'ordre qui leur fut assigné par la Loi.

Respecte le Serment, Honore ensuite les héros glorifiés.

Vénère aussi les Génies terrestres, en accomplissant tout ce qui est conforme aux lois.

2. *Purification.*

Honore aussi et ton père et ta mère et tes proches parents.

Entre les autres hommes, fais ton ami de celui qui excelle en vertu.

Cède toujours aux paroles de douceur et aux activités salutaires. — N'en viens jamais, pour une faute légère, à haïr ton ami, — quand tu le peux ; car le possible habite auprès du nécessaire.

Sache que ces choses sont ainsi, et accoutume-toi à dominer celles-ci : — la gourmandise d'abord, le sommeil, la luxure et l'emportement. — Ne commets jamais aucune action dont tu puisses avoir honte, ni avec un autre, — ni en ton particulier. Et, plus que tout, respecte-toi toi-même.

Pratique ensuite la justice en actes et en paroles. — Ne t'accoutume point à te comporter dans la moindre des choses sans réfléchir. — Mais souviens-toi que tous les hommes sont destinés à mourir ; — et parviens à savoir tant acquérir que perdre les biens de la fortune. — A l'égard de tous les maux qu'ont à subir les hommes de par le fait des arrêts augustes du Destin ; — accepte-les comme le sort que tu as mérité ; supporte-les avec douceur et ne t'en fâche point.

Il te convient d'y remédier, dans la mesure que tu peux. Mais pense bien à ceci : — que la Destinée épargne aux gens de bien la plupart de ces maux. — Beaucoup de discours, lâches ou généreux, tombent devant toi — ne les accueille pas avec admiration, ne te permets pas de t'en écarter.

Mais si tu vois qu'on dit quelque chose de faux, supporte-le avec patience et douceur. — Quant à ce que je vais te dire, observe-le en toute circonstance. — Que jamais personne, ni par ses paroles, ni par ses actions, ne puisse jamais t'induire à proférer ou à faire ce qui pour toi ne serait pas utile. — Réfléchis avant d'agir, afin de ne point faire des choses insensées, — car c'est le propre d'un être malheureux de proférer ou de faire les choses insensées. — Ne fais donc jamais rien dont tu puisses avoir à t'affliger dans la suite. — N'entreprends jamais ce que tu ne connais pas ; mais apprends tout ce qu'il faut que tu saches, et tu passeras la vie la plus heureuse.

Il ne faut pas négliger la santé de ton corps, — mais avec mesure lui accorder le boire, le manger, l'exercice, — et j'appelle mesure ce qui jamais ne saurait t'incommoder.

Habitue-toi à une existence, propre, simple — et garde-toi de faire tout ce qui attire l'envie. — Ne fais pas de dépenses inutiles, comme ceux qui ignorent en quoi consiste le beau. — Ne sois pas avare non plus ; la juste mesure est excellente en tout. — Ne prends jamais à tâche ce qui pourrait te nuire, et réfléchis avant d'agir. »

3. *Perfection.*

Traduction des deux premiers vers omise par Mario Meunier.

Dès ton réveil, hâte-toi de tirer profit de l'harmonie que procure le sommeil pour élever ton esprit et réfléchir aux bonnes actions à accomplir. — « Ne permets pas que le doux sommeil se glisse sous tes yeux, — avant d'avoir examiné chacune des actions de la journée. — En quoi ai-je fauté ? Qu'ai-je fait ? qu'ai-je omis de ce qu'il me fallait faire ? — Commence par la première à toutes les parcourir. Et ensuite : si tu trouves que tu as commis des fautes, gourmande-toi ; mais, si tu as bien agi, réjouis-toi. Travaille à mettre ces préceptes en pratique, médite-les ; il faut que tu les aimes, — et ils te mettront sur les traces de la vertu divine, — j'en jure par celui qui transmit à notre âme le sacré Quaternaire, — source de la Nature, dont le cours est éternel. Mais ne commence pas à prendre à tâche une œuvre, sans demander aux dieux de la parachever. Quand tous ces préceptes te seront familiers, tu connaîtras la constitution des dieux immortels et des hommes mortels, tu sauras — jusqu'à quel point les choses se séparent, et jusqu'à quel point elles se rassemblent. Tu connaîtras aussi, dans la mesure de la Justice, que la Nature est en tout semblable à elle-même, de sorte que tu n'espéreras point l'inespérable, et que plus rien ne te sera caché. Tu sauras encore que les hommes choisissent eux-mêmes et librement leurs maux, — misérables qu'ils sont ; ils ne savent ni voir, ni entendre les biens qui sont près d'eux. Peu nombreux sont ceux qui ont appris à se libérer de leurs maux. Tel est le sort qui trouble les esprits des mortels. Comme des cylindres, ils roulent çà et là, accablés de maux infinis. Innée en eux, en effet, l'affligeante Discorde les accompagne et leur nuit sans qu'ils s'en aperçoivent ; il ne faut point la provoquer, mais la fuir en cédant. — O Zeus, notre père, tu délivrerais (?) tous les hommes (Cf. introd., p. 50, 15ème ligne) des maux nombreux qui les accablent, — si tu montrais à tous de quel Génie ils se servent ! Mais toi, prends courage, puisque tu sais que la race des hommes est divine, et que la Nature sacrée leur révèle ouvertement toutes choses. Si elle te les découvre, tu viendras à bout de tout ce que je t'ai prescrit ; ayant guéri ton âme, tu la délivreras de ces maux. Mais abstiens-toi des aliments dont nous avons parlé, en appliquant ton jugement à tout ce qui peut servir à purifier et à libérer ton âme. Réfléchis sur chaque chose, en prenant pour cocher l'excellente Intelligence d'en haut. Et si tu parviens, après avoir abandonné ton corps, dans le libre Ether, tu seras dieu immortel, incorruptible, et à jamais affranchi de la mort. »

LIVRE II

CHAPITRE PREMIER

| Commentariorum grammaticorum fragmenta [1] | Fragments des commentaires grammaticaux |

I

Suetonii : « *Verborum differentiæ* », p. 289, « *Sempiternum et perpetuum.* » *Nigidius in libro quarto ait :* « *Sempiternum immortalium rerum, perpetuum mortalium est ; perpetuitas enim in nostra natura est, quæ perpeti accidentia potest, sempiternitas infinita est, eo quod semper.* » (2)

II

Nonius : Irascere (3) *pro irasci. Pomponius Hetærista :* « *Noli, quæso, irascere.* » More fit moro, moriri suam quisque uxorem ut velit. Nigidius Com-

1

« *Sempiternum et perpetuum* » « *Sempiternum* », observe Nigidius au livre IVe, se dit des choses immortelles ; « *perpetuum* », de ce qui est mortel. C'est que la perpétuité est attribut de notre nature, sujette aux changements ; tandis que l'éternité est un attribut infini : il demeure toujours.

2

L'emploi de « *irascere* », pour « *irasci.* » Pomponius dans l' « *Hetærista* » : « Ne vous fâchez pas, je vous prie. C'est se comporter comme un

---

(1) Swob. *Nigid. op. reliq.*, p. 67. — Cf. *introd.*, p. 31.
(2) Cf. *introd.*, p. 36.
(3) Cf. *introd.*, p. 58, note 7.

fou, que de souhaiter la mort de sa femme. »

Nigidius, dans ses *Commentaires grammaticaux* (lib. IX) : « Ainsi « *irascere* », qui se dit maintenant « *irasci* ».

3

« *Vetustiscere et Veterascere.* »
Nigidius explique *(Comm. gramm.*, lib. X) la différence qui existe entre ces deux mots : « Nous appliquons aux choses qui se détériorent en vieillissant le terme « *vetustiscere* », le mot « *inveterascere* », à celles qui s'améliorent. »

4

Nigidius Figulus, à mon avis, le plus savant après Varron, cite, au XIe livre de ses *Commentaires*, ce vers d'un ancien poème, qui, certes, mérite d'être retenu : « Il faut être religieux de peur de devenir superstitieux. » Mais Nigidius n'écrit pas de qui est ce poème. Au surplus, voici ce qu'il observe à ce propos : « Les vocables à désinense identique, tels que « *vinosus* », adonné au vin ; « *mulierosus* », débauché ; « *religiosus* », supersti-

mentariis grammaticis lib. VIII « *Ita irascere, quod nunc irasci dicitur.* »

III

Nonius : Vetustiscere (1) *et Veterascere. Quid intersit, Nigidius Commentariorum grammaticorum,* lib. X *deplanavit :* « *Dicemus, quæ vetustate deteriora fiunt, vetustiscere, inveterascere, quæ meliora.* »

IV

Gellius : Nigidius Figulus, homo, ut ego arbitror, juxta M. Varronem doctissimus, « *in undecimo commentariorum grammaticorum* » *versum ex antiquo carmine refert, memoria hercle dignum* (2) *:* « *Religentem esse oportet, religiosus ne fuas.* » *Cujus autem id carmen sit non scribit, atque in eodem loco Nigidius,* « *hoc, inquit, inclinamentum semper hujuscemodi verborum, ut* « *vinosus* », « *mulierosus* », « *religiosus* », (3) *significat copiam*

---

(1) *Vetustiscere et veterascere* sont deux verbes inchoatifs. Mais la « *vocalis subdita* » « *i* » du premier (cf. fr. 53, p. 123) lui donne un sens péjoratif que n'a pas le second, à cause de « *a* », « *vocalis princeps.* » *(Ibid.)*

(2) Swob., *op. cit.*, p. 68.

(3) D'une façon générale, les adjectifs de désinence « *osus* » suggèrent l'idée d'un superlatif, pour peu qu'on les envisage du seul point de vue grammatical. Mais telle n'est point la pensée de *Nigidius.* Le subtil auteur

quandam immodicam rei, super qua dicitur, quocirca «religiosus» is adpellabatur, qui nimia et superstitiosa religione sese adligaverat, eaque res vitio adsignabatur. »

tieux, indiquent un abus de l'objet en question. Ainsi on appelait : « *religiosus* » celui qui se « liait » à un culte excessif et outrancier : ce mot renfermait un blâme. »

V

Gellius : Bibendi avidum P. Nigidius in commentariis grammaticis bibacem et bibosum dicit. » Bibacem » ego ut « edacem » a plerisque aliis dictum lego ; « bibosum » dictum nondum etiam usquam repperi, nisi apud Laberium neque aliud est, quod simili inclinatu dicatur. Non enim simile est, ut « vinosus » aut « vitiosus » ceteraque, quæ hoc modo dicuntur, quoniam a vocabulis, non a verbo inclinata sunt. Laberius in mimo, qui « Salinator » inscriptus est, verbo hoc ita utitur :

« Non mammosa, non annosa, non bibosa, non procax. »

5

Gellius : Un homme adonné à la boisson, dit Nigidius, *(Comm. gramm.)* est « *bibax* » et « *bibosus* ». Je lis bien que l'on dit « *bibax* », comme on dit « *edax* », de l'avis presque unanime des auteurs. Quant à « *bibosus* », je ne l'ai encore rencontré nulle part, à l'exception de Labérius, et je ne connais pas de mot à flexion similaire. Ce terme, en effet, n'est point de l'espèce de « *vinosus* », ou de « *vitiosus* » et d'autres mots analogues, attendu que la morphologie de ces derniers dérive des noms et non des verbes. Labérius dans le mime qui a pour titre : « *Salinator* », se sert ainsi de ce mot :

« Qui n'a pas de grosses mamelles, qui n'est ni âgée, ni buveuse, ni effrontée. »

VI

Nonius : Mulierosi dicti mulierum adpetentes. Afranius Vo-

6

Nonius : « Muleriosi » se dit des hommes désireux des

---

des *Commentaires* considère dans l'adjectif, — qu'il soit dérivé d'un verbe, comme *bibosus*, ou d'un nom, tel que « *vitiosus* » — le rythme d'une éthique ternaire. (Voir à la page suivante, la note 2. (fr. 8.) — Même remarque pour les adjectifs en « *ax* », comme « *bibax* », « *edax* ».

femmes. Afranius dans le « *Vopiscus* » : « Un amateur de femmes me dirige soudain vers un autre lieu. »

7

Nonius : « *Virosae* se dit des femmes qui désirent les hommes, le plaisir.

Lucilius *(Satires)*, livre VII : « J'ai dit : Je viens au principe : plutôt user d'une vieille libidineuse que de me mutiler moi-même.

Afranius dans « *Divortium* » : « Vigilante et adroite, tempérée, saine, sobre ; je ne suis point portée vers les hommes ; et quand je le serais, je ne manque point de qui me contente volontiers : je suis dans la force de l'âge et d'une beauté suffisante. »

8

Nonius : Entre « *morata* », « *morigera* » et « *morosa* », il y a cette différence, que *morata* signifie « l'habitude de mœurs

pisco : (1) « *Homo mulierosus confert alio me ilico.* »

VII

Nonius : Virosae mulieres dicuntur virorum adpetentes vel luxuriosæ. Lucilius Saturarum, lib. VII : « *Dixi : ad principium venio : vetulam atque virosam Uxorem cædam potius quam castrem egomet me.* »

Afranius Divortio :

« *Vigilans ac sollers, sicca, sana, sobria ;*

Virosa non sum ; et si sim, non desunt mihi,

Qui ultro dent : ætas integra est, formæ satis.

VIII

Nonius : Morata, morigera et morosa (2) *hanc habent distantiam, quod* « *morata* » *est* « *moribus instituta* » ; « *mori-*

---

(1) Cf. Swob., p. 69.

(2) On le voit, *Nigidius* a une conception de l'adjectif diamétralement opposée à celle des grammairiens. Pour ceux-ci, les adjectifs en « *osus* » enveloppent le concept d'excès, tandis que pour l'auteur des *Commentaires*, il s'agit d'une « déficience ». On remarquera, à partir de cette notion, l'évolution de l'ascèse dans « *morigera* », et enfin, — ultime moment du Rythme — le fixisme du bien dans « *morata* ». C'est précisément ce concept d'« habitude », de « règle », que vise l'« examussim » de Nonius (p. 9. 4) et de *Sisenna*, l. c. « *examussim* ». — Plaute, dans l'*Amphitryon :* « Elle est de tout point excellente. » *Commentaire de Sisenna* sur ce passage : « Après comparaison avec l'« *amussis.* » L'« *amussis* » est une règle peinte en rouge, qu'on laisse pendre pour voir si l'ouvrage s'élève bien verticalement. » Cf. Swob., p. 9. La remarque est générale et s'applique à tous les adverbes

gera », « *morem gerens, obsequens* » ; *morosa contrariis et perversis moribus.* — *Afranius Vopisco :*
« *Dum me morigeram, dum morosam præbeo.*
Deinde aliquid dedita opera controversiæ
Conçinno, lædo interdum contumeliis. »
PLAUTUS, AULULARIA, II, 362.
« *Dum modo morata recte veniat, dotata est satis.* »

IX

Nonius : « *Tintinnire* (1) » *dicitur* « *sonare* », *unde et tintinnacula sunt adpellata.* — *Afranius Vopisco :*
« *Tintinnire ianitoris impedimenta audio.* » *Nigidius,* libro XVIII : « *Itaque ex re in Saliaribus* (2) *:* « *attanus tintinnat* », *id est* « *sonat.* »

X

Nonius : (3) « *Facitur* » *pro* « *fit* ». *Nigidius Commentatione grammatices,* lib. XIX : *id, quod dico, huius modi est : uti* « *facit,* ποιεῖ », *ita* « *facitur,*

réglées ; *morigera,* la discipline, la docilité ; *morosa,* l'extravagance.
Afranius, dans « *Vopiscus* ».
« Tantôt je me montre obéissante, tantôt capricieuse.
Puis, de propos délibéré, je me querelle un peu, j'injurie de temps à autre. »
PLAUTE, dans l'*Aululaire,* II, 3, 62.
« Pourvu qu'elle ait bon caractère, c'est une dot suffisante. »

9

Nonius : « *Tintinnire* » veut dire « sonner » ; d'où vient le mot « *tintinnacula.* »
Afranius dans Vopiscus :
« J'entends résonner l'attirail du portier. » Nigid., lib. XVIII : « On lit, en effet, à propos du culte salien : « L'autan retentit », c'est-à-dire « sonne ».

10

Nonius : « *Facitur* », employé pour « fit ».
Nigidius (*Comm. gramm.,* XIX) : Ce que je dis est de cette sorte : Comme « *facit*»,

---

de désinence « *im* » = *more.* Il s'agit ici, en effet, pour Nigidius, de l'ésotérisme normatif. Exemple : l. c., Sosie : (au sujet d'Alcmène, femme d'Amphitryon.) « *Næ ista edepol, si hæc vera loquitur, examussim est optuma.* » A l'en croire, elle est assurément une femme bien parfaite.
(1) Cf. introd., p. 51, note 3.
(2) Cf. introd., p. 76, notes (1) et (2). — VARRON : *de ling. lat.* VII, 26 et IX, 61. — SWOB., p. 16.
(3) Cf. SWOB., *op. cit.,* p. 70.

équivaut à « ποιεῖ », de même « *facitur* » est l'équivalent de « τιμᾶται ».

Titinius à Quintus : « Les sots s'inspirent de leur jalousie pour faire peu de cas de l'amitié des bons. »

11

Nonius : « *Expulsim* » vient de lancements réitérés. — Varron, dans *Sérapis* : Considérez-vous comme parfaitement guéri quand vous verrez, à Rome, sur le forum, devant les boucheries, les enfants jouer en se lançant la paume.

Nigid., *Comm. gramm.*, XX : A cette espèce appartient la catégorie des adverbes qui dérivent de verbes de mouvement, tels *expulsim, cursim.*

12

Nonius : *Canatim, suatim, bovatim*, à la manière des chiens, des porcs et des bœufs. — Nigidius *(Comm. gramm.)* : On dit aussi par analogie : *Canatim, suatim, bovatim*, termes dérivés de noms d'animaux.

13

Nonius : « *Cossim* » (en s'appuyant sur la hanche) est l'équivalent de Coxim. — Pomponius dans sa « *Porcaria* » : « Ils en connaissent l'importance ceux qui s'accroupissent pour la selle. »

τιμᾶται » *est.* — *Titinius Quinto :*
... « *Stultitia cupidinis*
« *Petunt consilium, bona bonorum gratia.*
« *Parvi ut faciatur.* »

XI

Nonius : Expulsim dictum a frequenti pulsu. — *Varro Serapi :* « *Recte (te) purgatum scito, quum videbis Romae in foro ante lanienas pueros pila expulsim ludere.* »
Nigidius Commentariorum : lib. XX : « *Cujus modi genus adverbiorum, a verbis motus quod venit, ut expulsim, cursim.* »

XII

Nonius : (1) *Canatim, suatim, bovatim canum et suum et boum genere.*
Nigidius « *Commentariis grammaticis* » : « *Sunt etiam adsimulanter dicta hæc : canatim, suatim, bovatim, quae ab animalibus sumuntur.* »

XIII

Nonius : Cossim dictum quasi coxim. — *Pomponius Porcaria :* « *Sciunt hoc omnes quantum est, qui cossim cacant.* »

---

(1) Cf. Swob., *op. cit.*, p. 71.

XIV

Nonius : Alternatim, per vices, Quadrigarius Annalibus, lib. IIII: « *Item gaudium atque ægritudinem alternatim sequi.*

XV

Nonius : Dubitatim, dubitanter. Cœlius Annalibus, lib.III « *Imperator conclamat de medio ut velites in sinistro cornu removeantur, Gallis non dubitatim immittantur.* » — *Sisenna historiarum lib.* IIII : « *Quod hostem non dubitatim cum plateis ac scalis iter facere cernebat.* »

XVI

Nonius : Efflictim vehementer. — PLAUTUS PŒNULO (prol. V., 96) : « *Earum hic adolescens alteram efflictim perit.* »
Pomponius Dotata : « *Scio pol te illam amare efflictim.* »...
Laberius Belonistria : « *Domina nostra privignum suum amat efflictim...* »

XVII

Nonius : Fluctuatim, iactanter et solute. — *Afranius Pompa* « *Teneto : in medio nemo est magnifice volo.*
Fluctuatim ire ad illum. Accipito hoc, tege tu et sustine. »

14

Nonius : Alternativement, tour à tour. Quadrigarius *(Annales),* lib. IV : être ballotté tour à tour de la joie à l'anxiété.

15

Nonius : Avec hésitation. — Cœlius *(Annales),* lib. III : « L'Imperator, du milieu de la mêlée, clame l'ordre de faire retirer les vélites à l'aile gauche et de les lancer sans hésitation contre les Gaulois, » — Sisenna, livre IV des *Histoires :* « parce qu'il voyait s'avancer, sans hésitation, l'ennemi muni de toits protecteurs et d'échelles. »

16

Nonius : Éperdument, de toutes ses forces. — PLAUTE, dans le *Jeune Carthaginois :* « Il est éperdument épris de l'une d'elles. »
Pomponius, dans sa *Dotata :* « Je sais, par Pollux, que tu l'aimes avec transport. »
Laberius, dans *Belonistria :* « Notre maîtresse brûle d'amour pour son beau-fils. »

17

Nonius : En se balançant, avec ostentation et l'air dégagé. — Afranius, dans *Pompa:* « Tenez : il n'y a personne, je veux aller le trouver d'un air magnifique, en me dodelinant. Prenez cela, cachez-le et le gardez en attendant. »

18

Nonius : De façon heureuse. Ennius *(Annales,* I) : « Que cet événement tourne, en fait ! et en espérance, et pour moi et pour le royaume et pour vous, O Quirites, de façon fortunée, heureuse et bonne. »

91

Nonius : par petits morceaux ; même sens que *minutatim.*

Pomponius dans le *Porc malade :* « A la vérité, ils sont vaillants, ceux dont la force rivalise avec celle des lions :

Te jetteras-tu devant eux en petits morceaux, comme un repas d'oiseau ? (Le même) dans *Satura :* « N'être point donné en petits morceaux, ni en miettes. »

20

Nonius : « *Incursim* » : pour rapidement. — Cæcilius, dans *Fallacia :* « Je suis un homme mort, si, à l'instant, je ne cours vite à la perte de tout mon bien. »

21

Nonius : Iuxtim, mis pour Iuxta, auprès. — Sisenna, après la fondation de Rome : « On le tue près du fleuve Numicius. » — Livius, dans *Egisthe :* « Il se place sur les sièges royaux ; Clytemnestre, auprès de lui ; les filles occupent les sièges de troisième rang. »

XVIII

Nonius : Fortunatim, prospere. — Ennius Annalibus I : quod mihi reque, fide, regno vobisque Quirites.

Se fortunatim, feliciter ac bene vortat. »

XIX

Nonius : Frustatim et frustilatim, per frusta, ut minutatim.

Pomponius Verre aegroto(1) :

« *Verum illi valent qui (vi) luctantur cum leonibus :*

Eis tete obiectes frustatim passerinum prandium ?

(Idem) Satura : « *Non frustilatim nec minutatim dari.* »

XX

Nonius : Incursim pro celeriter. — Caecilius Fallacia : « *Nullus sum, nisi meam rem iam omnem propero incursim perdere.* »

XXI

Nonius : Iuxtim, pro iuxta. Sisenna ab urbe condita : « *Iuxtim Numicium flumen obtruncatur.* » — *Livius Ægistho :* « *In sedes conlocat se regias, Clutemestra iuxtim, tertias natae occupant.* »

---

(1) Cf. Swob., *op. cit.*, p. 72.

XXII

Nonius : Morsicatim. — Sueius Pullis : « *Sic incedunt, exin labellis morsicatim lusitant.* »

XXIII

Nonius : Ossiculatim, ut si minutatim. — Cœcilius Fallacia : « *Ossiculatim Parmenonem de via liceat legant.* »

XXIV

Nonius : Populatim. Cœcilius Obolostate : « *Ego perdidi te, qui omnes servos perduo Populatim. — Quæso ne ad malum hoc addas malum.* »

XXV

Nonius : (Propere), properatim et properiter, celeriter, properanter... Pomponius Buccone adoptato : Pergis properatim ? Caecilius Phocio :
« *Properatim in tenebris istuc confectum est opus.* »
Properatim, id est properanter. — Cœcilius : « *Properatim.* »

XXVI

Nonius : Rusticatim, pro « *rustice.* » *— Pomponius Aleonibus :*
« *At ego rusticatim tangam, (nam) urbanatim nescio.* »

22

Nonius : En mordillant. — Sueius, dans *Pullis* : « Ainsi vont-ils, puis ils jouent en se mordant les lèvres. »

23

Nonius : Par petits morceaux (équivalent de *minutatim.)* Cæcilius, dans *Fallacia* : « Qu'on leur permette, chemin faisant, de lire *Parménon* par petits bouts. »

24

Nonius : En masse. — Cæcilius, dans l'*Usurier* : « Je t'ai perdu, moi qui perds en masse tous mes serviteurs. Je t'en prie, à tant de maux n'ajoute point ce malheur. »

25

Nonius : Rapidement, en hâte — Pomponius, dans le *Babillard adopté* : « Viens-tu bien vite ? » — Cæcilius, dans le *Phocium* : « On a fait la besogne en hâte, dans les ténèbres, à cet endroit. »
Properatim, c'est-à-dire en hâte.
Cæcilius : « Avec empressement. »

26

Nonius : « *Rusticatim* », mis pour « *rustice* » : à la manière des paysans. — Pomponius, dans « *Aleones* » : « Pour moi, je traiterai en paysan, car je ne connais point la manière des villes. »

27

Nonius : Isolément, dérivé de « *singuli* ».

Cæcilius, dans la *Paysanne supposée* : « Je crois que, pris un à un, ils sont sages, et nous point. » Cœlius *(Annales*, lib.I) « D'abord, dans un malheur public, chacune des personnes bien considérées... » Lucilius, lib. XVIII :

« Ainsi est mû chacun de nous, séparément. »

28

Nonius : Insensiblement, peu à peu, ou à la dérobée. — Pomponius, dans le *Babillard adopté* : « En cachette, en silence, à la dérobée, j'ai regardé par un trou. »

29

Nonius : En petits morceaux. — Pomponius, dans le *Porc malade* : « Bientôt, je t'eusse, à coups de poing, brisé en mille morceaux cette femme au crâne chauve. »

30

Nonius. — *Tractim*, comme *sensim*, c'est-à-dire longtemps, à long trait. — Plaute, dans *Amphitryon*, I, 1, 157 : « Si je lui promenais tout doucement la main sur le corps, pour l'endormir ! »

XXVII

Nonius : Singulatim et singillatim, a singulis.

Cæcilius Hypobolimaeo rastraria :

« *Hos singulatim sapere, nos minus arbitror.* » *Cœlius annalibus*, lib. I :

« *Primum (in) malo publico grata singulatim nomina...* » *Lucilius*, lib. XVII II :

« *Sic singillatim nostrum unusquisque movetur.*

XXVIII

Nonius : Taxim, sensim, vel occulte. Pomponius Buccone adoptato (1) *: « Clandestino tacitus taxim perspectavi per cavum.* »

XXIX

Nonius : Testatim, minutim. Pomponius Verre aegroto :

« *Iam istam calvam colafis comminuissem testatim tibi..* »

XXX

Nonius. — *Tractim, ut sensim, id est, diutine, longo tractu.* — Plautus, *Amphitruone* (I, 1, 157) : « *Quid si ego illum tractim tangam ut dormiat ?* »

Sisenna apud Charis, p. 2219 : *Tractim.*— Plautus *in Amphi-*

---

(1) Cf. Swob., *op. cit.*, p. 73.

truone; ubi Sisenna pro « *lente* », *inquit*, « *non ut Maro Georgicon quarto tractimque susurrant* », *inquit*.

même sens qu'au 4ᵉ livre des elles (les abeilles) font entendre

Sisenna apud Charisium : (Sisenna, dans *Charisius*.)
Tractim. — PLAUTE, dans *Amphitryon*, où Sisenna spécifie que « lente » n'a pas le *Géorgiques*, de Virgile, quand un bourdonnement continu. »

XXXI

Nonius. — *Tuatim, tuo more*. PLAUTUS *Amphitruone* (II, 1, 4) : « *Eccere iam tuatim facis.* » Sisenna apud Charis., p. 221, 6. *Tuatim*. — PLAUTUS, *in Amphitruone ; ubi Sisenna : « ut nostratim » ; significat autem tuo more.* »

31

Nonius *Tuatim :* à ta façon, PLAUTE, dans *Amphitryon* (II, 1, 4) : « Par Cérès, vous agissez bien à votre guise. »
Sisenna, dans *Charisius* : *Tuatim*. — PLAUTE, dans *Amphitryon ;* selon Sisenna: comme nostratim », mais « *tuatim* » signifie « à votre façon. »

XXXII

Nonius *: Vicissatim, per vices* Nævius *Belli Phœnici*, lib. IIII: « ... *Vicissatim volvi victoriam.* »

32

Nonius : *Vicissatim*, tour à tour. — *Nœvius*, au livre IV de la Guerre punique :
« ... La victoire se déroule en des chances alternées. »

XXXIII

Nonius *: Visceratim, per viscera*. Ennius *Andromeda :*
« *Alia fluctus differt, dissupat visceratim membra ; maria salsa spumant sanguine.* »

33

Nonius : *Visceratim*, par lambeaux. Ennius, dans *Andromède :*
... « Le flot emporte le reste, disperse les membres par morceaux ; la mer aux eaux salées écume de sang. »

XXXIV

Gellius : *Legis veteris Atiniæ verba sunt :* « *Quod subruptum erit, eius rei æterna auctoritas*

34

Gellius : « L'antique *loi* Atinia est ainsi libellée : « Le vol d'un objet entraîne l'éternité de l'action légale (1). Qui penserait qu'il ne s'agît, en l'espèce, que des vols futurs ? Mais, Q. Scævola affirme que son père, avec Brutus et Manilius, magistrats très avertis, ont recherché, dans le doute, si la loi s'appliquait seulement aux vols à venir, ou si elle portait aussi sur les larcins déjà commis. Les mots « *subruptum erit* », en effet, désignaient, à la fois, semblait-il, aussi bien le passé que l'avenir.

C'est pourquoi P. Nigidius, le plus érudit de la Cité romaine, a parlé de ce cas litigieux dans le 23e livre de ses *Commentaires grammaticaux*. Or, il croit, lui aussi, que l'indication du temps est incertaine. Toutefois, après une discussion brève et obscure, il semble plus préoccupé de l'introduc-

esto. » Quis aliud putet in hisce verbis, quam de tempore tantum futuro legem loqui ? Sed Q. Scæcola patrem suum et Brutum et Manilium, viros adprime doctos, quæsisse ait dubitasseque, utrumne in post facta modo furta lex valeret, an etiam in ante facta, quoniam « subruptum erit » utrumque tempus videretur ostendere, tam præteritum quam futuram.

Itaque P. Nigidius, civitatis Romanæ doctissimus, super dubitatione hac eorum scripit in « tertio vicesimo grammaticorum commentariorum (1) *; atque ipse quoque idem putat, incertam esse temporis demonstrationem, sed anguste perquam et obscure disserit, ut signa rerum ponere videas ad subsidium magis memoriæ suæ, quam ad legentium disciplinam. Videbatur tamen hoc dicere, suum verbum et « est » esse et « erit » ; quando per sese ponuntur, habent atque retinent tempus suum; cum vero præterito iunguntur, vim temporis sui amittunt et in præteritum concedunt. Cum enim dico « in campo est » et « in comitio est », tempus instans significo ; item cum dico « in campo erit », tempus futurum demonstro ; at cum dico « factum est, scriptum est, subruptum est », quamquam*

---

(1) « Que chacun conserve toujours son droit sur une chose qui lui aura été enlevée. »
(Traduction de l'abbé DE VERRI, 1776.) La loi d'Atinius s'opposait, en effet, à la prescription. Cf. « *De rebus surreptis non usu capiendis.* » (Freund, *dict.*, s. v.) — Cf. *Cic. in sec. act. adv. Verrem*, lib. I, 42 : « *Cur mihi leges Atinias, Furias, ipsam, ut dixi, Voconiam, omnes praeterea de jure civili...* » Cf. introd., p. 36, note 2. — Cf. ALVARI, *de inst. gramm.*, p. 22, n° 18 : *(P.) Nigidius...* (s. v. *surreptum erit) nonne apertissime nos docet verborum naturam non leviter attingendam, sed penitus ac radicitus excutiendam* ».

---

(1) Cf. SWOB., p. 74.

« *est* » *verbum temporis sit praesentis, confunditur tamen cum praeterito et praesens esse desinit.*

« *Sic igitur, inquit, etiam istud, quod in lege est ; si dividas separesque duo verba hæc* « *subruptum* » *et* « *erit* », *ut sic audias* « *subruptum (erit)* », *tamquam* « *certamen erit* », *aut* « *sacrificium erit* », *tum videbitur lex in postfuturum loqui ; si vero copulate permixteque dictu intellegas, ut* « *subruptum erit* », *non duo, sed unum verbum sit, idque unitum patiendi declinatione sit, tum hoc verbo non minus præteritum tempus ostenditur quam futurum.* »

tion d'une sémantique de la réalité, pour servir d'auxiliaire à sa mémoire, que de l'instruction de ses lecteurs. Voici cependant quelle était, semble-t-il, son opinion : Le verbe en question est à la fois « *est* » et « *erit* ». Quand on les considère en soi, isolément, ils ont et conservent leur temps, mais lorsqu'on les joint au passé, ils perdent la signification de leur temps propre, et relatif au passé. Si je dis, en effet : il est au camp, il est à l'assemblée, je signifie le présent ; de même, quand je dis : « Il sera au camp, j'indique le futur ; mais si je dis : ceci est fait, il est écrit, cela est dérobé, bien que « *est* » soit au présent, ce temps se confond pourtant avec le passé et cesse d'être le présent. »

Il en va donc de même, dit-il, relativement à la loi ; que l'on divise et sépare ces deux mots : « *subruptum* » et « *erit* », alors il faut entendre *subruptum erit* au sens de : « ce sera le combat », « ce sera le sacrifice. » Il apparaîtra, en conséquence, que la loi vise seulement l'avenir. Si, au contraire, l'on entend par là une conjonction, une fusion intime, telle que « *subruptum erit* » ne fasse qu'un seul mot, au lieu de deux, ne forme, dans cette union, qu'un seul verbe passif, ce verbe n'exprimera pas moins le passé que le futur. »

XXXV

Gellius : *P. Nigidii verba sunt ex* Commentariorum grammaticorum *vicesimo quarto, hominis in disciplinis doctrinarum omnium præcellentis :*

Gellius : P. Nigidius, homme d'une érudition universelle, s'exprime en ces termes au 24e livre de ses *Commentaires grammaticaux* : « Et puis, dit-il, quel système d'accentuation pourra-t-on adopter, si on ne sait pas distinguer le génitif du vocatif, dans les noms tels que Valerius ? Au génitif, en effet, le ton est plus élevé sur la seconde syllabe que sur la première pour baisser ensuite sur la dernière ; tandis qu'au vocatif, c'est la première qui est accentuée, et les autres baissent graduellement. »

« *deinde, inquit, voculatio* (1) *qui poterit servari, si non sciemus in nominibus, ut* « *Valeri* », *utrum interrogandi an vocandi sint ? Nam interrogandi secunda syllaba superiore tonost, quam prima, deinde novissima dejicitur : at in casu vocandi summo tonost prima, deinde gradatim descendunt.* » (2)

36

Nous remarquons aussi dans le même livre de Nigidius : « Si l'on écrit : « *hujus amici* », ou « *huius magni* », on n'emploie, dit-il, qu'un seul « *i* » final ; si, au contraire, on écrit : « *Hii magnii* », « *hii amicii* » au nominatif pluriel, on devra doubler l' « *i* » final ; et l'on se comportera de même pour les mots similaires. »

XXXVI

Gellius : (3) *id quoque in eodem libro Nigidiano animadvertimus : si* « *huius, inquit, amici* », *vel* « *huius magni* » *scribas, unum* « *i* » *facito extremum, sin vero* « *hii magnii, hii amicii, casu multitudinis recto, tum* « *i* » *ante* « *i* » *scribendum erit atque idipsum facies in similibus.* »

37

De même, si l'on écrit : « *huius terrai* », il faut un « *i* » final ; « *Huic terræ* », un « *e* ».

XXXVII

Gellius, item : « *Si huius terrai* » *scribas,* « *i* » *littera sit extrema, si* « *huic terrae* », *per* « *e* » *scribendum est.*

---

(1) Cf. ALVARI, *op. cit.*, p. 525 : « *P. Nigidius, Ciceronis æqualis, accentum voculationem nominat ; tenorem vero tonum more Græcorum.* » — Cf. introd., pp. 31 et 50, note 4.

(2) Voici la suite du texte *(Ibid.)* : « *Sic quidem Nigidius dici præcipit. Sed si quis nunc Valerium appellans, in casu vocandi, secundum id præceptum Nigidii acuerit primam, non aberit quin rideatur. Summum autem*

(3) Cf. SWOBODA, p. 75.

XXXVIII

Gellius, item : « *mi* » *qui scribit in casu interrogandi, velut cum dicimus* « *mi studiosus* », *per* « *i* » *unum scribat, non per* « *e* », *at cum* « *mei* », *tum per* « *e* » *et* « *i* » *scribendum est, quia dandi casus est.*

38

De même, celui qui écrit: « *Mi* » au génitif, comme dans l'expression : « *Mi studiosus* », doit se servir de cette voyelle unique, et non de « *e* »; mais avec « *mei* », l'emploi des deux voyelles est requis, parce qu'il s'agit du datif.

XXXIX

Gellius : *Quas Græci* προσῳδίας *dicunt, eas veteres docti tum* « *notas vocum* », *tum* « *moderamenta* », *tum* « *accidentiunculas,* » *tum* « *voculationes* » *adpellabant; quod nunc autem* « *barbare* » *quem loqui dicimus, id vitium sermonis non* « *barbarum esse* », *sed* « *rusticum* » *et cum eo vitio loquentes* « *rustice* » *loqui* (1) *dictitabant. Publius Nigidius in Commentariis grammaticis :* « *rusticus fit sermo, inquit, si adspires perperam.* » (Cf. introd. p. 54.)

39

Ce que les Grecs nomment « προσῳδίας », l'érudition antique l'appelait tantôt notes vocales, tantôt mesures, soit accents, soit prononciation. Mais, pour ce que nous appelons aujourd'hui un parler barbare (barbarisme), on disait expressément de ce vice de langage que c'était un parler rustique. Publius Nigidius le fait observer dans ses *Commentaires grammaticaux* : « Le langage devient rustique, dit-il, si l'on aspire sans raison. »

XL

Nonius : *Nixurire* (2), *niti velle. Nigidius Commentariorum grammaticorum XXV :* « *nixurit, qui niti vult et in* « *conatu* »(2) *saepius aliqua re præpeditur.* »

40

« *Nixurire* », vouloir faire effort. Nigidius, au 25e livre des *Commentaires grammaticaux* : « *Nixurit* » se dit de qui veut faire effort, et, dans sa tentative, rencontre sans cesse quelque obstacle. »

---

tonum « προσῳδίαν » *acutam dicit; et quem accentum nos dicimus, voculationem appellat.* » GELL. N. A., l. XIII, c. 25. — « *Accentus dictus est ab accinendo, quod sit quasi quidam cujusque syllabæ cantus.* » Diomed., II, p. 425.

(1) Cf. SWOB., *op. cit.*, p. 70.
(2) Cf. introd., p. 53, n. 1 (le « conatus » spinoziste.)

41

Selon l'enseignement de Nigidius dans ses *Commentaires grammaticaux*, les noms et les mots ne sont point d'un emploi arbitraire, mais se composent d'après un instinct occulte et une intention de la nature. C'est là, d'ailleurs, en philosophie, un objet de controverses fameuses. Les philosophes, en effet, avaient accoutumé de se demander si les noms sont d'origine naturelle ou conventionnelle. Nigidius donne, à ce propos, de multiples raisons, où l'on peut voir que les mots sont plutôt des signes naturels que des signes fortuits. Entre autres arguments, celui-ci m'a paru ingénieux et piquant : Quand on prononce « *vos* », observe-t-il, on fait un certain mouvement de la bouche, qui s'harmonise avec la signification du mot lui-même. On avance un peu l'extrémité des

XLI

Gellius : *Nomina verbaque non positu fortuito, sed quadam vi et ratione naturæ* (1) *facta esse P. Nigidius in grammaticis Commentariis docet, rem sane in philosophiæ disceptationibus celebrem. Quaeri enim solitum apud philosophos,* φύσει τὰ ὀνόματα *sint* ἠθέσει. *In eam rem multa argumenta dicit, cur videri possint verba esse naturalia magis quam arbitraria, ex quibus hoc visum est lepidum et festivum :* « *vos* », *inquit, cum dicimus, motu quodam oris conveniente cum ipsius verbi demonstratione utimur et labeas sensim primores emovemus ac spiritum atque animam porro versum et ad eos quibuscum sermocinamur, intendimus. At contra, cum dicimus* « *nos* », *neque profuso intentoque flatu vocis neque proiectis labris pronuntiamus, sed et spiritum et labeas quasi intra nosmetipsos coercemus. Hoc idem fit*

---

(1) Distinction entre l'origine naturelle du langage (φύσις) et l'origine conventionnelle (θέσις.) — Cf. GELL., N. A., X, 4. — Cf. HERTZ, *op. cit.*, p. 22. — Cf. également le « *De etymis.* » — « *Hoc studium per se sane laudabile, sæpius eo abripuisse Nigidium videtur ut ad præcepta sua sustentanda et amplificanda arbitrario* (c'est-à-dire selon les exigences de l'ésotérisme) *cum ipsa lingua ageret, ut subtiliora anquireret discrimina, ut singulares quasdam proprietates tanquam leges linguæ universæ communes tractaret, ut denique magis exponeret quomodo pro ipsius sententia dicendum esset, quam quomodo usus præciperet æqualesque loquerentur. Quod si primarium argumentum esse dixerim cur haud immerito obscuriorem et subtiliorem veteres eum dixerint, alterum est id quod sæpe singulari aliqua terminologia usus esse videtur... Eodem pertinet quod, teste Gellio, XIII, 25, accentum voculationem dixit.* » GELL., XIII, 6. — HERTZ, *op. cit.*, p. 22. — C'est pourquoi nous avons cru devoir insister, dans l'introduction, sur l'occultisme du glossaire nigidien.

et in eo, quod dicimus « tu », « ego », et « tibi » et « mihi » ; nam sicuti, cum adnuimus et abnuimus, motus quidam ille vel capitis (1) *vel oculorum a natura rei, quam significat, non abhorret, ita jam his vocibus quasi gestus quidam oris et spiritus naturalis est ; eadem ratio est in Græcis quoque vocibus, quam esse in nostris animadvertimus.* »

lèvres, et nous dirigeons ainsi vers nos interlocuteurs notre respiration et notre souffle. Mais, que nous disions « *nos* », au contraire, nous n'extériorisons pas autant notre souffle, et nous ne prononçons point en avançant les lèvres, mais nous retenons, pour ainsi dire, l'un et l'autre au dedans de nous. La remarque est identique en ce qui concerne la prononciation de « *tu* », « *ego* »,

« *tibi* », « *mihi* ». Manifestement, il en va de même dans la sémantique de l'approbation ou de la désapprobation : ce mouvement particulier de la tête ou des yeux n'est pas indépendant du réalisme de l'objet signifié. Ainsi, dans les mots précédents, il y a comme une attitude naturelle des lèvres, un rythme de la respiration. La remarque, que nous faisons pour les mots latins, s'applique également aux vocables grecs.

XXXXII

Gellius : « *Avarus* » *non simplex vocabulum, sed iunctum copulatumque esse P. Nigidius dicit in* Commentariorum undetricesimo. « *Avarus, enim, inquit, adpellatur, qui avidus aeris est ; sed in ea copula* « *e* » *littera, inquit, detrita est.* »

42

Au témoignage de Nigidius, dans le 29e livre de ses *Commentaires*, « *avarus* » n'est pas un mot simple, mais composé. On nomme avare, en effet, dit-il, celui qui est avide d'argent, mais, dans la composition du mot, observe-t-il, la lettre « *e* » a disparu.

XXXXIII

Servius Dan. ad Georg. *Avari* (2), *i. e., quamvis avari, et plus est, quam si dixisset*

43

Servius (sur les *Géorgiques*) : de l'avare (2), c'est-à-dire, malgré son avarice ; et le mot est

---

(1) Cf. Swoboda, p. 77.
(2) La moisson répond aux vœux du laboureur avare.

plus vigoureux que si (Virgile) avait écrit : de l'économe. C'est que, pour Nigidius, celui qui est économe se contente de ce qu'il a ; l'avare ne s'en contente point.

parci. Nigidius : « *Quia qui parcior est, suo contentus est quod avarus non facit.* »

44

De même, « riche » est un vocable composé, dit-il, des mots « *pleraque loca* », et se dit de celui qui possède de nombreuses propriétés.

XXXXIIII

Gellius : *Item « locupletem » dictum ait ex compositis vocibus qui « pleraque loca », hoc est, qui multas possessiones teneret.* »

45

Or, dans la suite, Apollinaire nous apprit que « *vanos* » ne veut pas dire, comme l'entend le vulgaire, dément, hébété ou inepte, mais, selon le sentiment des plus doctes parmi les anciens, il signifie, avec le mensonge et l'infidélité, l'extrême astuce de celui qui attribue aux futilités vaines la gravité du vrai. Quant au mot « stolidos », il s'applique moins à la sottise et à la démence qu'à l'austérité revêche et disgracieuse de ceux que les Grecs appellent μοχθηρούς » καὶ « φορτικούς ». (Apollinaire) nous dit aussi que l'étymologie et l'origine des mots en question se trouve dans les livres nigidiens.

Après les avoir recherchées et trouvées, avec des exemples de sens primitifs, afin de les

XXXXV

Gellius : ... *nos autem postea ex Apollinari didicimus « vanos » proprie dici, non ut volgus diceret, desipientis aut hebetes aut ineptos, sed, ut veterum doctissimi dixissent, mendaces et infidos et levia inaniaque por gravibus et veris astutissime componentes ; « stolidos » autem vocari non tam stultos et excordes, quam austeros et molestos et inlepidos, quos Graeci* μοχθηρούς καὶ φορτικούς *dicerent.* Ἔτυμα *quoque harum vocum et origines scriptas esse dicebat in libris Nigidianis.*

Quas requisitas ego et repertas cum primarum significationum exemplis, ut Commentariis harum noctium inferrem, notavi et intulisse iam me aliquo in loco commentationibus istis existimo (1). — Cf. VIII, 14,

---

(1) Cf. Swoboda, p. 78.

lemma : ... *atque ibidem a P. Nigidio origines vocabulorum exploratæ.*

ces *Commentaires*. — Cf. VIII, 14, lemme : au même endroit également les recherches étymologiques de Nigidius.

faire figurer dans les *Commentaires* de mes « *Nuits* », je les ai déjà notées et insérées, je pense, en quelque endroit de

XXXXVI

Nonius : *Rudentes ea causa sapientissimi dictos volunt, quod funes, cum vento verberentur, « rudere » existimentur; atque hunc sonum proprium funium, non asinorum putant.*

46

De l'avis des plus sages, « rudentes » se dit des câbles, parce que, observent-ils, les cordages, que battent les vents, font entendre un son, et celui-ci, à leur sens, se dit proprement des cordages, et non des ânes.

XXXXVII

Gellius : *... ita in Nigidianis scriptum invenimus : « infestum » est a festinando dictum; nam qui instat, inquit, alicui eumque properans urget opprimereque eum studet festinatque, aut contra, de cuius periculo et exitio festinatur, is uterque infestus dicitur ab instantia atque imminentia fraudis, quam vel facturus cuipiam vel passurus est. »*

47

Voici ce que nous avons trouvé dans l'œuvre de Nigidius : « *infestus* » est un mot dérivé de « *festinare* »; car celui qui menace quelqu'un, dit-il, et le poursuit de sa haine, se préoccupe et se hâte de le perdre. On emploie aussi ce mot pour celui que menace un danger ou une haine à mort. Dans les deux cas, « *infestus* » se dit du péril pressant et imminent, qu'on va faire courir à quelqu'un, ou dont on est menacé.

XXXXVIII

Gellius : *« mature » nunc significat « propere » et « cito » contra ipsius verbi sententiam; aliud enim est « mature », quam dicitur. Propterea P. Nigi-*

48

« *Mature* » veut dire maintenant « à la hâte » et « vite », en dépit de l'étymologie du mot lui-même. La précipitation, en effet, est autre chose que la maturité. C'est, d'ailleurs, ce que dit Nigidius, homme si éminent dans toutes les sciences : « Mûrement » signifie ce qui n'est fait ni trop tôt, ni trop tard, se dit d'un milieu équilibré. Nigidius a bien dit, et c'est exact, car on affirme des blés et des fruits qu'ils sont mûrs, quand ils ne sont ni verts, ni passés, ni desséchés, mais lorsqu'ils ont grandi et mûri au bon moment.

dius, homo in omnium bonarum artium disciplinis egregius, « mature », inquit, est, quod neque citius est neque serius, sed medium quiddam et temperatum est », bene atque proprie P. Nigidius; nam et in frugibus et in pomis « matura » dicuntur quæ neque cruda et immitia sunt neque caduca et decocta, sed tempore suo adulta maturataque.

Fragments de commentaires incertains

Incertorum Commentariorum Fragmenta

49

Je cite les propres paroles de Nigidius, si versé dans l'étude des sciences, et dont Cicéron admirait au plus haut point l'esprit et l'érudition : entre dire un mensonge et mentir, il y a loin. Le menteur ne se trompe pas, mais il veut tromper les autres, tandis que celui qui dit un mensonge est lui-même dans l'erreur. Et il ajoutait : Celui qui ment induit en erreur, autant qu'il le peut; mais celui qui dit un mensonge ne trompe pas lui-même, autant qu'il dépend de lui. » Il dit encore à ce propos : « Un homme de bien doit éviter le mensonge ; un homme prudent doit se garder de dire un men-

XXXXVIIII

Gellius : *Verba sunt ipsa haec P. Nigidii, hominis in studiis bonarum artium præcellentis, quem M. Cicero ingenii doctrinarumque nomine summe reveritus est : inter mendacium dicere » et « mentiri » distat. Qui mentitur, ipse non fallitur, alterum fallere conatur; qui mendacium dicit, ipse fallitur. » Idem hoc addidit : « qui mentitur, inquit, fallit, quantum in se est; at qui mendacium dicit, ipse non fallit, quantum in se est. »* — *Item hoc quoque super eadem re dicit : « Vir bonus, inquit, praestare debet, ne mentiatur; prudens, ne mendacium dicat; alterum incidit in hominem, alterum non.* » *Varie me hercule et lepide Nigidius tot sententias in eandem rem, quasi aliud atque aliud diceret, disparavit.*

songe : l'un atteint l'homme, l'autre, jamais. » En vérité, chez Nigidius, quelle nuance et quelle grâce, expressives de tant d'idées antithétiques, relatives au même objet, et, pour ainsi dire, suggestives d'un sens nouveau !

L   50

Gellius : (1) « *Fratris* (2) » *autem vocabulum P. Nigidius, homo impense doctus, non minus arguto subtilique* ἐτύμῳ *inter-*

Quant au terme « *frater* », le très docte Nigidius l'interprète par une étymologie aussi fine que spirituelle : « *frater*, dit-il,

---

(1) Cf. Swob., *op. cit.*, p. 79.

(2) De même « *lepus* » de *levipes*, « *vulpes* » de *volipes*, « *pituita* » de « *quae petit vitam.* » Ælius ; « *Cœlibes* », de « *cœlites* » (Granius) : — « *sacellum* » de « *sacra cella* ». (Trebatius). — « *spica* » *de* « *spes* » ; « *prata* », de « *sine opere parata* » ; — « *cura*, de « *cor urere* » ; (Varron). Cf. Gell., N. A., XII, 14 ; — « *soror* » de « *seorsum* » (Labéon), sous prétexte que la jeune fille quitte la maison paternelle pour suivre son mari. Tels sont les « *insolentia verba* » du « *De analogia* » de César, qui ne voulait rien entendre à ces agréables finesses, à ces profondes subtilités, — d'ailleurs grammaticalement fausses, — de l'initiation, où, au contraire, Aulu-Gelle craignait d' « envieillir, comme auprès du rocher des Sirènes. » N. A., XVI, 8. Plus haute était la pensée de Nigidius. Celui-ci, en ces divertissements de gens inoccupés, apercevait en chaque mot la volonté du Destin, qu'il s'agissait d'interpréter à la lumière de l'hypogée. (Cf. introd. : *parallélisme de la* « *Sphaera* » *et des Commentaires grammaticaux*, p. 33). Du reste, au témoignage de Varron *(de ling. lat.*, VIII, 3), le stoïcisme enseignait que l'homme avait nommé chaque objet par la volonté de « l'imposition », dont « la déclinaison » n'est qu'une dérivation.) Cf. *de ling. lat.*, VIII, 3. — Cf. Saint Augustin : *Principia Dialecticæ*, ch. vi. *Stoicorum de origine verbi opinio.* — Seulement, la philosophie rudimentaire de Varron *(Philosophiam inchoasti,* écrivait, en effet, Cicéron (Acad., I, 2), à l'auteur des *Ménippées* et des *Logistorici*, s'était arrêtée à ce qu'elle appelait elle-même ces « *initia rerum.* » *De ling. lat.*, V, 8 ; — VI, 37 et 38. — Cf. saint Augustin, sur le *De philosophia*, de Varron, *de Civ. Dei*, XIX, 1, 2, 3. — Sans doute l'auteur du *De lingua latina* n'avait-il pas assez « veillé à la lampe de Cléanthe ! » « *Non solum ad Aristophanis lucernam, sed etiam ad Cleanthis lucubravi.* » *(De ling. lat.*, V, 9.) Sous ce rapport, Nigidius l'a singulièrement surpassé.

équivaut, pour ainsi dire, à « *fere alter* », presque un autre soi-même.

Cf. FESTUS, dans *Paul Diacre* p. 90, 7 : *Frater* vient du grec φρήτρη, comme pour dire « *fere alter*. »

51

Nous trouvons, d'autre part, dans les *Commentaires nigidiens*, le verbe « *autumo* », composé de la préposition « *ab* » et du verbe « *æstumo* », et que l'on écrit « *autumo* », par abréviation, au sens d'une entière estime. De même « *abnumero* » (dénombrement parfait) ; mais, en dépit de ma profonde vénération pour le très docte Nigidius, il y a, dans cette interprétation, plus de hardiesse et de subtilité que d'exactitude.

52

La particule « *quin* », que les grammairiens nomment conjonction, introduit apparemment dans la phrase des formes et des rapports variés. En effet, l'emploi en est différent, semble-t-il, s'il s'agit d'un blâme, d'une interrogation ou d'une exhortation, quand on dit : Que ne viens-tu ? Que ne lis-tu ? Que ne fais-tu ? Il est autre dans cette affirmation : il n'est pas douteux que M. Tullius (Cicéron) ne soit le plus éloquent des orateurs. Au contraire, la phrase apparaît néga-

pretatur : « *frater, inquit, est dictus quasi fere alter.* »

Cf. *Fest. ap. Paul Diac.*, p. 90, 7 : *Frater a græco dictus est* φρήτρη, *vel quod sit fere alter.*

LI

Gellius : *Invenimus autem in Commentario Nigidiano verbum* « *autumo* » *compositum ex* « *ab* » *præpositione et verbo* « *æstumo* » *dictumque intercise* « *autumo* » *quasi* « *abæstumo* », *quod significaret* « *totum* », *tamquam* « *abnumero* » *(* « *totum numero* »*), sed quod sit cum honore multo dictum P. Nigidii, hominis eruditissimi, audacius hoc argutiusque esse videtur quam verius.*

LII

Gellius : « *Quin* » *particula, quam grammatici coniunctionem adpellant, variis modis sententiisque conectere orationem videtur. Aliter enim dici putatur, cum quasi increpantes vel interrogantes vel exhortantes dicimus* « *quin venis ?* » « *quin legis ?* » « *quin fugis ?* » *aliter, cum ita confirmamus :* « *non dubium est, quin M. Tullius omnium sit eloquentissimus* », *aliter autem, cum sic componimus, quod quasi priori videtur contrarium :* « *non idcirco causas Isocrates non defendit, quin id utile esse et honestum existumarit* » ; *a quo illa significatio non abhorret, quæ est in tertia origine M. Catonis* : « *Haud eos, inquit, eo postremum scribo, quin populi et boni et strenui sient.* » *In secunda quoque origine M. Cato non longe secus hac particula usus est* : « *neque satis, inquit, habuit quod eum in occulto vitiaverat, quin eius famam prostitueret.* » *Præterea animadvertimus Quadrigarium in octavo annalium particula ista usum esse obscurissime. Verba ipsius posuimus* : « *Romam venit ; vix superat, quin triumphus* (1) *decernatur.* » *Item in sexto annali eiusdem verba haec sunt* : « *pæne factum est quin castra relinquerent atque cederent hosti.* » *Non me autem præterit dicere aliquem posse de summo pectore nil esse in his verbis negotii* : *nam* « *quin* » *utrobique positum pro* « *ut* » *planissimumque esse, si ita dicas* : « *Romam venit ; vix superat, ut triumphus decernatur* » ; *item alio in loco* : « *pæne factum est, ut castra relinquerent atque cederent hosti.* » *Sed utantur sane, qui tam expediti sunt, perfugiis commutationum in verbis, quae non intelleguntur, utantur tamen, ubi id facere poterunt, verecundius.*

tive, lorsqu'elle se construit ainsi : « Qu'Isocrate n'ait jamais plaidé, ce n'est point qu'il n'estimât l'utilité et l'honnêteté de cet art. » Cette signification offre une certaine analogie avec ce passage de la troisième Origine de Caton : « Si je les place en dernier lieu, dit-il, ce n'est point que ces peuples ne soient bons et braves. » Dans une seconde « Origine » également, l'emploi que fait Caton de cette particule est à peu près identique : « Il ne lui a pas suffi de le déshonorer en secret, il l'a encore perdu de réputation. » (mot-à-mot : sans qu'il le perdît.) Nous le remarquons de plus, Quadrigarius, au huitième livre de ses *Annales*, se sert de cette particule d'une façon très obscure. Nous le citons textuellement : « Il vient à Rome : peu s'en faut qu'on ne lui décerne le triomphe. » De même, voici ce qu'il écrit au 6e livre : « Il s'en est fallu de peu que le camp ne fût abandonné et cédé à l'ennemi. » Je sais bien qu'on dira peut-être, après une minute de réflexion, qu'une telle expression importe peu. « *Quin* » peut, en effet, dans l'un et l'autre sens, se confondre avec « *ut* » et il n'y a aucune difficulté à dire : « *Romam venit ;*

---

(1) Cf. Swoboda, p. 80.

vix superat ut... » ; de même dans un autre endroit : « *Pæne factum est, ut* »... Eh bien ! que ces esprits dégagés prennent la liberté de changer les mots dont le sens est imprécis, pourvu que ce soit dans la mesure du possible, et avec une certaine réserve.

Quant à la particule en question, si on n'observe pas qu'elle est un mot composé et ne joue pas le rôle d'une simple conjonction, qu'elle a, en quelque sorte, un sens défini, il est évident que, jamais, on ne comprendra la raison de ses variations. Mais, comme la discussion est déjà longue, vous pourrez, s'il vous est loisible, consulter, à ce propos, l'ouvrage de Nigidius, qui a pour titre : *Commentaires grammaticaux.*

Hanc vero particulam, de qua dicimus, nisi si quis didicerit compositam copulatamque esse neque vim tantum coniungendi habere, sed certa quadam significatione factam, numquam profecto rationes ac varietates istius comprehensurus est ; quod quia longioris dissertationis est, poterit, cui otium est, reperire hoc in P. Nigidii commentariis, quos grammaticos inscripsit.

53

Le siècle de Cicéron et de César compta quelques orateurs remarquables ; mais dans les diverses disciplines et les arts variés, qui contribuèrent au développement de l'humanisme, les plus célèbres furent Varron et Nigidius. Toutefois, les documents de Varron sur la nature et les sciences, qu'il a consignés dans ses écrits, ont été l'objet d'une large publicité tandis que les *Commentaires nigidiens*, de vulgarisation nulle, par suite de leur obscurité et de leur subtilité, ont été abandonnés à cause de leur faible intérêt. Tels sont les opuscules que nous venons de lire, et qui sont

LIII

Gellius : *Ætas M. Ciceronis et C. Cæsaris præstanti facundia viros paucos habuit, doctrinarum autem multiformium variarumque artium, quibus humanitas erudita est, columina habuit M. Varronem et P. Nigidium ; sed Varronis quidem monumenta rerum ac disciplinarum, quæ per litteras condidit in propatulo frequentique usu feruntur, Nigidianæ autem commentationes non proinde in volgus exeunt et obscuritas subtilitasque earum tamquam parum utilis derelicta est ; sicuti sunt quæ paulo ante legimus in Commentariis eius, quos grammaticos inscripsit, ex quibus quædam ad demonstran-*

dum scripturae genus exempli gratia sumpsi. Nam, cum de natura atque ordine litterarum dissereret, quas grammatici vocales adpellant, verba haec scripsit, quæ reliquimus inenarrata ad exercendam legentium intentionem : « *a et o semper principes sunt, i et u semper subditæ, e et subit et præit; præit in* « *Euripo* », *subit in Aemilio* ». *Si quis putat præire u in his verbis ;* « *Valerius, Vennonius, Volusius, aut i in his :* « *iampridem, iecur, iocus, incundum,* » *errabit, quod hæ litteræ, cum præunt, ne vocales quidem sunt.* »

intitulés *Commentaires grammaticaux*, d'où nous avons extrait un passage, à titre d'exemple, sur l'emploi des lettres. Il a parlé, en effet, en ces termes, que nous laissons inexpliqués pour exercer la sagacité du lecteur, de la nature et de l'ordre des lettres, que les grammairiens appellent voyelles : « *a* » et « *o* » sont toujours initiales ; « *i* » et « *u* » occupent toujours le deuxième rang; « *e* » est tantôt à la première, tantôt à la seconde place ; il est en tête dans *Euripus*, il vient en second lieu dans *Aemilius*. Mais, dira-t-on, « *u* » est initial dans les mots suivants : « *Valerius* », « *Vennonius* », « *Volusius* », ou bien « *i* » dans *iampridem, iecur, iocus, iucundum*. C'est là une erreur, attendu que ces lettres, dès qu'elles sont en tête, ne sont plus des voyelles. »

LIIII

Gellius : (1) *item ex eodem libro verba haec sunt :* « *Inter litteram* « *n* » *et* « *g* » *est alia vis, ut in nomine* « *anguis* » *et* « *angari* » *et* « *ancorae* » *et* « *increpat* » *et* « *incurrit* » *et* « *ingenuus.* » *In omnibus enim his non verum* « *n* » *sed adulterinum ponitur; nam* « *n* » *non esse lingua indicio est; nam si ea littera esset, lingua palatum tangeret.* »

54

Nous citons, au surplus, un autre passage du même ouvrage. L'emploi de la lettre « *n* » ou de la lettre « *g* », n'est pas identique, par exemple, dans les mots « *anguis* », « *angari* », « *ancorae* », « *increpat* », « *incurrit* » et « *ingenuus.* » Dans tous ces termes, en effet, on ne se sert pas d'un « *n* » authentique, car il est supposé : la langue en est une preuve; si c'était une lettre véritable, la langue toucherait le palais. »

---

(1) Cf. Swob., p. 81.

55

Puis, dans un autre endroit, Nigidius s'exprime ainsi : « J'accuse moins l'ignorance des Grecs pour avoir écrit « *ov* » avec un « *o* » et un « *v* », que d'avoir écrit « *ei* » avec « *e* » et « *i* » ; dans le premier cas, ils ont été conduits par la nécessité ; dans le second, ils ont agi sans motif. »

LV

Gellius : *alio deinde in loco ita scriptum :* « *Graecos non tantæ inscitiæ arcesso, qui* « *ov* » *ex* « *o* » *et* « *v* » *scripserunt, quantæ, qui ei ex* « *e* » *et* « *i* » *illud enim inopia fecerunt, hoc nulla re subacti.* »

56

Marius Victorinus dans sa *Grammaire*. — Nigidius Figulus, dans ses *Commentaires*, n'a cité ni « *k* », ni « *q* », ni « *x* ». De même : Lorsque les Grecs eurent adopté le « ξ, » et nous l' « *x* », ce fut un sujet de perplexité pour eux comme pour nous. De là résulte principalement l'observation de Nigidius, qui, en ses écrits, n'emploie pas la lettre « *x*», suivant en cela l'exemple des anciens.

LVI

Marius Victorinus *Art. grammaticae* I, 4, *tom.* VI, p. 8, 16 Keil. : « *Nigidius Figulus in Commentariis suis nec* K. *nec q* (1) *nec x.* Cf. *eundem, ibid.*, p. 21, 3ᵉ : *posteaquam a Graecis* ξ *et a nobis* X *recepta est, abiit et illorum et nostra perplexa ratio et inprimis observatio Nigidii, qui in libris suis* X *littera non est usus antiquitatem sequens.*

57

M. Vict. : Le même auteur enseigne que « *h* » n'est pas une lettre, mais un signe d'aspiration.

LVII

Marius Victorinus l. c. p. 8, 17 : *Idem h* (2) *non esse litteram, sed notam adspirationis tradidit.*

---

(1) Cf. *Priscian.*, 544 : « K » et « Q » ne doivent pas être rangés parmi les lettres (Varron).

(2) Cf. l'épigramme de Catulle *(epigr.* 78) contre Arrius (p. 147) :
 Chommoda, dicebat, si quando commoda vellet
 Dicere, et hinsidias Arrius insidias.
 Et tunc mirifice sperabat se esse locutum,
 Quum, quantum poterat, dixerat hinsidias. »
(Sur l'aspiration, cf. fr. 39, p. 113.)

LVIII

Nonius : *Quiritare est clamare : tractum ab iis, qui Quirites invocant. Lucilius Saturarum*, lib. VI :
« *Haec, inquam, rudet e rostris atque hiulitabit, concursans veluti angarius clareque quiritans.* » *Nigidius commento grammatices : clamat, (qui) quiritatur.* (Cf. introd., p. 52, 19ᵉ ligne.)

58

« *Quiritare* » signifie « crier », en dérivation de l'appel aux *Quirites*. Lucilius, au livre 6 des *Satires* : « Voilà, dis-je, ce que, du haut de la tribune, il clamera dans son angoisse, courant comme un messager, et criant à haute voix. » Nigidius dans ses *Commentaires grammaticaux* : « Crier, c'est appeler au secours.* »

LVIIII

Donatus : (1) « *Celari* » *Nigidius quaerit, utrum plenum sit, an pressum.*

59

Donat (sur le *Phormion* de Térence, I, 44). « *Celari* » : Nigidius se demande si ce mot est sonore ou sourd.

LV

Donatus : « *Protinus in pedes.* » *Protinam fuit et sic Nigidius legit.*

60

(Sur le *Parasite*, I, 4, 13) « *Protinus in pedes* ». Il y avait *protinam*, et c'est ainsi que lit Nigidius.

LXI

Donatus : « *Non pudere.* » *Hic Nigidius adnotavit neminem videri pudere ante delictum.*

61

(*Ibid.*, II, 1, 13.) En cet endroit, Nigidius observe qu'on ne voit personne manifester de honte avant la faute.

LXII

Servius Danielis ad Georg., I, 120. « *Et amaris intyba fibris.* » *Alii fibras herbas adserunt, ut*

62

« Et les endives aux feuilles amères. » D'autres appellent « *fibras* » des herbes, tel Nigi-

---

(1) Cf. Swob., p. 82

dius, en ses *Commentaires grammaticaux :* φορϐή (herbe), mais, auparavant, elle s'appelait *fibra*, mot encore en usage dans la langue vulgaire.

Nigidius Commentario grammaticali : φορϐή *(herba) ; sed antea fibra dicta est, ut nunc etiam rustici dicunt.*

63

Nous tenons de bonne source que Varron et Nigidius, les plus savants de notre race, avaient accoutumé, dans leur langage et leurs écrits, de donner au génitif de « *senatus* », « *domus* » « *fluctus* », la forme « *senatuis* » « *domuis* » et « *fluctuis* », d'où, au datif « *senatui* », « *domui* », « *fluctui* », et ils observaient la même règle dans les mots similaires.

LXIII

Gellius : *M. Varronem et P. Nigidium, viros Romani generis doctissimos, comperimus non aliter elocutos esse et scripsisse, quam* « senatuis » *et* « domuis » *et* fluctuis », *qui est patrius casus ab eo, quod est* « senatus », « domus », *fluctus* » *; huic* « senatui », « domui », « fluctui » *ceteraque iis consimilia pariter dixisse.*

64

Là, mon ami lui répondit en riant : « Je vous prierai, dit-il, mon très cher, puisque je n'ai point, pour l'instant, à me préoccuper d'affaires sérieuses, de vouloir bien m'apprendre pourquoi « *pluria* », ou, ce qui revient au même, « *compluria* », ne sont pas des mots latins, mais, des termes barbares, chez Caton, Claudius, Valerius Antias, L. Aelius, P. Nigidius, M. Varron. »

LXIIII

Gellius : ... *ibi ille amicus ridens ;* « *amabo, inquit, vir bone, quia nunc mihi a magnis, seriis rebus otium est, velim doceas nos, cur* « pluria » *sive* « compluria », *nihil enim differt, non Latine, sed barbare dixerint M. Cato, Q. Claudius, Valerius Antias, L. Aelius, P. Nigidius, M. Varro.* »

CHAPITRE II

| OPERIS RHETORICI FRAGMENTUM [1] | FRAGMENTS D'UN OUVRAGE DE RHÉTORIQUE |

LXIV / 65

Quintilianus : *Togam veteres ad calceos* (2) *usque demittebant, ut Græci pallium ; idque ut fiat, qui de gestu scripserunt circa tempora illa, Plotius Nigidiusque præcipiunt.*

Quintilien : La toge des anciens, tel le pallium des Grecs, descendait jusque sur la chaussure ; Photius et Nigidius formulent les mêmes règles relativement au geste, sur lequel ils ont écrit vers la même époque.

LXVI / 66

Librorum « de Diis » fragmenta.
Nonius : *Obsecundanter, obsequenter.*
Nigidius *de diis*, lib. I : « *cum autem, id quid sit, quærimus : obsecundanter naturae vivere.* » (3)

Fragment des Livres sur « les dieux ».
Nonius : *Obsecundanter, obsequenter.*
Nigidius « *De Diis* », lib. I : « Or, si nous cherchons le sens de « *obsecundanter naturæ* » *vivere :* Vivre selon la nature. »

LXVII / 67

Serv. Dan. ad Bucol. IIII, 10 :
Nigidius *de diis*, lib. IV :

Servius sur les *Bucoliques*, IV, 10 : Il en est qui distinguent

---

(1) Cf. Swob., p. 83.
(2) Cf. introd. p. 44, 18ᵉ ligne (trabea talaris).
(3) Cf. Introd. p. 36, 17ᵉ ligne.

les dieux et leurs espèces selon les temps et les âges, entre autres, Orphée lui-même : c'est, d'abord, le règne de Saturne, puis de Jupiter, ensuite de Neptune et de Pluton. D'autres encore, tels les mages, assurent qu'il y aura un règne d'Apollon ; par quoi l'on doit prendre garde qu'ils ne désignent le feu, c'est-à-dire ce qu'il faut appeler l'ecpyrosis (embrasement).

« *Quidam deos et eorum genera temporibus et ætatibus (distinguunt), inter quos et Orpheus : primum regnum Saturni* (1), *deinde Jovis, tum Neptunium, inde Plutonis; nonnulli etiam, ut magi, aiunt Apollinis* (2) *fore regnum, in quo videndum est, ne ardorem, sive illa ecpyrosis* (3) *adpellanda est, dicant.* » (Pour Pluton, voir l'*évolution de l'Hadès*, dans l'*ésotérisme de Proserpine*: introduction, p. 45).

68

Arnobe contre les Nations, III, 40. Le même (Nigidius), se référant aux disciplines étrusques, remarque encore, au 16ᵉ livre, qu'il y a quatre espèces de Pénates, la première, de Jupiter, la seconde, de Neptune, la troisième des enfers ; la quatrième, des mortels ; il fait allusion à je ne sais quoi de mystérieux.

LXVIII

Arnobius adv. nat. III, 40... *Idem* (Nigidius) *rursus in libro sexto exponit et decimo, disciplinas Etruscas sequens, genera esse Penatium quattuor et esse Iovis ex his alios, alios Neptuni, inferorum tertios, mortalium hominum quartos* (4), *inexplicabile nescio quid dicens.*

---

(1) Cf. introd., p. 28.

(2) *Ibid.*, p. 30.

(3) Nigidius accorde cette doctrine avec la succession des époques orphiques. Cf. Serv. *ad Buc.*, IV, 10. — « *Quarum ex disparibus motionibus Magnum Annum Mathematici nominaverunt, qui tum efficitur cum Solis et Lunae et quinque errantium ad eadem inter se comparationem confectis omnium spatiis est facta conversio* » Cic. *de Nat. deor.*, II, 20. — Cf. Introd. pp. 35 et 36.

(4) Les Pénates psychopompes. (Cf. *introd.*, p. 77.) Il s'agit ici des « âmes divinisées ». « D'après Nigidius Figulus qui suivait les doctrines étrusques, elles formaient, en effet, une quatrième espèce de Pénates. » *(Dii viales,* « ἐνόδιοι ») (Arnob., III, 40.) Cf. *Dict. des antiq. grecques et romaines*, fasc. XXII, p. 28, col. 2.

LXVIIII 69

Arnob., III, 40.

Nigidius Penates deos Neptunum esse atque Apollinem prodidit, qui quondam muris immortalibus (1) *Ilium condicione adiuncta* (2) *cinxerunt.*

Macrob. *Sat.*, III, 4, 6.

Nigidius enim... de dis libro nono decimo requirit, num di Penates sint Troianorum Apollo et Neptunus, qui muros eis fecisse dicuntur, et, num eos in Italiam Æneas advexerit.

Serv. Dan. ad Æn., I, 378.

... Nam alii, ut Nigidius et Labeo, deos Penates Æneæ Neptunum et Apollinem tradunt. — *Id. ad* III, 119 : *sane hoc loco Vergilius, secutus veterum opinionem, Neptunum tantum et Apollinem nominavit ; dicuntur enim hi dii Penates fuisse, quos secum advexit Æneas* (3).
Id. ad II, 325... *quos tamen Penates alii Apollinem et Neptunum volunt.*

Arnobe.

Nigidius nous a fait connaître que les dieux Pénates sont Neptune et Apollon, qui, autrefois, pour un prix convenu, entourèrent Ilion de remparts indestructibles.

Macrobe.

Nigidius, au 19e livre du « *De Diis* », se demande si les dieux Pénates ne seraient point l'Apollon et le Neptune des Troyens, qui bâtirent, dit-on, les remparts de leur cité, et si ce ne serait point Énée, qui les eût apportés en Italie.

Servius.

D'aucuns, en effet, tels Nigidius et Labéon, rapportent que les Pénates d'Enée étaient Neptune et Apollon. Sans doute, Virgile, en cet endroit, suivant l'opinion des anciens, n'a cité que Neptune et Apollon ; car, dit-on, ces dieux étaient ceux qu'Énée avait emportés avec lui. D'autres, cependant, veulent que ces Pénates soient Apollon et Neptune.

---

(1) Cf. Swob., p. 84.

(2) « *Mercede pacta* ». (Hor. *carm.*, III, 3, 22.) — Cf. *Il.* VII, 452. — XXXI, 444 et ss.

(3) Nigidius a complètement adopté la théorie de Varron relative à l'origine troyenne des Pénates. (Swoboda, *op. cit.*, p. 30.)

70

ARNOBE, *Contre les Nations*, III, 41 :

Nous pouvons aussi, s'il vous est agréable, parler sommairement des Lares, qui sont, dans la pensée du vulgaire, les dieux des chemins et des rues, parce que les Grecs désignent celles-ci par « λαύρας » ; Nigidius, en divers écrits, les appelle tantôt les gardiens des toits et des demeures, tantôt ces Curètes fameux, qui passent pour avoir, un jour, couvert les vagissements de Jupiter dans les airs, tantôt les « Doigts » de Samothrace, au nombre de cinq ; les Grecs les appellent Idéens ou Dactyles.

LXX

Arnob. *adv. nat.*, III, 41 : *Possumus si videtur, summatim aliquid et de Laribus dicere, quos arbitratur vulgus vicorum atque itinerum deos esse ex eo quod Graecia vicos cognominat* λαύρας, *in diversis Nigidius scriptis modo tectorum domumque custodes, modo curetas* (1) *illos, qui occultasse perhibentur Iovis aeribus aliquando vagitum, modo Digitos Samothracios, quos quinque indicant; Græce Idaeos Dactylos nuncupari.*

71.

Scolie du codex de Berne sur les *Géorgiques*. D'autres, parmi lesquels Nigidius, prétendent que tous les dieux portent le surnom de « Indigetes », parce qu'ils n'ont besoin de rien. — Cf. SCOLIE du Codex de Leyde, sur le même passage : « *Indigetes* » se dit de tous les dieux, qui n'ont besoin de rien. Sentiment de Nigidius.

LXXI

Schol. Bernens. *ad Georg.*, I, 498 (2). « *Alii dicunt, ex quibus Nigidius, omnes deos indigetes cognominari, quia nullius indigent.* » — Cf. *Schol., cod. Leid. Voss.* F29 *ad h. l* : « *Indigetes omnes dii dicuntur, qui nullius egent. Nigidius dicit.* »

---

(1) « *Nigidius, Graecos secutus, de quibus* Cf. STRAB., X, p. 466 : *Paus.*, V, 7, 6, *Curetas, Idaeos, Dactylos deos Samothracios confudit...* » *Hos (Curetas cum Dactylis confusos) quidam tres putant, qui Lares esse creduntur.* » HYGIN., fab. CXXXVIII, p. 17. — LUCT. PLAC. *ad Stat. Theb.* IIII, 784 : « *Curetes latine Lares familiares adpellantur.* » Cf. SWOB., *op. cit.*, p. 84, note 2.

(2) Cf. SWOB., p. 85.

LXXII

Gellius : Nostris autem veteribus « cæsia » dicta est, quae a Graecis γλαυκῶπις, (1), *ut Nigidius ait, de colore cœli, quasi cœlia.*
(« Cæsios oculos Minervæ ; cæruleos... Neptuni. » *Cic. de nat. deor., I, 30, 83.)*

72

Nos pères désignaient par « cæsia » ce que les Grecs nommaient « γλαυκῶπις, » au témoignage de Nigidius, à cause de la couleur (glauque) du ciel, comme si l'on disait « cælia ».

XXIII

Macrob. *: Nam sunt qui Janum eundem esse atque Apollinem et Dianam dicunt, ut in hoc uno utrumque exprimi numen adfirment. Etenim, sicut Nigidius quoque refert, apud Graecos Apollo colitur, qui* Θυραῖος *vocatur, eiusque aras ante fores suas celebrant, ipsum existus et introitus demonstrantes potentem ; idem Apollo apud illos et* Ἀγυιεύς (2) *nuncupatur quasi viis praepositus urbanis (illi enim vias, quae intra pomeria sunt,* ἀγυιάς *adpellant.) Dianæ vero ut Triviæ viarum omnium tribuunt potestatem. Sed apud nos Ianum omnibus præesse januis nomen ostendit, quod est simile* Θυραίῳ (3) ; *nam et cum clavi ac virga figuratur quasi omnium et portarum custos et rector viarum. Pronuntiavit Nigidius Apollinem Ja-*

73

Car, il en est qui le soutiennent, Janus est le même qu'Apollon et Diane tout ensemble, à ce point, affirment-ils, qu'un seul nom désigne les deux divinités. En effet, au témoignage de Nigidius, chez les Hellènes, on honore Apollon sous le vocable de Thyréen, et on lui élève des autels devant les portes, pour signifier qu'il préside aux entrées et aux sorties. C'est encore lui que les Grecs nomment « Ἀγυιεύς, », c'est-à-dire celui qui préside aux rues des villes (car ils appellent « ἀγυιάς » les rues qui sont dans l'enceinte du pomerium). Quant à Diane, ils lui attribuent, en qualité de « *Trivia* », la puissance sur les chemins. Mais, chez nous, le vocable de Janus signifie que celui-ci préside aux portes, par

---

(1) Cf. *introd.*, p. 31.
(2) Cf. introd., p. 76.
(3) Cf. Introd., p. 67, note 7.

analogie avec « Θυραίῳ ; » on le représente, en effet, avec une clef et une baguette, comme étant tout ensemble le gardien des portes et le guide des voies. Nigidius affirme qu'Apollon est Ianus, et Diana, Iana, mot que l'on a fait précéder de la lettre « D », à cause de l'euphonie, qui a coutume de la placer devant la voyelle «*i* » : tels, *reditur, redhibetur, redintegratur*, et autres termes semblables.

num esse Dianamque Ianam (1), *adposita* D *littera, quae saepe* I *litteræ causa decoris adponitur : reditur, redhibetur, redintegratur et similia.*

74

Enfin, on ne pourra pas, en rigueur, appeler déesse la Mère des dieux elle-même, qui, au sentiment de Nigidius, était la femme de Saturne.

LXXIIII

Arnob. *non ipsa denique Mater deum, quam Nigidius autumat matrimonium tenuisses Saturni, dea recte poterit nuncupari.*

75

Arnobe : Quelques-uns d'entre vous ont prétendu que la Terre est la Grande Mère, parce qu'elle dispense la nourriture à tout ce qui vit.

C'est elle encore, que les uns appellent Cérès, parce qu'elle porte le fruit des semences utiles ; d'autres, Vesta, parce que, seule, elle est fixe dans le monde, tandis que les autres

LXXV

ARNOB : (2) *Terram quidam e vobis, quod cunctis sufficiat animantibus victum, Matrem esse dixerunt Magnam* (3).

Eandem hanc alii, quod salutarium seminum frugem gerat, Cererem esse pronuntiant, nonnulli autem Vestam, quod in mundo stet sola, ceteris eius partibus mobilitate in perpetua constitutis.

---

(1) D'autres prétendent que «*Diana* » n'est point le féminin de «*Dianus* » Cf. PRELL. *(Myth.*, I, p. 313, note 1.) — Cf. ROSCHER, *Lexik.*, p. 1002 et ss.

(2) Cf. SWOB., p. 86.

(3) Cf. SWOB., *op. cit.*, p. 27 : « *Tellurem putant esse Opem... Proserpinam... conjici possit Varronis hac in re auctorem Nigidium fuisse...* (p. 28). *Ad Nigidium referendum... Maïam, cui mense Maio res divina celebretur Terram esse adfirmasse... Sus praegnans, quae hostia propria est terræ* (Cf. introd., p. 46 : KALLICHOIROS) et « *Mercurium* » *ideo illi in sacris adiungi dicunt quia* « *vox* » *nascenti homini terræ contactu datur* » ; *(*Macrobe, fr. 76, ci-dessus). Cf. *Introd.*, p. 31, et fragm. 76, pp. 133 et 134.

Augustin. de civ. Dei, VII, 24 : « eandem (sc. Tellurem), inquit (sc. Varro) dicunt Matrem Magnam : quod tympanum habeat, significari esse orbem terrae : quod turres in capite, oppida : quod sedens fingatur, circa eam cum omnia moveantur, ipsam non moveri ; quod Gallos huic deæ, ut servirent, fecerunt, significat eos, qui semine indigent, terram sequi oportere... « Tellurem, inquit, putant esse Opem, quod opera fit melior ; matrem quod cibum pariat ; magnam, quod plurimum pariat ; Proserpinam quod ex ea proserpant fruges ; Vestam quod vestiatur herbis. Sic alias deas, inquit, non absurde ad illam revocant... » et dicit : « cum quibus opinio maiorum de his deabus, quod plures eas putarunt esse, non pugnat. »

Saint Augustin : On l'appelle aussi (Tellus), dit-il, (Varron) la Grande Mère. Elle a un tambour pour signifier le globe de la Terre ; les tours qui couronnent sa tête sont des villes, et les sièges que l'on figure auprès d'elle représentent que tout est en mouvement autour d'elle, tandis qu'elle est immobile. Les Galles, qui sont là pour la servir, indiquent que, pour obtenir des semences, il faut cultiver la terre... On croit, dit-il, que Tellus est Ops, parce qu'elle s'améliore par le travail ; qu'elle est la Mère, parce qu'elle produit les aliments ; Grande Mère, parce qu'elle est très féconde ; Proserpine, parce que les blés sortent de son sein ; Vesta, parce que l'herbe est son vêtement. Et c'est ainsi, dit-il, et non sans raison, qu'on rapporte à celle-ci les autres déesses,... et il ajoute : « Cette opinion ne contredit pas celle de nos ancêtres, qui voyaient là plusieurs divinités. »

LXXVI

76

Macrob : *Adfirmant quidam, quibus Cornelius Labeo consentit, hanc Maiam, cui Mense Maio res divina celebratur, terram esse, hoc adeptam nomen a magnitudine, sicut et Mater Magna in sacris vocatur, adsertionemque æstimatio-*

Certains auteurs affirment, avec Cornélius Labéon, que la Maïa, à laquelle on offre des sacrifices au mois de mai, est la Terre, qui aurait tiré ce nom de sa grandeur, et qu'on appelle, de fait, *Mater Magna»* dans ces sacrifices. Ils fondent également leur assertion sur ce qu'on lui sacrifie une truie pleine, victime consacrée à la Terre ; ils prétendent, au surplus, que Mercure lui est adjoint en l'occurrence, parce que c'est le contact de la terre, qui donne la voix au nouveau-né : or, on sait que Mercure est la divinité de la voix et de la parole.

nis suæ etiam hinc colligunt, quod sus prægnans ei mactatur, quae hostia propria est terrae ; et Mercurium ideo illi in sacris adiungi dicunt, quia vox nascenti homini terrae contactu datur ; scimus autem Mercurium vocis et sermonis potentem.

77

« *Liba* », au neutre ; — au masculin chez Nigidius « *de diis* ». « Puis, qu'il se lève, qu'il fasse quatre gâteaux » ; et, plus loin : « *Deux à droite et deux à gauche.* »

LXXVII

Non : *Liba generis neutri... masculino* (1) Nigidius, *de diis :* « *deinde surgat, faciat libos quattuor* » ; *et infra :* « *libos duos ad dextram et duos lævorsus.* »

78

M. Capella, I, 41, 51... Et bientôt le scribe de Jupiter reçoit l'ordre de convoquer selon leur rang, d'après un protocole bien établi, les habitants des cieux, surtout les sénateurs des dieux, que l'on

LXXVIII

Martianus Capella (2) : *Ac mox Jovis scriba præcipitur pro suo ordine ac ratis modis cœlicolas advocare præcipueque senatores deorum, qui Penates ferebantur Tonantis ipsius quorumque nomina* (3) *quoniam*

---

(1) Cf. *introd.*, p. 43, note 7.

(2) Cf. Swob., p. 87.

(3) Il s'agit ici des « noms » des « *Dii consentes.* » Ceux-ci font partie de la doctrine ésotérique des Etrusques. Cf. Wissowa, dans Roscher, *Lexik.*, p. 922. Ces dieux sont identiques aux « *dii superiores et involuti* » dont parle Varron (ap. *Arnob.*, III, p. 138, 14). — Cf. Caecina ap. Senec., *quaest. nat.*, II, 41. La discipline des Toscans distinguait, en effet, trois espèces de dieux : les dieux certains, les dieux incertains et les dieux principaux ou choisis, à l'exemple de la Grèce et de Rome ; mais ce qui distinguait la discipline étrusque des autres théologies, c'est qu'au-dessus des douze

publicari secretum cœleste non pertulit; ex eo, quod omnia pariter repromittunt, nomen eis consensione perfecit. Vulcanum vero Jovialem ipse Jupiter pos-

disait Pénates du dieu même de la Foudre. Leurs noms, un secret céleste défend de les dévoiler, d'après un accord réciproque, et leur fait donner

---

grands dieux ou « *Dii consentes et complices* » des Grecs, elle plaçait des « *Dii superiores et involuti* ». C'est cet ordre à part qui conserva, dans la doctrine, le nom de « *Consentes et complices* ». Ceux-ci occupaient, d'ailleurs, le rang le plus élevé dans la hiérarchie, en qualité de « *Dii praecipui vel selecti* ». L'originalité de la doctrine consiste surtout, en effet, dans le « choix » de ces divinités, qui formaient le conseil de Zeus. Car on avait multiplié les dieux sans mesure, et il ne restait plus qu'à les « grandir ». Ainsi, parmi les dieux publics dont parle Varron, au début du 16e livre des *Antiquités divines*, « pour distinguer ceux qui étaient ainsi « grandis », on les appela d'abord « *pater* » ou « *mater* ». Mais il fut bientôt prodigué. Comme on supposait que les dieux devaient être flattés de le recevoir, on le donnait à tous ceux dont on avait besoin. Lucilius a spirituellement raillé cette manie :

Ut nemo sit nostrum quin pater optimu' divum,
Ut Neptunu' pater, Liber, Saturnu' pater, Mars,
Janu' Quirinu' pater nomen dicatur ad unum. » Lact., Inst., div., IV, III, 12.

Ici, on le voit, c'est l'intérêt qui présidait au choix. En d'autres circonstances, c'était l'analogie, parfois la plus fragile, qui se chargeait de la sélection. Ainsi « on avait cru reconnaître Poseidon Hippios dans le dieu romain Consus (le bon conseiller) qui ne lui ressemblait guère, uniquement parce qu'on célébrait sa fête au mois d'août par des courses de chevaux... Qu'était-ce, par exemple, que le dieu Sabin Quirinus ? Denys d'Halicarnasse croit reconnaître en lui l'Arès des Grecs, mais il ne l'affirme pas (Varr. Ant. rom., II, 48), le plus grand nombre le confondait avec Romulus, et faisait de la déesse Hora sa femme Hersilie.

Qu'était-ce aussi que Semo Sancus? Aelius pensait que c'était le même dieu qu'Hercule, sans doute parce qu'on racontait de tous deux qu'ils avaient aboli les sacrifices humains ; mais, d'un autre côté, comme on l'appelait encore Dius Fidius, et que ce mot ressemble à « Διόσκουρος, ». il soupçonnait que ce pourrait bien être Castor (Varr. *de ling. lat.*, V, 66)... En s'établissant à Rome, ces dieux incertains (Dii incerti, dieux du second rang dans la hiérarchie étrusque) y étaient devenus plus incertains encore. » Cf. G. Boissier, *Etudes sur la vie et les ouvrages de M. T. Varron*, pp. 263, 264 et 265. — La même remarque peut s'appliquer, sans doute, à la déesse « Neverita ». (Cf. Hartung, *rel. des Rom.*, II, p. 99.) Cette prétendue divinité marine est cependant demeurée jusqu'à ce jour « la croix des interprètes ». — Les « *Dii novensiles* » sont, au témoignage de Müller, *Etr.* II, p. 86, les neuf dieux étrusques du tonnerre. — « Fons et Lymphae » = Camènes, déesses des fontaines. (Swob., p. 89, n° 1.) — « Lynsa » : le flamine de Vulcain lui offrait un sacrifice aux calendes de mai. (Gell., XIII,

un titre tiré de cet engagement même. Jupiter appelle lui-même Vulcain son fils, bien que ce dieu ne descende jamais de son trône étincelant. Puis, il

cit, licet nunquam ille de sede corusca descenderet ; tunc etiam ut inter alios potissimi rogarentur ipsius collegæ Jovis, qui bis seni cum eodem Tonante

---

23.) — Mulciber = Vulcain = « seθlans » en langue vulgaire, chez les Étrusques. (MÜLLER, II, 2, p. 56.) — « Consus » est une divinité chthonienne des champs (ROSCHER, *Lexik*, s. v.). — Fortuna = Nortia. (Cf. JUV., X, 75.) Cette divinité était classée parmi les Pénates de l'*Etrurie*, ainsi que Cérès, (au dire de Caesius, d'après ARNOBE III, 40) et Genius Jovialis. A cette déesse du sort, les Étrusques adjoignaient « Valetudo = Salus », déesse de la Santé. (Cf. DEEK, *Etr. Forschungen*, cité par SWOB., p. 90, note 1.) — Cf. *Tacit., annal.*, XV, 53 « *Scaevino, qui pugionem templo Salutis, sive, ut alii tradidere, Fortunae Ferentino in oppido detraxerat* ». (MÜLLER, *op. cit.*, p. 53, pense autrement.) — « *Pavore Pallore* » : Cf. Liv. I, 27, 7 : « *fanaque Pallori ac Pavori.* » — « *Salios Pavorios et Pallorios.* » *Val. Flacc.*, I, 799, ap. *Serv. ad Aen.* VIII, 295. — Cf. EYSSENHARDT: *praef.* XXXXII. — « *Sancus* » dieu étrusque. (Cf. DEECKE, *op. cit.*, p. 68.) — « Cœlestis Juno = Lua (Cf. GELL., XIII, 23) = ASTARTÉ (cf. SWOB., p. 91, note 1.) par opposition à « *Juno terrestris* = Ops = Terra (DEECKE, pp. 50 ss. = Tellurus = Tellumo. (Cf. Varr. ap. AUG., *de civ. Dei*, VII, 23). — La documentation relative aux dieux incertains ne saurait aller beaucoup plus loin. — Pour les « *Dii certi* », nulle difficulté. Cf. saint AUG., *De civit. Dei*, VI, 9. A retenir seulement, du point de vue du rythme ternaire, la curieuse triade *Intercidona, Pilumnus et Deverra*, préposée à la naissance de l'enfant. Est-ce en vertu de ce principe de la sélection que Nigidius a conçu ses « *Involuti* » ? Il semble équitable de le penser, pourvu que nous envisagions la question au point de vue de l'ésotérisme très spécial de sa doctrine. Dans ce cas, on pourrait peut-être dire que les « *praecipui et selecti* » nigidiens constitueraient, dans le ciel des fixes, le plus haut degré de la hiérarchie, dont les Pénates psychopompes (cf. note 4, p. 128) occuperaient le degré inférieur, c'est-à-dire le 4e degré. Il s'agirait alors des Pénates de Jupiter, qui, par suite de l'évolution des rites cérémoniels, auraient, dans la pensée de Nigidius, droit de préséance sur ceux de Neptune (cf. *introd.*, dernière ligne de la page 74, et première ligne de la page 75), et de Pluton (cf. fr. 68. — Cf. *introd.*, p. 45, 20ème ligne : occultisme très évolué de Perséphone et de l'Hadès). On n'a pas oublié, au surplus, que le sacrificateur de l'hypogée était un « *Involutus* », (voilé), « *O pertaneus* ». (SWOB., p. 88, note 1) sans doute parce qu'il rêvait de faire partie un jour du puissant conseil de Zeus (cf. *introd.*, p. 77, 12ème ligne), après avoir entraîné à sa suite les plus fervents de ses épôptes. Mais, comme c'est là un sentiment personnel, nous le donnons sous toute réserve. Cf., cependant, une légère allusion à ce sujet dans le *Dict. des ant. grec. et rom.*, art. *Haruspices (Dii involuti)*. Ajoutons que l'occultisme africain du ve siècle de notre ère étant ici, des plus malaisés à saisir, nous serions presque autorisé, semble-t-il, à voir, en cet ésotérisme de « l'*Involutus* », une invitation, à peine déguisée, aux « Noces de la Philologie

numerantur quosque distichum complectitur Enniannum: « *Juno Vesta Minerva Ceresque Diana Venus Mars*
 Mercurius Jovis Neptunus Vulcanus Apollo, »
 Item et septem residui, qui inter duodecim non vocantur, post hos quam plures, alti pro suis gradibus, cælites ac deorum omnium populus absque impertinentibus convocandi, nec mora, milites Jovis per diversas cœli regiones adproperant; quippe discretis plurimum locis deorum singuli mansitabant, et, licet per Zodiacum tractum nonnulli singulas vel binas domos animalibus titularint, in aliis tamen habitaculis commanebant. Nam in sedecim discerni dicitur Cœlum omne regiones; in quarum prima sedes habere memorantur (1) *post ipsum Jovem dii Consentes Penates Salus ac Lares Janus Favores Opertanei. Nocturnusque. In secunda itidem mansitabant præter domum Jovis, quae ibi quoque sublimis est, ut est in omnibus prædiatus, Quirinus, Mars Lars* (2) *militaris; Juno etiam ibi domicilium possidebat, Fons etiam,*

fait demander, entre autres, les principaux collègues de Zeus, qui, avec le dieu du Tonnerre, sont au nombre de douze, et dont le distique suivant d'Ennius donne les noms : « Junon, Vesta, Minerve, Cérès, Diane, Vénus, Mars, Mercure, Jupiter, Neptune, Vulcain, Apollon. » Il en est de même de sept autres qui ne se sont point nommés parmi les douze ; puis un grand nombre de dieux d'ordres divers, et tout le peuple des dieux doit, sans excuse valable, être convoqué. Point de retard : les soldats de Zeus s'en vont par les diverses régions du ciel. A vrai dire, le plus souvent, ils habitaient un à un, séparément, en des demeures distinctes. Bien qu'ils eussent, en petit nombre, sur le cercle zodiacal, donné des noms d'animaux à chaque demeure ou à deux demeures associées, ils résidaient cependant ensemble en d'autres demeures. C'est, en effet, en seize régions que se divise, dit-on, le ciel entier. Dans la première, on dit que résident, après Jupiter même, les « *Dii*

---

et de Mercure » de Martianus Capella. — Cf. Nourrisson : *La Philosophie de saint Augustin*, t. II, p. 93. — Quant aux dieux « azones », dont parle le fragment 78 de Capella, ils portent ce nom, observe Deecke *(op. cit.,* p. 15*)*, parce que la division du ciel en seize régions se confond avec celle du Zodiaque.

(1) Cf. Swob., p. 88.
(2) *Ibid.,* p. 89.

consentes », les Pénates, Salus et les Lares, Janus, les Faveurs. les Voilés et le dieu de la Nuit. Dans la seconde, pareillement ; en plus de la maison de Jupiter, qu'on retrouve là encore, en qualité de très haut, lui qui possède partout des richesses, Mars Quirinus et Lar militaire ; Junon, elle aussi, avait là un domicile, ainsi que la Source, les Lymphes et les dieux « Xéniens » ; de la troisième région un seul fut convoqué. Ici se trouvait, en effet, le domicile du second Jupiter (Neptune ?) avec celui de l'Opulence de Zeus et la demeure de Minerve ; mais tous, pour l'instant, étaient autour de Jupiter. Quant à la Discorde et à la Sédition, qui les appellerait bien à ces « Noces » sacrées, alors surtout qu'elles ont été toujours ennemies de « Philologie » ? Aussi bien, de cette région, le seul Pluton, oncle du fiancé, est convoqué. Ensuite, Lynsa, la déesse des bois, le dieu du feu, Lar céleste et Lar militaire, Faveur, arrivent de la quatrième région. On mande du domicile contigu aux derniers parcourus, et qui appartiennent aux époux royaux, Cérès, Tellurus (et le père de la Terre), Vulcain et Genius. Vous aussi, fils de Zeus, Palès et Favor, avec Célérité, fille du Soleil, on vous convoque de votre sixième

Lymphæ diique Novensiles ; sed de tertia regione unum placuit corrogari. Nam Jovis Secundani et Jovis opulentiæ Minervæque domus illic sunt constitutæ, sed omnes circa ipsum Jovem fuerant in præsenti. Discordiam vero ac Seditionem quis ad sacras nuptias corrogaret, præsertimque, cum ipsi Philologiae fuerint semper inimicæ ? De eadem igitur regione solus Pluton, quod patruus sponsi est, convocatur. Tunc Lynsa silvestris Mulciber Lar cœlestis. nec non etiam militaris Favorque ex quarta regione venerunt. Corrogantur ex proxima transcursis domibus coniugum regum Ceres Tellurus (Terræque pater) Vulcanus et Genius. Vos quoque, Jovis filii, Pales et Favor cum Celeritate Solis filia, ex sexta poscimini. Nam Mars Quirinus et Genius superius postulati ; sic etiam Liber ac Secundanus Pales vocantur ex septima. Fraudem quippe ex eadem post longam deliberationem placuit adhiberi, quod crebro ipsi Cyllenio fuerit obsecuta. Octava vero transcurritur, quoniam ex eadem cuncti superius corrogati ; solusque ex illa Veris fructus adhibetur. Junonis vero Sospitæ genius accitus ex nona. Neptune autem (et) Lar omnium cunctalis ac Neverita tuque, Conse ex decima convenistis. Venit ex altera Fortuna et Valitudo, Pavore, Pal-

lore et Manibus refutatis, quippe hi in conspectum (1) *Jovis non poterant advenire. Ex duodecima Sancus tantummodo evocatur. Fata vero ex altera postulantur; ceteri quippe illic dii Manium demorati. Ex bis septena Saturnus eisuque cœlestis Juno consequenter acciti Veiovis ac dii Publici ter quino ex limite convocantur. Ex ultima regione Nocturnus Janitoresque terrestres similiter advocati. Ex cunctis igitur cœli regionibus advocatis diis, ceteri, quos « azonos » vocant, ipso commonente Cyllenio convocantur.*

demeure ; car, Mars, Quirinus, et Genius ont déjà été mandés. De même Liber et le second Palès sont appelés du septième domicile. Quant à la Fraude, après longue délibération, on jugea bon de l'appeler de cette même habitation, parce qu'elle avait été souvent docile au Cyllénien lui-même. On passe la huitième demeure, attendu que tous les dieux en ont déjà été appelés : l'on n'y prend que le Fruit du Printemps. Le Génie de Junon Libératrice est convoqué de la neuvième. Toi, Neptune, et Lar commun à tous, et Névérita, toi aussi, Consus, vous vîntes de la dixième demeure. De la suivante arrivèrent Fortune et Santé; on avait refusé Frayeur, Pâleur et Mânes, comme ne pouvant se présenter devant Jupiter. De la douzième Semo Sancus seulement est appelé. De la suivante, les Destins sont convoqués ; quant aux autres dieux Mânes, ils restèrent en leur domicile. De la quatorzième, Saturne et la céleste Junon furent ensuite appelés. Pluton et les dieux publics sont convoqués de la quinzième demeure. De la dernière région sont pareillement appelés Nocturnus et les Portiers terrestres. Quand donc, de toutes les régions du ciel, les dieux eurent été appelés, les autres, que l'on nomme *azones*, furent convoqués sur avertissement du Cyllénien lui-même.

<table>
<tr><td>Libri auguralis
fragmentum</td><td>Fragment
du livre augural</td></tr>
<tr><td>LXXVIIII</td><td>79</td></tr>
</table>

Servius ad Aen. X, 175 :
« *Interpres hominum divumque* »
« *Interpres* (2) » *medium est :*

Servius sur *l'Énéide* : X, 175.
« Interprète des hommes et des dieux. »

---

(1) Cf. Swob., p. 91.
(2) Cf. *introd.*, pp. 48 à 55.

« Interpres » signifie « Intermédiaire. C'est des dieux qu'il interprète, et des hommes pour qui il interprète la pensée divine, qu'il est appelé de ce nom. Il faut noter, à ce propos, ce que dit Nigidius Figulus, à savoir que ces arts sont liés les uns aux autres de telle sorte que l'un ne peut aller sans l'autre... Or, Nigidius est le seul auteur (compétent) après Varron ; cependant, celui-ci l'emporte quand il s'agit de théologie, tandis que Nigidius est supérieur dans les lettres profanes : l'un et l'autre, en effet, ont écrit sur les deux sujets.

nam et deorum interpretator et hominum, quibus divinas indicat mentes, interpres vocatur. Et notandum quod ait Nigidius Figulus, has artes ita inter sese esse coninunctas, ut alterum sine altero esse non possit... Nigidius autem solus est post Varronem ; licet Varro præcellat in theologia, hic in communibus litteris ; nam uterque utrumque scripserunt.

Fragment du traité de l'augure privé

Operis de angurio privato fragmentum

80

LXXX

Dans le premier livre de l'Augure privé, Nigidius nous apprend en ces termes que les oiseaux qui volent en bas s'opposent à ceux qui volent en haut : « Comme la droite diffère de la gauche, l'oiseau, qui vole en haut, diffère de l'oiseau qui vole en bas. » D'où il suit que, pour Nigidius, les « *præpetes* » sont ainsi nommés, parce que leur vol est plus élevé que celui des « *inferæ* ».

Gellius : *Avibus autem « præpetibus »* (1) *contrarias aves « inferas » adpellari Nigidius Figulus in libro primo augurii privati ita dicit* (2) *: « Discrepat dextra sinistræ, præpes inferæ. » Ex quo est coniectare præpetes adpellatas, quæ altius sublimiusque volitent, cum differre a præpetibus Nigidius inferas dixerit.*

---

(1) Voir notes complémentaires, p. 92, note 27.
(2) Cf. Swob., p. 92.

LIBRI DE EXTIS
FRAGMENTUM

FRAGMENT DU LIVRE
DE L'EXTIPISCINE

LXXXI

81

Gellius : *P. autem Nigidius in libro quem de extis* (1) *composuit, bidentes adpellari ait non oves solas sed omnes bimas hostias, neque tamen dixit apertius cur « bidentes »*. — Cf. Nonius *s.v.* bidentes : *Et Nigidius Figulus dicit bidental* (2) *vocari, quod bimæ pecudes immolentur.*

Dans l'ouvrage que Nigidius a composé sur l'extipiscine il est spécifié que le nom de « bidentes » ne s'applique pas aux brebis seulement, mais à toutes les victimes âgées de deux ans. Pourquoi « bidentes ? » Il ne s'en explique point plus clairement.

Nonius, au mot « bidentes » : Et Nigidius dit qu'on appelle « bidental » le lieu frappé de la foudre et consacré par le sacrifice des victimes de deux ans.

LIBRI DE SOMNIIS
FRAGMENTUM

FRAGMEMT DU LIVRE
DES SONGES

LXXXII

82

Ioann. Laur. Lydus de ostentis.

ἄλλην δέ ἐκ τοῦ ἐναντίου ὁ Νιγίδιος ἐν τῇ τῶν ὀνείρων ἐπισκέψει παραδίδωσιν ἐπὶ τοῖς κεραυνοῖς ἑρμηνείαν. φησὶ γὰρ πᾶσι μὲν καθόλου ἀπευκταίαν εἶναι τὴν τῶν σκηπτῶν φοράν, κἂν εἰ μὴ τυχὸν βλάπτοιεν, τοῖς δ' ὄναρ τουτὶ πάσχειν φανταζομένοις αἰσιώτατον καὶ λαμπρᾶς τύχης προμάντευμα.

Jean Laurent de Lydie sur les prodiges :

Au contraire, Nigidius, dans son examen des songes, donne une autre interprétation au sujet du tonnerre. Il dit, en effet, que, pour tous en général, l'orage est quelque chose de funeste, même s'il ne cause pas de dommages, mais que pour ceux qui s'imaginent, en songe, subir un orage, c'est le présage très heureux d'une brillante fortune.

---

(1) Voir notes complémentaires, p. 92, note 25.
(2) Voir notes complémentaires, p. 92, note 27.

LXXXIII

Joann. Laur. Lydus *de ostentis*, c. 27-38 (1).

TRADUCTION LATINE DE HASE (2)

Éphémérides brontoscopiques et locales, d'après le cours de la lune, selon P. Nigidius Figulus, sur les écrits de Tagès : traduction littérale.

Diarium tonitruale et locale juxta lunam, secundum P. Nigidium Figulum, ex scriptis Tagetis, expressum ad verbum.

Si palam est, in omni augu-

---

(1) Comme nous n'avons à faire qu'un cas très modéré (a) de la brontoscopie lydienne, (cf. *introd.*, p. 16), nous nous contenterons de signaler au passage les variantes de HASE. Auparavant, nous croyons utile de donner ici, au sujet des Éphémérides de Jean de Lydie, un aperçu général, que la théorie du temple fulgural (voir notes complémentaires, p. 92, note 27) aura pour but de préciser. Selon Lydus, la divination figulienne répartissait les pronostics météorologiques, avec leurs conséquences naturelles, nosologiques ou heureuses, non point entre les saisons et les mois, d'après les syzygies, les aspects et « défluxions » des planètes œcodespoteo, comme le fera plus tard Ptolémée, mais entre les propriétés brontoscopiques des Signes occupés par le Soleil et la Lune fictive des mois synodiques. (Cf. *introd.*, p. 33.) Les deux Luminaires, en conjonction ou en opposition, déterminaient leurs éclipses respectives. (BOUCHÉ-LECLERCQ, *op. cit.*, pp. 364 et 368.) Quant aux comètes (BOUCHÉ-LECLERCQ, p. 357), elles n'étaient, sans doute, pour l'art fulgural de l'haruspice d'Étrurie, que des foudres spéciales, des « torches de flamme » lancées par les divinités fulminantes *(Doctrine chaldéenne :* Cf. FR. LENORMANT, *La divination chez les Chaldéens,* p. 38) selon les intentions hostiles ou favorables des « *errones* » correspondants. Elles se référaient, ainsi que les éclipses, à l'apotélesmatique

(2) La traduction francaise a été établie d'après le texte grec de lydus, c'est ce qui expliquera les variantes.

(a) Cf. *Dict. des antiq. grec. et rom.* fasc. XXII, p. 17, (note). { « A éliminer les compilations informes du bysantin Jean de LYDIE, ...où figure une brontoscopie soi-disant extraite des livres de TAGÈS par Nigidius Figulus. »

rali disciplina, lunam ducem sumpsisse sibi veteres (sub ea enim tonitrualia et fulguralia juxta eduntur signa) recte aliquis lunæ stationem item ducem eligat.

S'il est évident que les anciens ont pris la lune comme guide, dans toute la science augurale (car les signes donnés par le tonnerre et les éclairs dépendent d'elle), c'est à bon

---

universelle, à la chorographie (ou à la Cité, comme c'était le cas pour le tonnerre relativement à la suppression des Comices).

Quant aux divinités fulminantes, elles étaient au nombre de neuf, chez les Romains, et de onze chez les Étrusques avec les « *tres manubiæ* » attribuées à Jupiter. « Ce système a-t-il été accommodé à la construction du temple à douze cases, dans lequel aurait été ménagée peut-être une place vide correspondant à la région où, vers le solstice d'hiver, les foudres partaient, non plus du ciel, mais de la terre *(infera fulmina)*, on l'ignore. Ce qui est certain, c'est que le système des onze foudres coexistait avec le temple à seize régions (de Nigidius)... et le seul pour lequel nous possédions la garantie de textes formels. *(Cic. : Cœlum in sedecim partes diviserunt Etrusci.* » *De divin.*, II, 18.) — Cf. *Dict. antiq. grec. et rom.*, fasc. 22, p. 19, col. 2. C'est précisément dans ce temple à seize régions que CAPELLA fait la répartition de ses soixante-quatre divinités, dont il nous avertit que la liste est cependant incomplète. Et ce qu'il importe de noter ici, à propos de la brontoscopie lydienne, c'est que Martianus CAPELLA fait la répartition de ses dieux, en fonction de l'astrologie, dans un temple fulgural. Ainsi « on voit « Fortuna » et « Valetudo » occuper la même place (11e) que « Valetudo », dans le système astrologique des « sorts. » — Cf. *Dict. des antiq. grec. et rom. (Ibid.)* Même remarque au sujet de « Genius » et de « Genius Junonis sospitæ, de Mars-Quirinus et de Militia. — Cf. MANILIUS, *Astron.*, III, 96-159. — M. MANILII *astronomicon a J. Scaligero repurgatum.* Argentorati (Strasbourg, 1655.) Nous n'avons parlé jusqu'ici que des divinités *fulminantes*, mais il faut tenir compte aussi des espèces de foudre. Elles sont, d'après CÆCINA, au nombre de trois : *fulmen consiliarium. fulmen auctoritatis, fulmen status.* La première consistait dans l'approbation ou la désapprobation d'un projet ; la seconde était relative aux conséquences bonnes ou mauvaises des actes accomplis ; la troisième s'adressait aux hommes considérés dans l'état passif. (Cf. SEN., *quaest. nat.* II, 39. — Serv. *a Aden.* VIII, 524.) La foudre d'état obéissait à la loi du Rythme ternaire de la menace, de la promesse et de l'avertissement. Sous le rapport de la durée des présages, la foudre d'avertissement, ou « *fulmen monitorium* », préludait, au moyen des « procurations », à un nouveau Rythme ternaire d'échéances à jour fixe *(fulmina finita)*, d'échéances différées *(prorogativa)*, et d'échéances écartées *(deprecanea).* En particulier, « l'échéance des prorogatives pouvait être différée durant un certain laps de temps, au maximum trente ans pour les cités, dix ans pour les individus. » — Cf. *Dict.* DAREMBERG et SAGLIO, *ibid.*, p. 21, col. 1. — Cf. PLIN., *Hist. Nat.*, II, § 139. — SENEC., *Qu. nat.*, II, 48 ; — Serv. *ad Aen.*, VIII, 398. — Ce qui caractérise, en

droit que l'on se guiderait aussi sur la position de la lune. C'est pourquoi, en partant du Cancer et de la nouvelle lune, nous rassemblerons ici nous-mêmes, tout le long du mois lunaire, l'examen quotidien des orages. C'est à la suite d'un examen semblable que les Étrusques nous ont fourni les observations locales, au sujet des endroits frappés par la foudre.

Quamobrem, inde a Cancro hic quoque a novolunio, secundum menses lunares, diurnam de tonitribus cognitionem instituemus, ex qua observationes locales, de regionibus e cœlo ictis, Tusci tradiderunt.

Mois de juin.

1. — S'il tonne, il y aura des moissons abondantes ; l'orge fera exception. Des maladies dangereuses tomberont sur l'homme.

2. — S. t., les naissances seront moins pénibles pour les mères ; le bétail mourra ; il y aura abondance de poissons.

3. — S'il tonne, il y aura des chaleurs très sèches : aussi, non seulement les fruits secs, mais ceux qui sont mous, seront complètement grillés par la sécheresse.

4. — S. t., l'air sera humide et pluvieux, au point que les

Mense Junio.

Luna 1ª. — Si tonuerit, frugum abundantia erit, hordeo excepto ; morbi periculosi corpora invadent.

Luna 2ª.
S. t., parturientium enixus erit facilior, pecudes interibunt, piscium copia erit.

L. 3. — Tonitru facto, æstus erit siccissimus, ut non siccanæ solum, sed udae quoque fruges arefactæ deurantur.

L. 4. — S. t., nubilus et pluvius aër erit, ut ex humidi-

---

effet, les disciplines étrusques, c'est la grande « plasticité du Destin » des *Antiscies nigidiennes.* — Cf. introd., p. 35.) — C'est ce que Servius ne semble pas avoir compris, lorsqu'après avoir cité les livres des Toscans, il écrit : « *Fata differuntur tantum, nunquam penitus immutantur ;* » (*Ad Aen.*, VIII, 398.) — Quant à Jean de Lydie, il a complètement perdu cette notion de « souplesse », pourtant caractéristique, au contact de la brontologie, qui, pour Nigidius, est une « eschatologie », sans plus. — Cf. DELATTE, *op. cit.*, p. 5.)

tate putrida interituræ fruges sint.

L. 5. — S. t., infaustum ruri. Qui pagis aut oppidulis praesunt turbabuntur.

L. 6. — S. t., *frugibus maturis innascetur bestiola nociva.*

L. 7. — S. t., morbi incident, nec tamen multi inde interibunt. Fruges siccæ provenient, udæ arescent.

L. 8. — S. t., vis imbrium et interitus frumenti prænunciantur.

L. 9. — S. t., pecudes interibunt ex incursione luporum.

L. 10. — S. t., crebræ erunt mortes, fertilitas tamen.

L. 11. — S. t., calores inonoxii ; lætitia reipublicae.

L. 12. — S. t., fiet idem quod die proxime superiore.

L. 13. — S. t., viri præpotentis ruinam minitatur.

récoltes pourriront et seront perdues.

5. — S. t., ce sera funeste pour la campagne. Ceux qui gouvernent les bourgs et les petites villes auront des difficultés.

6. — S. t., une bestiole nuisible naîtra à l'intérieur de la récolte déjà mûre.

7. — S. t., les maladies surviendront ; cependant elles tueront peu de monde. Les fruits secs réussiront, les autres sécheront.

8. — S. t., c'est la pluie abondante et la mort du froment, qui sont annoncées.

9. — S. t., les troupeaux mourront par les incursions des loups.

10. — S. t., les morts seront fréquentes, mais il y aura grande récolte.

11. — S. t., chaleurs inoffensives ; la république sera dans l'abondance.

12. — S. t., ce sera la même chose que le jour précédent.

13. — S. t., c'est une menace de la ruine d'un homme très puissant.

14. — S. t., l'air sera très chaud, mais il y aura cependant une récolte très abondante, une non moins grande abondance de poissons de rivière. Toutefois les corps seront débilités.

15. —S. t., Les volatiles seront fort incommodés par l'été ; les poissons mourront.

16. — S. t., c'est non seulement le présage de la diminution de la récolte, c'est aussi celui de la guerre ; un homme très fortuné disparaîtra.

17. — S. t., il y aura « abondance » (en grec), « mort » (texte latin) de rats, de taupes et de sauterelles ; toutefois, l'année apportera au peuple romain la richesse et aussi des meurtres.

18. — S. t., c'est le présage de la désastreuse pénurie des fruits.

19. — S. t., les animaux nuisibles aux fruits mourront.

20. — S. t., c'est une menace de dissensions chez le peuple romain.

21. — S. t., c'est un présage de la pénurie du vin, mais de l'abondance des autres productions, et d'une multitude de poisson.

L. 14. — *S. t., æstuosus erit aër, sed tamen laetus proventus frugum, nec minima commoditas piscium fluviatilium. Corpora nihilominus in languorem incident.*

L. 15. — *S. t., volucres bestiæ incommodis afficientur æstate, nantes interibunt.*

L. 16. *S. t., non modo imminutionem annonæ, sed bellum quoque minitatur. Homo florentissimus de medio tolletur.*

L. 17. — *S. t., calores erunt, et murium, talparum, locustarum interitus. Populo Romano tamen abundantiam et cædes annus feret.*

L. 18. *S. t., calamitatem fructuum minitatur.*

L. 19. — *S. t., animalia fructibus nociva interibunt.*

L. 20. — *S. t., dissensionem minatur populo romano.*

L. 21. — *S. t., penuriam vini, proventum reliquarum frugum declarat et copiam piscium.*

L. 22. — *S. t., detrimentosus erit calor.*

L. 23. — *S. t., lætitiam, propulsationem malorum, morborum finem declarat.*

L. 24. — *S. t., abundantiam rerum declarat.*

L. 25. — *S. t., bella erunt et mala innunera.*

L. 26. — *S. t., hiems frugibus nocebit.*

L. 27. — *S. t., a militia periculum erit principibus reipublicæ.*

L. 28. — *S. t., ubertas erit frugum.*

L. 29. — *S. t., res urbanæ erunt meliore statu.*

L. 30. — *S. t., ad breve, mortes crebrae erunt.*

Julius.

L. 1. — *Luna nova si tonuerit, abundantia erit, sed lues pecorum.*

L. 2. — *S. t., bonum autumno.*

3. — *S. t., hiemem gravem significat.*

22. — S. t., la chaleur sera désastreuse.

23. — S. t., c'est l'annonce de la joie, de la fin des maux, de la cessation des maladies.

24. — S. t., c'est une promesse de l'abondance de biens.

25. — S. t., les guerres et les malheurs seront innombrables.

26. — S. t., l'hiver nuira aux moissons.

27. — S. t., il y aura pour les premiers de la république un danger venant de l'armée.

28. — S. t., il y aura abondance de moissons.

29. — S. t., les affaires de la ville s'amélioreront.

30. — S. t., sans tarder, il y aura beaucoup de morts.

Juillet.

1. — S'il tonne à la nouvelle lune, il y aura abondance, mais fléau pour le bétail.

2. — S. t., il y aura du bien à l'automne.

3. — S. t., c'est le signe d'un hiver dur.

4. — S. t., il y aura des perturbations atmosphériques, d'où naîtra la disette.

5. — S. t., il y aura abondance de récolte, mais chute d'un grand prince.

6. — S. t., c'est un présage de maladies mortelles pour les esclaves.

7. — S. t., la pluie sera nuisible aux moissons.

8. — S. t., cela signifie que la république sera pacifiée, mais que la maladie et la toux sèche s'abattront sur les troupeaux.

9. — S. t., c'est l'annonce de la présence des dieux immortels et de l'augmentation de beaucoup de biens.

10. — S. t., les eaux fluviales seront salubres.

11. — S. t., c'est signe de chaleur, de grandes pluies, mais de peu de blé.

12. — S. t., il y aura, en été, des froids inattendus, qui causeront la perte des fruits.

13. — S. t., il y aura des reptiles très nuisibles.

4. — *S. t., aëris erunt turbationes, ut inde penuria nascitura sit.*

5. — *S. t., abundantia erit annonæ, et principis boni eversio.*

6. — *S. t., morbos fortunis servilibus mortiferos minitatur.*

7. — *S. t., pluvia erit nociva segetibus.*

8. — *S. t., declarat rempublicam pacatam fore, perniciem autem et siccam tussim pecora invasuram.*

9. — *S. t., deorum immortalium præsentiam, bonorum complurium incrementum declarat* (1).

10. — *S. t., aquae fluviales salubres erunt.*

11. — *S. t., calorem, imbrem vehementem, penuriam frumenti significat.*

12. — *S. t., æstate erit frigus insperatum, quo peribunt alimenta.*

13. — *S. t., reptilia existent nocentissima.*

---

(1) Traduction erronée selon Swob., *op. cit.*, p. 32.

14. — *S. t., indicat ad unum summam rerum redituram : isque erit reipublicae iniquissimus.*

15. — *S. t., dissensio erit populi romani, et frumenti penuria.*

16. — *S. t., rex Orientis bello gravabitur et morbo ex calore sicco.*

17. — *S. t., successionem magni principis significat.*

18. — *S. t., defectum frugum declarat ob imbres perpetuos.*

19. — *S. t., bellum declarat et stragem potentium hominum : ubertasque erit fructuum siccorum.*

20. — *S. t., æstum morbidum minatur.*

21. — *S. t., dissensio erit inter provinciales, nec tamen diu.*

22. — *S. t., bona rebus publicis significat, corporibus morbos capitis.*

23. — *Si t., dissensio populi romani finem reperiet.*

14. — S. t., cela signifie que le pouvoir souverain reviendra à un seul homme, qui fera beaucoup de tort à la république.

15. — S. t., il y aura des divisions dans le peuple romain et peu de blé.

16. — S. t., un roi d'Orient subira la guerre et la maladie à la suite de la chaleur sèche.

17. — S.t., c'est l'annonce de la succession d'un grand prince.

18. — S. t., c'est le signe d'une mauvaise récolte provenant de pluies continuelles.

19. — S. t., c'est l'annonce de la guerre et de la destruction d'hommes puissants : il y aura beaucoup de fruits secs.

20. — S. t., c'est le présage d'une chaleur malsaine.

21. — S. t., il y aura du trouble dans les provinces, mais peu de temps.

22. — S. t., c'est un présage de bonheur pour la république, et de maux de tête pour les hommes.

23. — S. t., les dissensions dans le peuple romain prendront fin.

24. — S. t., c'est le signe de la suprême infortune d'un homme puissant.

25. — S. t., c'est terrible pour la jeunesse et aussi pour les récoltes ; et c'est l'époque des maladies.

26. S. t., ce sera la disette après une grande abondance.

27. — S. t., c'est le présage des maladies éruptives.

28. — S. t., il y aura manque d'eau et une foule de reptiles nuisibles.

29. — S. t., c'est signe de prospérité.

30. — S. t., les hommes, poussés par les furies, se laisseront aller à des crimes atroces.

Août.

1. — S. t., les affaires de la république iront un peu mieux, et l'abondance régnera.

2. — S. t., c'est tout ensemble l'annonce de maladies et de disette.

3. — S. t., c'est pour le peuple romain le présage des procès et des assemblées.

4. — S. t., la famine éprou-

24. — *S. t., summi viri summum infortunium declarat.*

25. — *S. t., dirum pubi simulque frugibus : tempusque erit morbidum.*

26. — *S. t., post magnam abundantiam, erit inopia.*

27. — *S. t., eruptiones corporibus minitatur.*

28. — *S. t., erit penuria aquarum et reptilium nocentium turba.*

29. — *S. t., prosperitatem declarat.*

30. — *S. t., homines a furiis acti ad delicta atrocissima delabentur.*

Augustus.

1. — *S. t., et respublica erit paulo meliore conditione et abundantia futura est.*

2. — *S. t., morbos simul et penuriam victus minitatur.*

3. — *S. t., contentiones forenses et rumores minatur populo romano.*

4. — *S. t., penuria alimento-*

rum æque rationalia et irrationalia vexabit.

5. — *S. t., declarat mulieres sapientiores fore.*

6. — *S. t., mellis erit abundantia, sed defectus aquæ victusque reliqui.*

7. — *S. t., ventos truces simulque morbos significat.*

8. — *S. t., morbum, periculo tamen vacantem, quadrupedibus minatur.*

9. — *S. t., bonam valetudinem hominibus ut plurimum annuntiat.*

10. — *S. t., dolores et facinora multitudini minitatur.*

11. — *S. t., feracitas erit, delapsus reptilium, damnum hominibus.*

12. — *S. t., fabuli et glandis copia erit, sed cum ineunte ætate male agetur.*

13. — *S. t., exitium invadet corpora cum rationalium tum brutorum.*

14. — *S. t., bellum reipu-*

vera les hommes aussi bien que les bêtes.

5. — S. t., cela veut dire que les femmes seront un peu plus sensées.

6. — S. t., il y aura abondance de miel, mais manque d'eau et d'aliments.

7. — S. t., c'est signe de vents violents et de maladies.

8. — S. t., c'est une menace de maladies pour les quadrupèdes, mais pas dangereuses.

9. — S. t., c'est le présage d'une bonne santé chez la plupart des hommes.

10. — S. t., la multitude est menacée de douleurs et de crimes.

11. — S. t., il y aura une année d'abondance, mais une invasion de reptiles, et les hommes en souffriront.

12. — S. t., il y aura abondance de fourrage et de glands, mais malheur pour les petits enfants.

13. — S. t., les corps des hommes et des bêtes souffriront.

14. — S. t., présage d'une

guerre pour la république, et d'abondance pour les moissons. -

15. — S. t., les affaires tourneront mal.

16. — S. t., c'est la promesse d'une paix profonde.

17. — S. t., les hommes pervers auront à souffrir.

18. — S. t., c'est une menace de guerre civile.

19. — S. t., les femmes et les esclaves oseront des meurtres.

20. S. t., présage de mort pour les bœufs, de troubles pour les affaires publiques.

21. — S. t., présage d'abondance et menace de discordes pour le peuple romain.

22. — S. t., les affaires seront toute l'année en bon état.

23. — S. t., cela signifie que la foudre tombera, et c'est un présage de meurtre.

24. — S. t., c'est une menace de mort pour la jeunesse patricienne.

25. — S. t., c'est l'annonce d'un hiver froid et du manque de fruits.

blicae, abundantiam frugibus declarat.

15. — *S. t., in pejorem partem res vertentur.*

16. — *S. t., altam pacem pollicetur.*

17. — *S. t., perversi inter homines contristabuntur.*

18. — *S. t., bellum civile minatur.*

19. — *S. t., mulieres et servitium caedes audebunt.*

20. — *S. t., bobus interitum, rebus publicis turbas minatur.*

21. — *S. t., abundantiam simulque dissensionem populo romano minitatur.*

22. — *S. t., res per totum annum tolerabili statu erunt.*

23. — *S. t., declarat fulmen casurum et caedem minitatur.*

24. — *S. t., minatur interitum pubis patriciae.*

25. — *S. t., hiemem fœdam et penuriam pomorum fore prædicit.*

26. — *S. t., bellum significat.*

27. — *S. t., bellum simul et dolos minatur.*

28. — *S. t., copiam frugum, sed interitum boum significat.*

29. — *S. t., conversionem rerum nullam declarat.*

30. — *S. t., morbos minatur urbi super quam erumpet.*

September.

1. — *S. t., fertilitatem simul et gaudium declarat.*

2. — *S. t., dissensio erit in populo romano.*

3. — *S. t., imbrem fusum et bellum declarat.*

4. — *S. t., declarat ruinam viri potentis et belli præparationem.*

5. — *S. t., hordei copiam, tritici imminutionem declarat.*

6. — *S. t., potestas erit apud meliores major quam pro sexus debilitate.*

26. — S. t., c'est signe de guerre.

27. — S. t., c'est tout ensemble le présage de la guerre et des fourberies.

28. — S. t., c'est le signe de l'abondance de la récolte, et de la mort des bœufs.

29. — S. t., ce n'est le signe d'aucun changement.

30. — S. t., c'est une menace de maladies pour la ville sur laquelle le tonnerre éclatera.

Septembre.

1. — S. t., c'est présage de fertilité et de joie.

2. — S. t., des discordes existeront dans le peuple romain.

3. — S. t., c'est le signe de la pluie et de la guerre.

4. — S. t., c'est le présage de la ruine d'un homme puissant et des préparatifs de guerre.

5. — S. t., c'est le signe de l'abondance de l'orge, mais de beaucoup moins de froment.

6. — S. t., un pouvoir appartiendra aux femmes, plus grand qu'il ne convient à leur sexe.

7. — S. t., c'est une menace de maladie et de mort pour tout ce qui est esclave.

8. — S. t., cela révèle que les plus puissants de la République méditent des fourberies, mais qu'ils ne réussiront pas dans leurs desseins.

9. — S. t., cela signifie qu'un vent malsain soufflera.

10. — S. t., il y aura une querelle, non sans motif, entre le lieu où le tonnerre éclatera, et un autre.

11. — S. t., les clients des patriciens tenteront quelque chose de nouveau dans la République.

12. — S. t., cela signifie que le temps de la moisson sera pluvieux, d'où suivra la famine.

13. — S. t., c'est la menace d'une grave famine.

14. — S. t., c'est une menace de maladies.

15. — S. t., c'est le présage de grandes pluies, mais, cependant, de prospérité.

16. — S. t., c'est l'annonce de belles plantes, mais stériles.

17.—S. t.,c'est une menace du manque des vivres nécessaires.

7. — *S. t., morbum et inde stragem servitiorum minitatur.*

8. — *S. t., præpotentes in republica præpostera agere consilia enunciat, sed tamen eos repulsum iri de futuro statu reipublicæ.*

9. — *S. t., ventum morbidum flaturum minatur.*

10. — *S. t., inter regionem super quam erumpet, aliamque, dissidium erit non sine causa.*

11. — *S. t., clientelæ patriciorum aliquid novi molientur in republica.*

12. *S. t., tempus messis aquosum famemque fore prædicit.*

13. — *S. t., famem gravem minatur.*

14. — *S. t., minitatur morbos.*

15. — *S. t., vim imbrium, sed tamen abundantiam declarat.*

16. — *S. t., sementes magnas, sed steriles fore declaratur*

17. — *S. t., penuriam victus necessarii minatur.*

18. — *S. t., famem simul et bella significat.*

18. — S. t., c'est tout ensemble l'annonce de la famine et de la guerre.

19. — *S. t., fruges arboreæ provenient, erunt autem morbi et seditiones populares.*

19. — S. t., les arbres produiront des fruits, mais il y aura des maladies et des troubles populaires.

20. — *S. t., interitum clari hominis bellumque minatur.*

20. — S. t., c'est une menace de la mort d'un homme éminent, et de la guerre.

21. — *S. t., ægritudines et detrimenta minatur populo romano.*

21. — S. t., c'est un présage de maladies et de désastres pour le peuple romain.

22. — *S. t., abundantiam sed hiemem gravem et aquosam significat.*

22. — S. t., c'est l'annonce de l'abondance, mais d'un hiver rigoureux et pluvieux.

23. — *S. t., hiemem anni illius rerum necessariarum indigam fore praedicit.*

23. — S. t., cela indique la disette des choses nécessaires à la vie, pendant l'hiver de cette année.

24. — *S. t., penuriam aquæ minatur. Baccarum in arboribus uber erit proventus, sed sub autumnum procellis peribunt.*

24. — S. t., c'est le présage du manque d'eau. Il y aura, aux arbres, grande abondance de baies, mais à la fin de l'automne, les tempêtes les détruiront.

25. — *S. t., ex dissensione reipublicæ imus imperio potietur. Is peribit, sed potentes in republica malis intolerabilibus afficientur.*

25. — S. t., par les discordes de la république un tyran s'établira. Celui-ci périra, mais les puissants de la république subiront des maux intolérables.

26. — *S. t., improbus dominator voluntate deorum immortalium corruet.*

26. — S. t., le méchant tyran périra par la volonté de Dieu.

27. — S. t., les puissants se diviseront et se détruiront mutuellement.

28. — S. t., il y aura des prodiges annonçant de graves événements, mais il faut prendre garde que le feu ne tombe pas en quelques endroits.

29. — S. t., une sécheresse nuisible est à craindre.

30. — S. t., la république passera d'une situation moins bonne à une meilleure.

Octobre.

1. — S.t., cela veut dire qu'un mauvais tyran gouvernera.

2. — S. t., il y aura abondance, et destruction des rats terrestres.

3. — S. t., c'est l'annonce des tempêtes, des tourbillons qui arracheront les arbres : et ce sera l'indice de grandes tempêtes pour la république.

4. — S. t., les inférieurs prendront la place des supérieurs, et l'état de l'atmosphère sera favorable à la santé.

5. — S. t., il y aura un accroissement de tout ce qui est nécessaire à la vie, sauf de blé.

27. — *S. t., potentes inter se dissidebunt, seque circumvenient.*

28. — *S. t., prodigia erunt de rebus magnis admonentia. Cavendum autem ne igni quoque...*

29. — *S. t., siccitatem noxiam minatur.*

30. — *S. t., respublica a deteriore in meliorem statum perveniet.*

October.

1.—*S.t.,tetrum tyrannum rempublicam occupaturum minatur.*

2. — *S. t., abundantia erit, et interitus murium terrestrium.*

3. — *S. t., procellas turbinesque declarat, quibus arbores evertentur : idque erit magnarum tempestatum reipublicae indicium.*

4. — *S. t., inferiores in superiores dominabuntur, et aëris temperatio erit salubrior.*

5. — *S. t., erit incrementum omnium quae sunt ad victum necessaria, excepto frumento.*

6. — *S. t., species abundantiæ futuræ, sed messis erit minus læta, et autumnus propemodum fructu vacans.*

7. — *S. t., legumina copiosa erunt, vinum rarius.*

8. — *S. t., terrae motus cum mugitu exspectandus.*

9. — *S. t., feris interitum minatur.*

10. — *S. t., probati viri ruinam declarat.*

11. — *S. t., declarat mutationem variam ventorum herbis utilem.*

12. — *S. t., abundantia erit, vortices ignei dilabentur.*

13. — *S. t., commercia jucunda et insuper abundantia; dominator reipublicae importunus non diu valebit.*

14. — *S. t., bellum et interitum pecoris minatur.*

15. — *S. t., penuria erit, flatu sicco et urente frugibus incidente.*

6. — S. t., c'est une promesse d'abondance future, mais la moisson sera moins joyeuse, et l'automne presque sans fruit.

7. — S. t., il y aura beaucoup de légumes, moins de vin.

8. — S. t., il faut s'attendre à des tremblements de terre avec bruit.

9. — S. t., c'est un présage de mort pour les bêtes féroces.

10. — S. t., c'est l'annonce de la ruine d'un homme estimé.

11. — S. t., c'est l'annonce des changements de vents favorables aux plantes.

12. — S. t., il y aura abondance, mais des orages soudains s'abattront.

13. — S. t., il y aura des échanges avantageux, et de pus l'abondance ; le chef importun des affaires publiques ne se maintiendra pas plus longtemps.

14. — S. t., c'est le présage de la guerre, et de la mort du troupeau.

15. — S. t., la pénurie surviendra d'un vent sec et brûlant tombant sur les moissons.

16. — S. t., les hommes seront à ce point débilités qu'ils seront presque méconnaissables.

17. — S. t., bonheurs pour un homme opulent et pour des gens de haute naissance.

18. — S. t., c'est l'annonce d'une récolte abondante, mais venue d'ailleurs.

19. — S. t., c'est le présage de la ruine d'un puissant ou de l'expulsion d'un roi et aussi des désaccords, mais de l'abondance pour le peuple romain.

20. — S. t., c'est le présage des plaies étranges, et, par suite de la discorde, une misère générale pour la multitude.

21. — S. t., il y aura des maladies occasionnant la toux et des maladies de poitrine.

22. — S. t., c'est le présage des souffrances et de diverses maladies pour le peuple romain.

23. — S. t., le peuple sera heureux contre toute espérance.

24. — S. t., par suite de la dissension des puissants le peuple deviendra le maître.

25. — S. t., une terrible crainte naîtra de la calamité.

16. — *S. t., ita homines debilitabuntur, ut propemodum non agnoscendi futuri sint.*

17. — *S. t., viri opulenti hominumque genera præstantium felicitates.*

18. — *S. t., annonam copiosam, sed aliunde importatam declarat.*

19. — *S. t., potentis ruinam regisve exactionem minatur; item dissensionem et copiam populo romano.*

20. — *S. t., ulcera insolita minatur, et multitudini, ob discordiam, miseriam summam.*

21. — *S. t., morbi tussiculares erunt et thoracum tabes.*

22. — *S. t., populo romano flagitia morbosque varios minatur.*

23. — *S. t., populus præter spem lætitiam capiet.*

24. — *S. t., ex dissensione principum plebs superior erit.*

25. — *S. t., erit immanis a calamitate formido.*

26. — *S. t.*, *augebuntur bestiae, sed esurient.*

27. — *S. t.*, *pluvias crebras declarat.*

28. — *S. t.*, *penuria erit rerum ad vivendum necessariarum.*

29. — *S. t.*, *annus morbis obnoxius.*

30. — *S. t.*, *non abundantiam solum, sed hostium quoque imminutionem et lætitiam reipublicae declarat.*

November.

1. — *S. t.*, *discordiam civitati annunciat.*

2. — *S. t.*, *abundantiam prædicit.*

3. — *S. t.*, *res obtingent per quas inferiores superiores superabunt.*

4. — S. t., *frumentum melius.*

5. — *S. t.*, *turbas reipublicæ nunciat, rationalibus et brutis morbum.*

6. — *S. t.*, *vermes frumento nocebunt.*

26. — S. t., les bêtes sauvages augmenteront, mais auront faim.

27. — S. t., c'est l'indice de pluies fréquentes.

28. — S. t., il y aura disette de vivres.

29. — S. t., année de maladies.

30. — S. t., c'est l'annonce non seulement de l'abondance, mais des ennemis abaissés et de la joie de la république.

Novembre.

1. — S. t., c'est l'annonce de la discorde pour la cité.

2. — S. t., c'est signe d'abondance.

3. — S. t., des événements surviendront qui mettront les inférieurs au-dessus des supérieurs.

4. — S. t., le blé sera meilleur.

5. — S. t., c'est l'annonce de troubles pour la république et de maladie pour les hommes et les bêtes.

6. — S. t., des vers nuiront au froment.

7. — S. t., pour ceux qui sont à l'occident, hommes et animaux, la maladie menacera.

8. — S. t., il faut s'attacher à manger beaucoup, à cause de maladies menaçantes.

9. — S. t., des citoyens subiront le supplice du pal ; mais il y aura une récolte abondante.

10. — S. t., les mauvais desseins des chefs ont une fin. Un vent brûlant nuira aux arbres.

11. — S. t., que les hommes manifestent à Dieu leur gratitude, car un vent d'est passera.

12. — S. t., les hommes auront de nombreuses visions pendant leur sommeil.

13. — S. t., les temps sont favorables aux gains, mais contraires à la santé. Il y aura des maladies causées par les vers intestinaux.

14. — S. t., des reptiles nuiront quelquefois aux hommes.

15. — S. t., il y aura grande abondance de poissons, mais la peste atteindra les bêtes aquatiques. Désormais l'état de la république s'améliorera.

16. — S. t., il y aura une génération de sauterelles et de

7. — *S. t., iis qui sub occidente sunt, tum hominibus, tum bestiis, morbi impendent.*

8. — *S. t., edacitate oportet ob morbos imminentes.*

9. — *D. t., plebeii in ancem agentur. Erit annona copiosa.*

10. — *S. t., præpostera principum consilia ad finem pervenient. Ventus urens arbores vexabit.*

11. — *S. t., supplicatio diis immortalibus decernenda est, quod ventus ex oriente spirabit.*

12. — *S. t., in somnia complura hominibus objicientur.*

13. — *S. t., tempus lucrificum, sed morbidum, minatur lumbricis interaneis corpora vexans.*

14. — *S. t., reptilia aliquantum hominibus nocebunt.*

15. — *S. t., piscium ingens erit copia, sed lue laborabunt bestiæ aquatiles. Reipublicæ status commodior.*

16. — *S. t., locustae et murium agrestium generatio. Prin-*

cipi periculum, frumenti copia erit.

17. — *S. t., pabulum abundans pecudibus annuntiat.*

18. — *S. t., bellum declarat et ægritudines urbanis.*

19. — *S. t., mulierum prosperitates.*

20. — *S. t., famem non diuturnam declarat.*

21. — *S. t., mures interibunt : abundantia non frumenti solum, sed pabuli quoque, et copia piscium.*

22. — *S. t., annum felicem declarat.*

23. — *S. t., ventus morbidus flabit.*

24. — *S. t., castrum reipublicae opportunum in potestatem hostium veniet.*

25. — *S. t., bellum periculosum erit.*

26. — *S. t., bellum civile multorumque cædem declarat.*

rats des champs. Danger pour le prince ; abondance de froment.

17. — S. t., c'est l'annonce de pâturages abondants pour les troupeaux.

18. — S. t., c'est le signe de la guerre et des chagrins pour les habitants des villes.

19. — S. t., c'est la prospérité des femmes.

20. — S. t., c'est l'indice d'une courte famine.

21. — S. t., les rats mourront, et il y aura abondance, non seulement de froment, mais de fourrage, et beaucoup de poisson.

22. — S. t., c'est l'indice d'une année heureuse.

23. — S. t., un vent malsain soufflera.

24. — S. t., un poste utile à la république tombera au pouvoir des ennemis.

25. — X. t., il y aura une guerre dangereuse, et un vent malsain soufflera.

26. — S. t., c'est le présage d'une guerre civile et de beaucoup de meurtres, et il y aura des pluies nuisibles.

27. — S. t., c'est le présage des mêmes choses.

28. — S. t., beaucoup de sénateurs mourront de tristesse.

29. — S. t., les pires agiront mieux ; les fruits attendus mourront.

30. — S. t., les hommes vivront plus religieusement, et naturellement les malheurs seront modérés.

Décembre.

1. — S. t., c'est le signe d'une année heureuse et de la concorde.

2. — S. t., c'est l'indice de l'abondance de poissons et surtout de fruits.

3. — S. t., les hommes abuseront des autres animaux à cause du manque de poissons.

4. — S. t., l'hiver sera rude ; cependant, il y aura abondance.

5. — S. t., présage de maladies ressemblant à la gale.

6. — S. t., les hommes auront dans leur sommeil des songes divins, qui finiront mal.

7. — S. t., les mêmes choses sont annoncées à tous.

27. — *S. t., eadem illa minatur.*

28. — *S. t., magna pars amplissimi ordinis mœrore animi exstinguetur.*

29. — *S. t., deteriores melius agent, poma sperata interibunt.*

30. — *S. t., homines religiones sanctius tuebuntur : ideoque non mirum si mala mediocria.*

December.

1. — *S. t., annum felicem atque concordiam declarat.*

2. — *S. t., copia piscium et præcipue frugum.*

3. — *S. t., ob penuriam piscium homines pecudibus abutentur.*

4. — *S. t., gravis erit hiems, sed tamen abundantia.*

5. — *S. t., morbos scabiosos minatur.*

6. — *S. t., visa divina hominibus secundum quietem occurrent, quæ calamitosum exitum habitura sunt.*

7. — *S. t., idipsum declaratur omnibus.*

8. — *S. t., morbus vehemens : inde abundantia frugum erit, pernicies pecudum.*

9. — *S. t., viri clari ruina erit.*

10. — *S. t., hominibus mortem ex morbis minatur ; pisces provenient.*

11. — *S. t., solsticium æstuosum erit, et copia rerum aliunde invecta.*

12. — *S. t., minatur morbos e fluxu ventris.*

13. — *S. t., abundantiam sed morbos quoque minatur.*

14. — *S. t., simul bellum intestinum et abundantiam declarat.*

15. — *S. t., multi proficiscentur ad bellum, pauci redibunt.*

16. — *S. t., res nova in republica.*

17. — *S. t., locustas minutas nascituras minatur, sed tamen erit abundantia.*

18. — *S. t., bellum erit grave.*

8. — S. t., indice de terribles maladies ; de là, abondance de fruits, mais perte des troupeaux.

9. — S. t., ce sera la ruine d'un homme célèbre.

10. — S. t., c'est l'annonce aux hommes de la mort par maladies ; les poissons augmenteront.

11. — S. t., le solstice sera brûlant, et l'abondance importée.

12. — S. t., c'est un présage de maladies par flux de ventre.

13. — S. t., c'est signe d'abondance, mais aussi de maladies.

14. — S. t., c'est l'annonce simultanée de la guerre civile et de l'abondance.

15. — S. t., beaucoup partiront à la guerre ; peu reviendront.

16. — S. t., quelque chose de nouveau pour la république.

17. — S. t., c'est l'annonce de la naissance de petites sauterelles, mais cependant il y aura bonne récolte.

18. — S. t., signe d'une terrible guerre.

19. — S. t., indice de la véhémence de la guerre.

20. — S. t., c'est l'annonce du manque des choses nécessaires.

21. S. t., c'est la menace d'un vent brûlant, malsain à respirer.

22. — S. t., l'été sera torride et très fécond.

23. — S. t., c'est le signe de la maladie chez les hommes, mais sans danger.

24. — S. t., présage de guerres civiles, et de mort pour les animaux des forêts.

25. — S. t., c'est le départ de la milice pour la guerre, mais elle y réussira.

26. — S. t., c'est le présage des maladies chez les serviteurs.

27. — S. t., le prince rendra service à un grand nombre.

28. — S. t., c'est une génération de sauterelles.

29. — S. t., c'est l'annonce d'une maigreur salutaire pour les corps.

30. — S. t., c'est l'annonce d'une rébellion contre le pouvoir du peuple romain, et vraisemblablement de la guerre.

19. — *S. t., intentionem belli minatur.*

20. — *S. t., penuriam rerum necessariarum prædicit.*

21. — *S. t., ventum calidum ac morbidum spiraturum minatur.*

22. — *S. t., torrida erit æstas et frugifera admodum.*

23. — *S. t., hominibus morbum sed periculo vacuum nunciat.*

24. — *S. t., reipublicæ bella civilia, bestiis silvestribus interitum minatur.*

25. — *S. t., militiæ profectus ad bellum, sed bene rem geret.*

26. — *S. t., morbos servientibus minatur.*

27. — *S. t., princeps civitatis multis proderit.*

28. — *S. t., locustarum generatio.*

29. — *S. t., corporibus gracilitatem salutiferam annunciat.*

30. — *S. t., rebellionem contra populi romani imperium declarat, atque adeo bellum.*

Januarius.

1. — *S. t., ventus flabit celer, sed innoxius.*

2. — *S. t., inexspectatum erit bellum.*

3. — *S. t., belligerantibus damnum post victoriam demonstrat; eritque abundantia.*

4. — *S. t., populus romanus consentiet ad pacem faciendam.*

5. — *S. t., sanitatem pecudibus significat.*

6. — *S. t., morbum tussicularem minatur, copiam piscium frugumque declarat.*

7. — *S. t., bellum servile erit et morbus frequens.*

8. — *S. t., dominatori civitatis a populo periculum afferetur.*

9. — *S. t., rex orientis periculum adibit.*

10. — *S. t., venti motum vehementem, frumenti proventum, reliquarum frugum sterilitatem declarat.*

11. — *S. t., famem significat vel bestiis vexantem.*

Janvier.

1. S. t., il soufflera un vent rapide mais non funeste.

2. — S. t., il y aura une guerre inattendue.

3. — S. t., c'est le signe, pour les belligérants, d'un dommage après la victoire, mais il y aura abondance.

4. — S. t., le peuple romain consentira à faire la paix.

5. — S. t., c'est l'indice de la santé pour les troupeaux.

6. — S. t., c'est le présage d'une maladie causant la toux et l'annonce de l'abondance de poissons et de fruits.

7. — S. t., il y aura guerre servile et maladies nombreuses.

8. — S. t., le maître de la ville courra un danger de la part du peuple.

9. — S. t., un roi d'Orient affrontera un péril.

10. — S. t., c'est l'indice d'un mouvement violent du vent, de la provision de froment, de la stérilité des autres récoltes.

11. — S. t., indice de famine même pour les bêtes sauvages

12. — S. t., les hommes souffriront des yeux ; il y aura quantité de vivres et de poissons.

13. — S. t., menace de maladies.

14. — S. t., c'est le présage de la disette, d'une quantité de rats et de la mort des quadrupèdes.

15. — S. t., révolte des esclaves, leur punition, et abondance des fruits.

16. — S. t., le peuple romain sera troublé par son chef.

17. — S. t., c'est le présage de maladies sans danger.

18. — S. t., des événements effrayant le peuple surviendront.

19. — S. t., et l'« imperator » vaincra, et le peuple aura un rang plus élevé.

20. — S. t., ce sera de l'abondance venue d'ailleurs ; les hommes seront malades de la toux.

21. — S. t., les projets du prince ayant fait beaucoup de victimes, il devient à la fin l'objet de complots.

12. — *S. t., homines visu laborabunt : erit pabulum copiosum et piscium proventus.*

13. — *S. t., morbos minatur.*

14. — *S. t., penuriam, murium generationem, interitum quadrupedum minatur.*

15. — *S. t., seditionem servitiorum, animadversionem in ea et abundantiam frugum.*

16. — *S. t., populus romanus ab imperante vexabitur.*

17. — *S. t., morbos periculo vacuos minatur.*

18. — *S. t., res existent populum romanum percellentes.*

19. — *S. t., cum imperator populi romani vincet, tum populus ipse superiorem locum obtinebit.*

20. — *S. t., abundantia erit aliunde importata ; morbus tussicularis vexabit corpora.*

21. — *S. t., princeps civitatis multis insidiatus, ad extremum ipse insidiis appetetur.*

22. — *S. t., abundantia erit, sed etiam murium ac cervorum multitudo.*

22. — S. t., il y aura abondance, mais aussi quantité de rats et de cerfs.

23. — *S. t., rempublicam incolumem ac pacatam fore declarat.*

23. — S. t., cela signifie que la république sera prospère.

24. — *S. t., morbum cum « abundantia ? » declarat.*

24. — S. t., c'est la disette en même temps que la maladie.

25. — *S. t., tumultus servilis erit.*

25. — S. t., une guerre servile aura lieu.

26. — *S. t., multi obtruncabuntur a principe civitatis, sed postremo ipse quoque.*

26. — S. t., le prince en fera disparaître un grand nombre ; à la fin, ce sera son tour.

27. — *S. t., morbos periculo vacuos declarat.*

27. — S. t., c'est l'annonce de maladies peu graves.

28. — *S. t., pisces marini provenient, pecudes interibunt.*

28. — S. t., les poissons de mer seront en abondance ; les troupeaux mourront.

29. — *S. t., aëris temperies pestilans et mortifera omnibus.*

29. — S. t., état de l'atmosphère malsain et mortel.

30. — *S. t., mortes crebras minatur.*

30. — S. t., c'est la menace de morts nombreuses.

Februarius.

Février.

1. — *S. t., bellum et ruinam virorum locupletum minatur.*

1. — S. t., c'est une menace de guerre et de la ruine des hommes riches.

2. — *S. t., triticum minus bene, hordeum lætius proveniet : bestiarum auctus, hominum diminutio erit.*

2. — S. t., moins de blé, plus d'orge ; augmentation des bêtes sauvages, diminution des hommes.

3. — S. t., il y aura révolte à l'intérieur.

4. — S. t., non seulement le visage, mais l'esprit des hommes sera bouleversé.

5. — S. t., la moisson sera abondante, mais il y aura mort d'hommes.

6. — S. t., mort des fruits secs, spécialement de l'orge.

7. — S. t., c'est une menace de désastre chez les hommes, mais non pour longtemps.

8. — S. t., un grand événement se produira pour la cité. Les poissons réussiront, les bêtes sauvages périront.

9. — S. t., l'orge sera en petite quantité.

10. — S. t., les bêtes sauvages nuiront aux hommes.

11. — S. t., les femmes enfanteront heureusement.

12. — S. t., c'est une menace de morts nombreuses et de vents inopportuns.

13. — S. t., l'abondance règnera, cependant il y aura des divisions politiques.

14. — S. t., c'est l'annonce de pertes d'enfants et de l'invasion funeste des reptiles.

3. — *S. t., seditio erit civilis.*

4. — *S. t., homines non solum visu, sed vel mente laborabunt.*

5. — *S. t., messis uber, hominum exitium erit.*

6. — *S. t., interitus frugum siccarum et præcipue hordei.*

7. — *S. t., interitionem non diuturnam hominibus minitatur.*

8. — *S. t., negotium maximum conflabitur civitati : pisces provenient, belluae peribunt.*

9. — *S. t., hordeum tenue.*

10. — *S. t., belluæ hominibus nocebunt.*

11. — *S. t., puerperia fausta matronarum.*

12. — *S. t., mortes crebras minatur, ventos intempestivos.*

13. — *S. t., abundantia quidem erit, sed tamen seditio civilis.*

14. — *S. t., jacturam liberorum, aggressionem infestam reptilium minatur.*

15. — *S. t., pestilens aër erit, belluarumque et murium generatio.*

16. — *S. t., populo romano prosperum, potentibus ob dissensionem infaustum.*

17. — *S. t., æstas erit uberrima.*

18. — *S. t., ventum gravem, corporibusque pustularum.*

19. — *S. t., reptilium et insuper lumbricorum multitudo erit.*

20. — *S. t., aërem purum declarat.*

21. — *S. t., declarat abundantiam.*

22. — *S. t., aër morbidus, nec tamen letalis erit.*

23. — *S. t., hominibus deformitatem, avibus interitum minatur.*

24. — *S. t., hominibus sanitatem, piscibus ac reptilibus exitium praenunciat.*

25. — *S. t., voluptariis contrarium : nam bella erunt et procella gravis.*

15. — S. t., l'air sera pestilentiel ; il y aura génération de bêtes fauves et de rats.

16. — S. t., temps prospère pour le peuple, funeste pour les puissants à cause de divisions.

17. — S. t., l'été sera très fécond.

18. — S. t., c'est le présage d'un vent désagréable et de l'éruption de boutons sur les corps.

19. — S. t., il y aura une multitude de reptiles et aussi de vers de terre.

20. — S. t., c'est l'indice d'un air pur.

21. — S. t., indice d'abondance.

22. — S. t., air malsain, mais non mortel.

23. — S. t., c'est le présage de difformités chez les hommes, et de mort pour les oiseaux.

24. — S. t., c'est le signe de la santé des hommes, de la mort des poissons et reptiles.

25. — S. t., désagréable moment pour les voluptueux ; car, il y aura des guerres et une terrible tempête.

26. — S. t., présage de chaleur, de manque d'eau, et d'éruptions cutanées.

27. — S. t., annonce d'une révolte au peuple romain.

28. — S. t., prédiction d'abondance, mais, simultanément, d'un vent malsain qui soufflera.

29. — S. t., c'est l'annonce de la guerre, et de l'abondance.

30. — S. t., c'est tout ensemble le signe des avantages et des dissensions très longues du peuple romain.

Mars.

1. — S. t., pendant toute l'année, il y aura des rixes et des divisions.

2. — S. t., les précédentes prédictions cesseront.

3. — S. t., revers pour la cité, et pénurie.

4. — S. t., l'abondance sera extrême.

5. — S. t., le printemps sera ensoleillé, l'été fécond.

6. — S. t., mêmes prédictions que la veille.

7. — S. t., un vent violent s'élèvera ; le prince opérera des changements.

26. — *S. t., æstum, aquæ defectum, scabiem corporibus minatur.*

27. — *S. t., seditionem populo romano declarat.*

28. — *S. t., abundantiam, sed simul ventum morbidum spiraturum portendit.*

29. — *S. t., bellum et abundantiam declarat.*

30. — *S. t., bona significat, cum diuturna quadam populi romani dissensione.*

Martius.

1. — *S. t., per totum annum rixae et dissidia erunt.*

2. — *S. t., modo interminata finem habebunt.*

3. — *S. t., civitati res adversæ cum egestate.*

4. — *S. t., abundantia erit infinita.*

5. — *S. t., ver erit apricum, æstas frugifera.*

6. — *S. t., eadem ac proxime superiora.*

7. — *S. t., ventus gravis surget : princeps civitatis res commovebit.*

8. — *S. t., imbres significat.*

9. — *S. t., exitium hominum, generationem belluarum minatur.*

10. — *S. t., interitus quadrupedum.*

11. — *S. t., vim imbrium et locustarum generationem declarat.*

12. — *S. t., homo potens in civitate aut imperator periculum adibit, cujus causa prælia committentur, belluæque homines invadent.*

13. — *S. t., abundantia erit : bestiae interibunt ; pisces provenient : reptilia habitationibus molesta erunt nec tamen nocebunt.*

14. — *S. t., abundantiam declarat ; mortem hominum et generationem bestiarum minatur.*

15. — *S. t., calores significat, defectum aquæ, murium et piscium turbam magnam.*

16. — *S. t., annus salubris sed rebus necessariis destitutus.*

8. — S. t., c'est signe de pluies.

9. S. t., c'est le présage de la mort des hommes et de la naissance des bêtes fauves.

10. — S. t., mort des quadrupèdes.

11. — S. t., indice de la violence des pluies et de la naissance des sauterelles.

12. — S. t., un homme puissant dans la cité, ou l' « imperator » courra un danger ; à ce propos, des combats auront lieu ; les bêtes sauvages s'attaqueront aux hommes.

13. — S. t., il y aura abondance ; les bêtes sauvages mourront ; les poissons réussiront ; les reptiles seront désagréables dans les maisons, mais ne nuiront pas.

14. — S. t., annonce d'abondance ; présage de la mort des hommes et de la production de bêtes sauvages.

15. — S. t., indice de chaleur, de manque d'eau et d'une grande quantité de rats et de poissons.

16. — S. t., c'est signe d'une année saine mais manquant des choses nécessaires.

17. — S. t., un événement inattendu arrivera au peuple ; morts nombreuses d'hommes et de quadrupèdes.

18. — S. t., signe de beaucoup de pluie, de maladie, de production de sauterelles et de fort peu de récolte.

19. — S. t., été très sec et donnant la peste.

20. — S. t., les hommes vivront mieux et plus richement.

21. — S. t., annonce d'abondance après des guerres et des chaleurs.

22. — S. t., mort des oiseaux, abondance de vivres.

23. — S. t., annonce des révoltes.

24. — S. t., signe d'abondance.

25. — S. t., des événements nouveaux se produiront pour le peuple.

26. — S. t., annonce de l'acquisition d'esclaves importés.

27. — S. t., annonce de l'abondance venue de l'étranger.

28. — S. t., il y aura abondance de poissons de mer.

17. — *S. t., res inopinata populo romano accidet ; exitium crebrum hominibus et bestiis quadrupedibus.*

18. — *S. t., vim imbrium, morbum, locustarum generationem et pæne frugum defectum declarat.*

19. — *S. t., aestus siccissimus et pestifer.*

20. — *S. t., homines rectius simul et opimius vivent.*

21. — *S. t., abundantiam post bella et calores exitiosos declarat.*

22. — *S. t., interitum avium, copiam rei cibariae.*

23. — *S. t., seditiones declarat.*

24. — *S. t., abundantiam significat.*

25. — *S. t. negotia nova populo romano subnascentur.*

26. — *S. t., comparationem mancipiorum peregrinorum declarat.*

27. — *S. t., declarat abundantiam aliunde importatam.*

28. — *S. t., copia piscium marinorum erit.*

29. — *S. t., majorem gloriam mulieres consequentur.*

30. — *S. t., vir magnis opibus præditus rerum potietur : quod lætitiam afferet.*

Aprilis.

1. — *S. t., seditionem civilem et ruinas fortunarum minatur.*

2. — *S. t., signum justitiæ, bona bonis, mala malis afferentis.*

3. — *S. t., lucra ex abundantia aliunde invecta declarat.*

4. — *S. t., iram potentium adversus dignos minatur.*

5. — *S. t., æstum vere, annumque salubrem significat.*

6. — *S. t., bella civilia surgent.*

7. — *S. t., omnia fausta et copiosam ubertatem declarat.*

8. — *S. t., declarat vim imbrium mortiferam.*

9. — *S. t., victoriam imperio populi romani declarat, et potentibus gaudium.*

29. — S. t., les femmes acquerront une plus grande gloire.

30. — S. t., un homme puissant sera maître du pouvoir, ce qui causera de la joie.

Avril.

1. — S. t., c'est la menace d'une sédition politique, et de la ruine des fortunes.

2. — S. t., signe de justice, apportant des biens aux bons, des maux aux méchants.

3. — S. t., présage des gains par suite de l'abondance provenant d'ailleurs.

4. — S. t., présage de la colère des puissants contre les gens dignes.

5. — S. t., signe de sécheresse au printemps, et d'une année salubre.

6. — S. t., des guerres civiles naîtront.

7. — S. t., annonce de toute prospérité et de grande abondance.

8. — S. t., signe de pluies abondantes et causant la mort.

9. — S. t., annonce de victoire à l' « empire ? » romain et de joie aux puissants.

10. — S. t., les hommes honnêtes accroîtront leurs biens.

11. — S. t., signification identique.

12. — S. t., présage des pluies, de la prospérité, et de la mort des poissons.

13. — S. t., présage de la mort des hommes et des bêtes.

14. — S. t., signe de santé et d'abondance.

15. — S. t., c'est le signe de la peste.

16. — S. t., signe d'abondance, mais aussi d'une génération de rats des champs.

17. — S. t., signe d'une abondante moisson.

18. — S. t., indice de querelles et d'espoirs humains frustrés.

19. — S. t., un homme puissant dans la cité ruinera à la fois sa fortune et sa gloire.

20. — S. t., indice de la colère des dieux.

21. — S. t., annonce d'une récolte heureuse, mais de guerre pour la république.

10. — *S. t., viri probi incrementa capient.*

11. — *S. t., illa ipsa significat,*

12. — *S. t., imbres, abundantiam et interitum piscium minatur.*

13. — *S. t., hominibus et jumentis exitium minatur.*

14. — *S. t., sanitatem et abundantiam declarat.*

15. — *S. t., pestem significat*

16. — *S. t., abundantiam, sed item murium agrestium generationem declarat.*

17. — *S. t., copiam annonæ declarat.*

18. — *S. t., dissensionem spesque hominum frustratum iri significat.*

19. — *S. t., vir in civitate potens cum rei familiaris tum auctoritatis jacturam faciet.*

20. — *S. t., numina irata indicat.*

21. — *S. t., frugibus faustum, sed reipublicae bellum portendit.*

22. — *S. t., erit interitus muscarum.*

23. — *S. t., pluviam sementibus utilem declarat.*

24. — *S. t., erit dissensio potentium, sed consilia corum patefient.*

25. — *S. t., pax per totum annum.*

26. — *S. t., magnam spem frugum et messium exiguitatem declarat.*

27. — *S. t., prodigia mirum in modum apparebunt.*

28. — *S. t., populus romanus saga sumet.*

29. — *S. t., favonius prævalebit.*

30. — *S. t., rerum faustarum abundantia.*

Maius.

1. — *S. t., secessum populo et ignominiam declarat.*

2. — *S. t., famem minatur.*

3. — *S. t., abundantiam aliunde importatam declarat.*

22. — S. t., ce sera la mort des mouches.

23. — S. t., annonce d'une pluie favorable aux semences.

24. — S. t., il y aura dissension entre les puissants, mais leurs projets seront découverts.

25. — S. t., paix toute l'année.

26. — S. t., annonce de beaucoup d'espoir pour la récolte et d'une pauvre moisson.

27. — S. t., des prodiges apparaîtront d'une manière merveilleuse.

28. — S. t., le peuple sera appelé aux armes.

29. — S. t., le favonius prévaudra.

30. — S. t., abondance de bonnes choses.

Mai.

1. — S. t., c'est un présage de la fuite et de la honte pour le peuple.

2. — S. t., c'est une menace de famine.

3. — S. t., prédiction d'une abondance importée.

4. — S. t., l'atmosphère sera tempérée et les fruits abondants.

5. — S. t., un changement se produira dans les chagrins, et le froment sera plus abondant que l'orge ; les légumes périront.

6. — S. t., cela signifie que les récoltes mûriront trop tôt et se dessécheront.

7. — S. t., il y aura abondance de poissons et d'oiseaux.

8. — S. t. mauvais présage pour le peuple.

9. — S. t., signe d'une peste qui ne sera pas très pernicieuse.

10. — S. t., c'est une annonce de troubles, d'une abondance de pluies, de débordements désastreux des fleuves, d'une abondance de lézards et de reptiles.

11. — S. t., il faut espérer l'abondance sur terre et sur mer.

12. — S. t., ce sera la mort des poissons.

13. — S. t., annonce de l'élévation du niveau des fleuves, et des maladies pour les hommes.

4. — *S. t., bene temperatus aër, et fructus abundantes erunt.*

5. — *S. t., erit commutatio aerumnarum in rebus, et triticum abundantius quam hordeum : legumina autem interibunt.*

6. — *S. t., declarat fruges citius maturas fore et perituras.*

7. — *S. t., erit avium et piscium copia.*

8. — *S. t., inauspicatum populo romano.*

9. — *S. t., pestem significat, sed non adeo perniciosam.*

10. — *S. t., turbas, vim imbrium, alluviones amnium calamitosas, lacertorum reptiliumque vim declarat.*

11. — *S. t., abundantia terra marique speranda.*

12. — *S. t., erit interitus piscium.*

13. — *S. t., augmen aquarum fluviatilium declarat, et hominibus morbos.*

14. — *S. t., erit bellum orientale et strages magna.*

15. — *S. t., abundantiam declarat.*

16. — *S. t., obsecratio facienda propter diras obnunciatas.*

17. — *S. t., pluviam significat.*

18. — *S. t., seditionem et inde bellum et penuriam victus.*

19. — *S. t., favore (ut hoc verbo utar) populi romani, aliquis ad summam fortunam efferetur.*

20. — *S. t., orientalibus abundantia, occidentalibus non item.*

21. — *S. t., obsecratio instituenda propter diras obnunciatas.*

22. — *S. t., vim imbrium et interitum piscium marinorum significat.*

23. — *S. t., imbrem largum et fertilem declarat.*

24. — *S. t., mala magna, ut qui sint ditioni populi romani præ mœrore animo defecturi sint.*

14. — S. t., il y aura une guerre en Orient, et beaucoup de ruines.

15. — S. t., signe d'abondance.

16. — S. t., il faut prier à cause de ce qui menace.

17. — S. t., signe de pluie.

18. — S. t., signe de révolte, d'où la guerre et la disette.

19. — S. t., par la faveur du peuple, quelqu'un arrivera au comble de la fortune.

20. — S. t., abondance pour les orientaux, tout autrement pour les occidentaux.

21. — S. t., il faut des prières à cause de ce qui menace.

22. — S. t., signe de l'abondance des pluies et de la mort des poissons de mer.

23. — S. t., c'est l'annonce d'une pluie abondante et féconde.

24. — S. t., signe de grands malheurs, au point que les peuples soumis se laisseront aller au découragement.

25. — S. t., il faut espérer un peu de relâche et de détente dans les maux.

26. — S. t., c'est du bonheur pour ceux qui cultivent les champs.

27. — S. t., il y aura des prodiges, et une comète sera suspendue.

28. — S. t., même chose.

29. — S. t., c'est l'indice d'une guerre dans le nord, mais sans danger pour les événements.

30. — S. t., les tiges seront broyées par le vent.

Nigidius a estimé que ces prévisions quotidiennes basées sur les orages ne valaient pas pour le monde entier, mais pour Rome seulement.

25. — *S. t., remissio deminutioque malorum speranda.*

26. — *S. t., faustum iis qui agris colendis operam dant.*

27. — *S. t., prodigia erunt et cometes emicabit.*

28. — *S. t., erit item.*

29. — *S. t., bellum septentrionale significat, sed tamen citra periculum rerum.*

30. — *S. t., stipites a ventis confringentur.*

Hoc diarium tonitruale Nigidius non generale, sed solius Romae esse censuit.

CHAPITRE III

OPERIS ASTROLOGICI, CUI « SPHAERA » NOMEN ERAT, FRAGMENTA

« Sphaerae Graecanicae »[1] fragmenta.

LXXXIIII	84
Serv. Darn. ad Gerog. I, 43 : Nigidius in « Sphaera Graecanica » *novum annum aequinoctium vernale memorat.*	Serv. sur les Géorgiques, I, 43. Nigidius, dans la « *Sphaera graecanica* », rappelle que l'année nouvelle commence à l'équinoxe vernal.
LXXXV	85
Serv. Dan. ad Georg. I, 218 : Nigidius Commentario « Sphaerae Graecanicae » : *oritur enim Canicula cum Cancro, in columen venit cum Geminis, occidit cum Tauro* (2).	Serv., *ibid.*, I, 218. — Nigidius, en son *Commentaire de la Sphère grecque*, dit en effet : « La canicule est à l'horoscope avec le Cancer, culmine avec les Gémeaux, se couche avec le Taureau.

---

(1) « ... *Barbaricarii* » *vocem ejusque explicationem Donatianam ad Verg. Aen.*, XI, 177, *ubi* « *barbaricarii* » *esse dicuntur qui* « *barbarica* », *i. e. ornamenta ex auro conficerent. Sed nomen ipsum* « *barbaricum* » *nihil aliud significat quam* « *opus Phrygium* », *quod sane erat figuratum ; neque si barbaricum hanc figurati vim induisset, sola* « *Barbarica Sphaera* » *proprie sic adpellari potuit, cum etiam* « *Graecanica* » *Signa Zodiaci contineret.* » SWOB., *op. cit.*, p. 47, note 1. — « *Graecanica* », *quia pro climate Ægyptio et graeco (Nigidius) docuit.* » *Ibid.*, p. 46. — Cf. SAUMAISE : *De annis climactericis et antiqua astrologia diatribae ;* Lugd. Batav., 1648.

(2) Cf. SWOBODA, *op. cit.*, p. 107. — Cf. *introd.*, pp. 32, 37, note 3, et 74.

86

Scol. de Berne sur les Géorg., I, 218... « Il vaut mieux entendre « *adverso astro* » du Taureau, à l'apparition duquel le Chien disparaît, car Nigidius dit que le Taureau occupe parmi les astres une situation qui fait face. »

Scol. du cod. de Leyde. « Enfin Nigidius dit que parmi les astres, le Taureau fait face. »

Mais il semble plutôt que Nigidius ait dit : « Le Taureau est placé retourné sur le cours des astres. »

LXXXVI

Schol. Bernens. ad Georg. I, 218... « *sed magis intellegere nos convenit* « *adverso astro* (1) » *Taurum dici, cum quo canis occidit, quia Nigidius ait, Taurum adversum inter sidera locatum.* »

Schol. cod. Leid., 135. « ... « *Denique Nigidius ait Taurum adversum inter sidera locatum.* »

(*Sed Nigidius potius hoc dixisse videtur :* « *Taurum adversum inter sidera locatum esse.* »)

87

Aulu-Gelle : *Nuits attiques*, III, 10, 2 (d'après Varron, de *imag.* I.) Les étoiles errantes, que l'on nomme habituellement « *erraticœ* », et que Nigidius désigne par le mot « *errones* » sont au nombre de.... — Cf. Gell., *N. A.*, 14, 1, 11 : ces étoiles.. que l'on appelle communément « *erraticae* », et que Nigidius appelle « *errones.* »

LXXXVII

Gellius : *N. A.*, III, 10, 2 (*ex Varrone de imag.*, I) : *Is namque numerus... facit etiam stellas, quas alii* « *erraticas* » *P. Nigidius* « *errones* (2) » *adpellat.* — Cf. Gell. *N. A.* XIIII, 1, 11 : *stellas istas..., quas multi* « *erraticas* », *Nigidius* « *errones vocat...* »

---

(1) Le Cancer et le Taureau sont entraînés à reculons par le mouvement diurne. (Manil., II, 199.) — Cf. Le Chatellier, édit. classique de Virgile, p. 74, *in Georg.* I, v. 218 (note). — Cf. Ovide, *Métam.*, II, 82 :

Circuitu curvantem brachia longo
Scorpion, atque aliter curvantem brachia Cancrum.

(2) Cf. *introd.*, p. 32, dernière ligne, et note (3). —Tout le paragraphe 1 du ch. I de la Section II, p. 29 ss. est le commentaire de ce mot.

LXXXVIII

Plin. N. H. VI, 33 fin. — 34 (39) 211 sqq : *His addemus etiamnum unam Græcæ inventionis scientiam vel exquisitissimæ subtilitatis, ut nihil desit in spectando terrarum situ, indicatisque regionibus noscatur, et cum qua cuique societas sit sive cognatis dierum ac noctium, quibusque inter se pares umbræ et æqua mundi convexitas, ergo reddetur hoc etiam, terræque universæ in membra cæli digerentur.*

Plura sunt autem segmenta mundi, quae nostri circulos adpellavere, Græci parallelos, principium habet Indiæ pars versa ad austrum; patet usque Arabiam et Rubri maris accolas. Continentur Gedrosi Carmani Persae Elymaci Parthyene Aria Susiane Mesopotamia Seleucia cognominata Babylonia Arabia ad Petras usque Syria Cœle Pelusium Ægypti inferiora, quae Chora vocatur, Alexandria Africæ maritima Cyrenaïca oppida omnia Thapsus Hadrumetum Clupea Carthago Utica uterque Hippo Numidia Mauretania utraque Atlanticum mare columnæ Herculis. In hoc cœli circumplexu æquinoctii die medio umbilicus, quem gnomonem vocant, septem pedes longus umbram non amplius quattuor pedes longam reddit, noctis vero dieique lon-

88

Pline, *Histoire nat.*, VI, 33-34 (39), 211 sqq. Nous y ajouterons encore une théorie d'origine grecque, et d'une excessive subtilité, afin que rien ne fasse défaut dans la spéculation géographique, et que l'indication des régions montre les liens qui les unissent, c'est-à-dire qu'elles en sont les relations en ce qui concerne les jours et les nuits, quelles sont celles dont les ombres sont égales et dont la hauteur sous le pôle est identique. C'est donc ce que nous ferons connaître, en rapportant la terre entière aux divisions du ciel. Or, nombreux sont ces segments de l'univers, que les Latins ont appelés cercles, et les Grecs, parallèles. Le premier commence à cette région de l'Inde orientée au sud. Il s'étend jusqu'à l'Arabie et aux riverains de la mer Rouge. Il comprend la Gédrosie, la Carmanie, la Perse, l'Elymaïde, la Par-thyène, l'Arie, la Susiane, la Mésopotamie, la Séleucie, surnommée babylonienne, l'Arabie jusqu'à Pétra, la Cœle, la Syrie, Péluse, la partie inférieure de l'Égypte, ce qu'on nomme la Chora d'Alexandrie, la partie maritime de l'Afrique, toutes les villes de la Cyrénaïque, Thapsus, Hadrumète, Clypée, Carthage, Utique, les deux Hippones, la Numidie, les deux Mauritanies, l'Atlantique, les colonnes d'Hercule. Dans cette zone, à midi, au jour équinoxial, le signe, appelé gnomon, de sept pieds de longueur, ne donne pas une ombre supérieure à quatre pieds ; la nuit et le jour les plus longs sont de quatorze heures d'équinoxe ; les plus courts, au contraire, sont de dix heures. Le cercle suivant commence par l'Inde tournée vers l'occident ; il passe par le milieu de la contrée des Parthes, Persépolis, le nord de la Perse, l'Arabie citérieure, la Judée, les environs du mont Liban ; il comprend Babylone, l'Idumée, la Samarie, Jérusalem, Ascalon, Joppé, Césarée, la Phénicie, Ptolémaïs, Sidon, Tyr, Béryte, Botrys, Tripoli, Byblos, Antioche, Laodicée, Séleucie, la partie maritime de la Cilicie, le sud de Chypre, la Crète, Lilybée en Sicile, le nord de l'Afrique et la Numidie. A l'équinoxe, le gnomon de 36 pieds donne une ombre de 24 pieds de long. La nuit et le jour les plus grands sont de 14 heures d'équinoxe, plus deux cinquièmes d'heure. Le troisième cercle a son origine chez les Indiens voisins de l'Imaüs ; il passe par les portes

gissima spatia XIIII horas æquinoctiales habent, brevissima ex contrario X. Sequens circulus incipit ab India vergente ad occasum, vadit per medios Parthos Persepolim citima Persidis Arabiam citeriorem Iudæam Libani montis accolas, amplectitur Babylonem Idumaeam Samariam Hierosolyma Ascalonem Iopen Cæsaream Phœnicen Ptolemaidem Sidonem Tyrum Berytum Botryn Tripolim Byblum Antiochiam Laodiceam Seleuciam Ciliciae maritima (1) *Cypri austrina Cretam Lilybaeumin Sicilia septentrionalia Africae et Numidiæ. Umbilicus æquinoctio XXXVI pedum umbram XXIIII pedes longam facit, dies autem noxque maxima XIIII horarum æquinoctialium est accedente bis quinta parte unius horæ. Tertius circulus ab Indis Imavo proximis oritur ; tendit per Caspias portas Mediæ proxuma Cataoniam Cappadociam Taurum Amanum Issum Cilicias portas Solos Tarsum Cyprum Pisidiam Pamphiliam Siden Lycaoniam Lyciam Patara Xanthum Conum Rhodum Coum Halicarnassum Cnidum Dorida Chium Delum Cycladas medias Gythium Maleam Argos Laconicam Elim Olympiam Messe-*

Cf. Swob., *op. cit.*, p. 108.

niam Peloponnesi Syracusas Catinam Siciliam mediam Sardiniae austrina Carteiam Gades; gnomonis C unciæ umbram LXXVII unciarum faciunt ; longissimus dies est æquinoctialium horarum XIIII atque dimidiæ cum tricesima unius horae. Quarto subiacent circulo, quæ sunt ab altero latere Imavi, Cappadociae austrina Galatia Mysia Sardis Zmyrna Sipylus Tmolus mons Lydia Caria Ionia Trallis Colophon Ephesus Miletus Chios Samos Icarium mare Cycladum septentrio Athenae Megara Corinthus Sicyon Achaia Patrae Isthmus Epirus septentrionalia Siciliae Narbonensis Galliæ exortiva Hispaniæ maritima a Carthagine nova et inde ad occasum ; gnomoni XXI pedum respondent umbrae XVI pedum ; longissimus dies habet æquinoctiales horas XIIII et tertias duas unius horae. Quinto continentur segmento ab introitu Caspii maris Bactri Hiberia Armenia Mysia Phrygia Hellespontus Troas Tenedus Abydos Scepsis Ilium Ida mons Cyzicum Lampsacum Sinope Amisum Heraclea in Ponto Paphlagonia Lemnus Imbrus Thasus Cassandria Thessalia Macedonia Larisa Amphipolis Thessalonice Pella Edesus Beroea Pharsalia Carystum Euboea Boeotum Chalcis Delphi Acarnania Ætolia Apollonia Brundisium

caspiennes les plus proches de la Médie, la Cataonie, la Cappadoce, le Taurus, l'Amanus, l'Issus, les portes de Cilicie, Soles, Tarse, Chypre, la Pisidie, Side de Pamphilie, la Lycaonie, Patara de Lycie, le Xanthe, Caune, Rhodes, Cos, Halicarnasse, Gnide, la Doride, Chios, Délos, les Cyclades moyennes, Gythium, Malée, Argos, la Laconie, l'Élide, Olympie, Messène du Péloponnèse, Syracuse, Catane, le milieu de la Sicile, le sud de la Sardaigne, Cartéja, Gades (Cadix), cent onces d'un gnomon font une ombre de 77 parties. Le jour le plus long est de quatorze heures équinoxiales plus huit quinzièmes d'heure. Sous le quatrième cercle se trouvent les pays situés de l'autre côté de l'Imaüs, le sud de la Cappadoce, la Galatie, la Mysie, Sardes, Smyrne, Sipylus, le mont Tmolus, la Lydie, la Carie, l'Ionie, Tralles, Colophon, Éphèse, Miler, Chios, Samos, la mer icarienne, les Cyclades septentrionales, Athènes, Mégare, Corinthe, Sicyone, l'Achaïe, Patras, l'Isthme, l'Épire, le nord de la Sicile, l'orient de la Gaule narbonnaise, le littoral de l'Espagne à partir de Carthagène et de là au couchant ; à un gnomon de 21 pieds correspondent des ombres de 16 pieds ; le plus long jour est de 14 heures d'équinoxe, plus deux tiers d'heure. Le cinquième segment contient, depuis l'entrée de la mer Caspienne, Bactres, l'Ibérie, l'Arménie, la Mysie, la Phrygie, l'Hellespont, la Troade, Ténédos, Abydos, Scepsis, Ilion, le mont Ida, Cyzyque, Lampsaque, Sinope, Amisus, Héraclée du Pont, la Paphlagonie, Lemnos, Imbros, Thasos, Cassandrie, la Thessalie, la Macédoine, Larisse, Amphipolis, Thessalonique, Pella, Edesse, Bérée, Pharsale, Caryste, l'Eubée, du côté de la Béotie, Chalcis, Delphes, l'Acaranie, l'Étolie, Apollonie, Brindes, Tarente, Thurium, Locres, Rhegium, la Lucanie, Naples, Putéoles, la mer étrusque, la Corse, les îles Baléares, le milieu de l'Espagne ; au gnomon, sept pieds ; six à l'ombre. Le jour le plus long est de 15 heures équinoxiales. La sixième division, qui contient la ville de Rome, embrasse les nations caspiennes, le Caucase, le nord de l'Arménie, Apollonie sur le Rhyndacus, Nicomédie, Nicée, Chalcédoine, Byzance, Lysimachie, la Chersonèse, le golfe Mélas, Abdère, la Samothrace, Maronée, Aenos, la Bessique, la Thrace, la Médique, la Paconie, l'Illyrie,

Tarentum Thurii Lorri Regium Lucani Neapolis Puteoli Tuscum mare (1) *Corsica Baliares Hispania media ; gnomoni septem pedes, umbris sex ; magnitudo diei summa horarum æquinoctialium XV. Sexta comprehensio, qua continetur, urbs Roma, amplectitur Caspias gentes Caucasum septentrionalia Armeniae Apolloniam supra Rhyndacum Nicomediam Nicæam Calchadonem Bysantium Lysimacheam Chersonesum Melanensinum Abderam Samothraciam Maroneam Aenum Bessicam Thraciam Medicam Paconiam Illyrios Durrachium Canusium Apuliae extrema Campaniam Etruriam, Pisas Lunam Lucam Genuam Liguriam Antipolim Massiliam Narbonem Tarraconem Hispaniam Tarraconensem mediam et inde per Lusitaniam; gnomoni pedes VIIII, umbrae VIII ; longissima spatia horarum æquinoctialium XV addita VIIII*[a] *parte unius horae aut, ut Nigidio placuit, quinta. Septima divisio ab altera Caspii maris ora incipit, vadit super Callatim Bosphorum Borysthenen Tomos Thraciæ aversa Triballos Illyrici reliqua Hadriaticum mare Aquileiam Altinum Venetiam Vicetiam Patavium Veronam*

---

(1) Cf. Swob., p. 109. Sur l'ésotérisme nigidien de la gnomonique de Pline, cf. *introd.*, p. 59, 9e ligne.

Cremonam Ravennam Anconam Picenum Marsos Pœlignos Sabinos Umbriam Ariminum Bononiam Placentiam Mediolanum omniaque ab Apennino transque Alpis Galliam Aquitanicam Viennam Pyrenœum Celtiberiam ; umbilico XXXV pedum umbrœ XXXV, ut tamen in parte Venetiœ exequœtur umbra gnomoni ; amplissima dies horarum œquinoctialium XV et quintarum partium horae trium.

Hactenus antiquorum exacta celebravimus.

Dyrrachium, Canusium, l'extrémité de l'Apulée, la Campanie, l'Étrurie, Pise, Luna, Lucques, Gênes, la Ligurie, Antipolis, Marseille, Narbonne, Tarragone, le milieu de l'Espagne tarragonaise, et de là à travers la Lusitanie ; 9 pieds au gnomon, 8 à l'ombre ; le plus long jour est de 15 heures équinoxiales plus un neuvième, d'heure, ou, d'après Nigidius, un cinquième. La septième division commence de l'autre côté de la mer Caspienne et s'étend sur Calatis, le Bosphore, le Borysthène, Tomes, le revers de la Thrace, les Triballes, le reste de l'Illyrie, la mer Adriatique, Aquilée, Altinum, la Vénétie, Vicence, Padoue, Vérone, Crémone, Ravenne, Ancône, le Picenum, les Marses, les Péligniens, les Sabins, l'Ombrie, Ariminum, Bologne, Plaisance, Milan, et tout ce qui est à partir de l'Apennin, et, au-delà des Alpes, la Gaule d'Aquitaine, Vienne, les Pyrénées, la Celtibérie ; à un gnomon de 35 pieds correspond une ombre de 36 pieds, de telle sorte, toutefois, que dans une partie de la Vénétie l'ombre soit égale au gnomon. Le jour le plus grand est de quinze heures d'équinoxe, plus trois cinquièmes d'heure.

Jusqu'ici nous avons exposé les observations des anciens.

LXXXVIIII

SCHOL. ad *Germanici Aratea*, p. 80, 8.

Nigidius hunc Arietem (1) *dicit ducem et principium esse signorum* (2), *immortali autem*

89

SCOL. *Sur les phénomènes d'Aratos, de Germanicus.*

Nigidius appelle ce Bélier chef et prince des signes. Il a été trouvé digne d'éternelle

---

(1) Cf. *introd.*, p. 75 ss.
(2) *Ibid.* WOELFFLINIUS « *De L. Ampelii libro memoriali* », Gottingæ. 1854, caput II, « *De duodecim Signis* » *e Nigidio haustum esse perspexit..*, *totum ad Nigidium referendum esse...* (Cf. BUECHELERUS, Mus. Rhen.,

mémoire pour le fait suivant : Liber conduisant son armée en Afrique, le manque d'eau décimait ses troupes. Mais après quelques jours, le Bélier parut par hasard et conduisit divinement vers l'eau Liber et son armée. Pour ce fait, Liber nomma ce Bélier Jupiter Hammon : il lui bâtit un temple magnifique à l'endroit où l'on avait trouvé l'eau et il ennoblit d'une immortelle renommée ce même lieu. Ce temple est à neuf jours de marche d'Alexandrie. L'endroit est sablonneux, il y a beaucoup de serpents. C'est du mot « harena » (sable) que vient Hammonion. Donc, pour cette raison, le Bélier, qui conduit l'eau, fut ennobli au rang des immortels et placé parmi les astres. Pour le reste, Nigidius le rapporte comme ci-dessus.

memoria dignatum, quod, cum Liber exercitum in Africam duceret, aquarum inopia deminuebatur eius multitudo. Post deinde aliquot dies (aries) casu repentino adparuit Liberumque et exercitum (dux) ad aquam divinitus perduxit. Ab hoc facto Liber eum arietem Iovem Hammonem · adpellavit eique fanum eo loco, quo reperta est aqua, magnificum ædificavit memoriaque eum locum immortali (1) *nobilitavit. Id fanum abest Alexandria iter dierum novem ; harenosum est, serpentium est multitudo ; quod ab harena* (2) *Hammonion eatur nominatum. Igitur propterea aries, dux aquae, immortalis nobilitatus est, cæli sidera consecutus. Cetera, ut superius scripta sunt, refert.*

---

t. XIII, p. 179, sqq) ; *neque ejus sententia iis quae contra eam Maassius in Anal. Eratosth., p. 79, protulit, eo nimirum consilio ductus, ne iam Nigidius tali sylloga* « *catasterismorum* » *usus esse videretur qualem ab Eratosthene compositam esse Maassius negavit, labefactari et redargui potest.* » — Cf. Swob., *op. cit.*, p. 39.

(1) Cf. Swob., p. 111.

(2) Cf. introd., p. 76 dernière ligne. — harena = «ἄμμος», avec un esprit rude. Il y a là une question d'aspiration, qu'il importe de noter au passage, car elle signifie, semble-t-il, la plénitude de l' « adhésion » aux rites de la secte, en vue de la participation olympienne, qui, aux termes de la doctrine, devait en être la conséquence. C'est que le mot « harena », s'il est aspiré, vient de « haerere » Dans le cas contraire, c'est-à-dire dans l'hypothèse de l'accentuation du mot « ἄμμος » avec un esprit doux, — « prosodie » qui n'est pas fautive — « arena » vient de « *ariditas* » Cf. Serv. in Aen., I, 172.

AMPELIUS, lib. memor., cap. II, s. 1 :
Signa sunt in cœlo duodecim. Aries beneficio Liberi, quod, is cum exercitum in Indiam per Libyam duceret per loca sicca et harenosa, qua aquæ inopia esset et exercitus ejus siti adfligeretur, aries eis aquam demonstravit et ob id a Libero Jovis Hammon est adpellatus eique fanum magnificum fecit ad eum locum, ubi aquam invenit, quod abest ab Ægypto et Alexandria millia passuum novem. Ob eam rem a Jove petiit, ut inter sidera reciperetur. Alii putant eum esse, qui Hellen et Phrixum vexerit.
Dosithei fragmentum ap. Schmidtium in Hygini fabularum edit. p. LV : Κριός, ὅτι πηγὴν εὗρεν ὁδοιπορουντι Διοσύνῳ.

AMPEL. *Livre mémorial.*
Il y a douze signes dans le ciel. Le Bélier est un bienfait de Liber. Alors que celui-ci menait son armée vers l'Inde par la Lybie, à travers des pays desséchés et sablonneux, il y avait disette d'eau, et l'armée souffrait de la soif. Un bélier leur découvrit de l'eau. Pour ce fait, Liber l'appela Jupiter-Hammon, et lui bâtit un temple magnifique à l'endroit où il avait trouvé de l'eau, lieu distant de neuf mille pas de l'Égypte et d'Alexandrie. Pour ce même fait, il demanda à Jupiter que le Bélier fût reçu parmi les astres. D'autres pensent que ce fut lui qui porta Hellé et Phryxus.

Fragment de Dosithée, chez Schmidt, sur les fables d'Hygin : « Le Bélier, parce que celui-ci trouva une source pour Dionysos en voyage. »

LXXXX

Schol. Germ., p. 74, 12 et 135, 5 :
Hunc Iuppiter (1) *a Neptuno fratre per gratiam dicitur abduxisse, qui figuram tauri, sensum humanum haberet; quem Iovis Sidonem misit, ut Europam, Agenoris filiam ad se portaret. Is per pelagus Sido-*

90

SCOL. *Germ.* — On dit que Jupiter prit celui-ci (le Taureau), par faveur, à son frère Neptune. Il avait figure de taureau, entendement humain. Jupiter l'envoya à Sidon pour qu'il lui apportât Europe, fille d'Agénor. Il se rendit par mer à Sidon, et là vit Europe, qui

---

(1) Cf. introd., p. 74.

jouait avec ses compagnes dans le temple d'Esculape. L'enlevant brusquement, il la fit retomber sur son cou et la conduisit à Jupiter, dans l'Ile de Crète. C'est pourquoi Zeus agréa le Taureau parmi les astres et le dota d'une immortelle renommée. Tel est le récit de Nigidius.

AMPELIUS, II, 2 : Le Taureau est un bienfait de Jupiter. Celui-ci le prit, par faveur, à son frère Neptune. Sous l'apparence d'un taureau, il cachait un entendement humain. En se jouant, il prit, sur ordre de Zeus, Europe, fille d'Agénor de Sidon, et l'emporta en Crète. C'est pourquoi Jupiter le gratifia, dans les astres, d'une immortelle renommée.

Fragment de Dosithée : Le Taureau fut accordé à Zeus par Poseidon, parce qu'il possédait une intelligence humaine.

niam venit, ibique Europam inter æquales suas ludentem in templo Æsculapii conspexit eamque repentino abreptu in dorso collocatam suo devexit ad Jovem in insulam Cretam. Ob hanc igitur causam Juppiter sideribus taurum dignatus est immortalique memoria adfecit. Hæc Nigidius.

AMPELIUS II, 2 :

Taurus beneficio Jovis ; quem Juppiter a Neptuno fratre per gratiam abduxit, qui sensum humanum figura tauri continebat, isque Jovis iussu Europam, Agenoris filiam, Sidoniam adludens decepit et eam Cretam deportavit. Ob eam rem Juppiter in sideribus eum dignatus est immortali memoria.

Dosithei frag. : Ταῦρος ὑπὸ Ποσειδῶνος τῷ Διὶ συνεχωρήθη, ὅτι διάνοιαν ἀνθρωπίνην εἶχεν.

91

Scol. Germ.

Nigidius parle de dieux de Samothrace, dont, seuls, peuvent dire le symbole ceux qui président aux mystères. Il dit de même que Castor et Pollux, fils de Tyndare, reçurent l'honneur des Gémeaux, parce que, les premiers, ils débarrassèrent, dit-on, la mer des pirates et des brigands. Au temps où ils

LXXXXI

Schol., Germ., p. c. 8, et p. 127, 9 :

Nigidius deos Samothracas dicit, quorum argumentum nefas sit enuntiare praeter eos, qui mysteriis praesunt. Item dicit Castorem et Pollucem Tyndaridas geminorum honore decoratos, quod ii principes dicantur mare tutum a praedonibus maleficiisque pacatum reddidisse

et quo in tempore navigaverint cum Iasone atque Hercule ad pellem inauratam auferendam, multis laboribus tempestatibusque conflictati, periculorum atque nimborum experti impendio potius quam libentius (navigantes laboribus liberare studuerunt) auxilium ferre precantibus instituerunt. Itaque cum ab Jove sunt elati, petiveruntque a patre, sibi liceret in eo cælo constitui, unde mortalibus auxiliantes prospicere possent. Quas ob res venia data immortali memoria locoque constituti plerisque (1) mortalibus auxiliantes gratiam conspectus exhibere dicantur. Sunt qui dicunt Herculem Theseumque esse; Geminorum memoriam propalam possidere, hi quod duo maxime dicuntur arctissima sodalitate parique industria atque egregia virtute decorati sapientiaque ceteris mortalibus præstantes. Namque Hercules duodecim athlis perfectis, quæ ab Eurystheo sunt ei imperata propter Junonis Iovisque certationem, immortali memoria contentionis *** (Theseus autem partem terrae) a minantibus exputandæ causa, partem ceteris hominibus auxiliandi gratia egregios memorandosque labores perpessus eximia nobilitate præter ceteros est pervulgatus; eorumque alter

naviguèrent, en compagnie de Jason et d'Hercule, pour conquérir la Toison d'Or, ils eurent à souffrir de nombreuses épreuves et de tempêtes et furent accablés de dangers et d'orages au delà de tout souhait. (Ils s'appliquèrent à délivrer des périls les navigateurs.) Ils résolurent de porter secours à qui les prierait. Aussi, lorsque Zeus procéda à leur élévation, ils demandèrent à leur Père l'autorisation d'être placés en un endroit du ciel, d'où ils pourraient regarder les mortels et les secourir. Permission accordée, en conséquence, ils furent établis en ce lieu sur des trônes immortels; et ils accordent aux humains, dit-on, la faveur de leur regard. D'autres disent qu'il s'agit de Thésée et d'Hercule. Ils possèdent, au su de tous, la gloire des Gémeaux, car on les dit unis d'une très étroite camaraderie, illustrés d'une vertu remarquable, et supérieurs en sagesse au reste des mortels. En effet, Hercule, après avoir achevé les douze travaux, qui lui furent ordonnés par Eurysthée, à cause de la rivalité de Junon et de Jupiter, en immortel souvenir de cette dissension ***; quant à Thésée, tant pour délivrer la terre d'ennemis menaçants que

---

(1) Cf. Swob., p. 113.

pour porter secours aux autres humains, il supporta des labeurs extraordinaires et mémorables ; la renommée le distingua entre tous pour son exquise noblesse. L'un est fils de Jupiter, l'autre de Neptune, ce qui ne va point sans quelque parenté entre eux.

est Jovis, alter Neptuni filius quorum non abest propinquitas.

Ampelius :
On dit que les Gémeaux sont dieux de Samothrace. On n'en peut dire ce qu'ils représentent ; seuls le peuvent ceux qui président à l'initiation : D'aucuns prétendent que ce sont Castor et Pollux, parce que, les premiers, ceux-ci délivrèrent la mer des pirates.

D'autres disent que ce sont Hercule et Thésée, parce qu'ils ont abordé de semblables travaux.

Dosithée : Les Gémeaux, Héraclès et Thésée, parce qu'ils ont participé à des travaux analogues.

Ampelius II, 3 :
Gemini, qui dii Samothraces nominantur (esse), quorum argumentum nefas est pronuntiare præter eos, qui initiis præsunt. Alii Castorem et Pollucem dicunt, quod ii principes mare tutum a prædonibus præstitissent.

Sunt qui dicant Herculem et Theseum, quod similia athla sint adepti.

Dositheus : Δίδυμοι · Ἡρακλῆς καὶ Θησεύς, ἐπεὶ δὴ ὁμοιοτρόποις ἀθλήμασιν ἐνεγένοντο.

92

Ampelius :
Le Cancer, reçu par bienfait de Junon. Sur l'ordre de cette déesse, alors que Hercule avait été envoyé tuer l'Hydre de Lerne, à qui nous donnons le nom d'« excetra », une écrevisse vint tenailler les pieds et les jambes d'Héraclès, et le

LXXXXII

Ampelius (1), II, 4.
Cancer (2), καρκίνος, *receptus beneficio Iunonis, quod eius iussu, cum Hercules missus esset ad hydram Lernæam, quam nos excetram dicimus, interficiendam, carcinus ingressus Herculis pedes et crura lanians incommodiorem faciebat eum,*

---

(1) Cf. Swob., p. 114.
(2) Cf. *introd.*, pp. 53 et 71.

quam ipsa excetra : idque malum Hercules difficillimum habuit, carcinumque ob id factum Juno sideribus est dignata.
Dositheus : Καρκίνος, ὅτι μεθ' Ἡρακλέους ὕδραν ἔσφαξεν.

mit en position désavantageuse par rapport à l'hydre. Hercule supporta cet énorme inconvénient, et l'écrevisse fut, pour ce fait, élevée par Junon au rang des astres.

Dosithée : Le Cancer, parce qu'avec Hercule, il tua l'hydre.

LXXXXIII

Schol. Germ., p. 72, 1 sqq. et p. 131, q sqq. :
Nigidius refert hunc leonem nutritum apud Lunam (1), *iussu Junonis ad Herculis exitium demissumque cœlo a Junone in terram Arcadiam in regionem Nemeæ. In qua speluncam esse, ubi hic leo victus memoratur, quæ Amphidymon nomine fuerit. Hercules iussu Eurysthei interfecit cum Molorcho hospite suo, cuius clavam viribus tributam (tum) principio est adeptus eaque leonem interfecit. Itaque postea clava* (2) *pro gladio, pelle pro scuto in reliquo tempore uti instituit et apud omnes mortales gratus ob virtutem haberi cœptus est ; Junoni porro magis in odio pervenerat. Quapropter leonem cœlesti memoria dignari voluntate Junonis arbitrantur ; plerique Nemeæ gymnicos ludos ab*

93

Scol. Germ.
Nigidius rapporte que ce lion fut nourri dans la lune sur ordre de Junon, et envoyé, pour la perte d'Hercule, du ciel sur la terre d'Arcadie, dans la région de Némée. Là se trouvait une grotte, où l'on rapporte que fut vaincu le lion. Amphidymon est le nom de cette grotte. Hercule, par ordre d'Eurysthée, tua le lion, en compagnie de Molorchus, son hôte. Il prit alors pour la première fois la massue attribuée à ses forces, et en terrassa le lion. Aussi, par la suite, résolut-il de prendre cette massue pour glaive, la peau du lion pour bouclier ; dès lors, il commença d'être en grâce auprès de tous les mortels, à cause de son courage. Pour Junon, elle l'exécrait davantage. C'est pourquoi, celle-ci voulut, croit-

---

(1) Swob., p. 105.
(2) Voir notes complémentaires, p. 90 et note (a) au bas de la page.

on, que le lion fût honoré d'une gloire divine. Pour la plupart des auteurs, les jeux gymniques néméens dérivent de ce lion.

hoc arbitrantur leone institutos.

AMPELIUS :
Le lion fut élevé à Némée et, sur dessein de Junon, envoyé en terre argienne pour la perte d'Héraclés : il se cacha longtemps dans une caverne. Hercule, dit-on, le tua, en compagnie de son hôte Molorchus. Hercule prit pour la première fois la massue qu'on lui attribua, et en tua le lion. Il eut, dès lors, la peau de ce lion comme vêtement. Pour ce fait, il commença d'être détesté de Junon. La déesse accorda au lion une dignité céleste.

Dosithée : Le lion de Némée, par la volonté de Héra, et que tua Héraclès.

AMPELIUS II, 5 :
Leo, λέων, *qui educatus est Nemeae, Junonis consilio ad Herculis interitum missus in terram Argiam diu spelunca latitavit ; quem Hercules dicitur interfecisse cum Molorcho hospite suo, cuius clavam viribus tributam (tum) principio est adeptus, eaque leonem interfecit eiusque* (1) *pellem postea pro tegumento habuit ; ob id factum Iunoni odio esse cœpit leonemque cœlesti dignitate est honorata.*

Dositheus : Λέων · ὁ Νεμεαῖος γνώμῃ Ἥρας ὃν ἔσφαξεν Ἡρακλῆς.

94

Scol. Germ.
Voici ce que rapporte Nigidius sur le signe de la Vierge. Celle-ci s'appelait Justice ou Équité : elle a quitté les hommes et est arrivée à bon droit au rang des immortels. Alors qu'elle vivait sur terre parmi les humains, elle avait coutume d'assister partout à

LXXXXIIII

Schol. Germ., p. 65, 20 sqq. et p. 126, 1, sqq.
Nigidius de Virgine (2), *ita refert : Virginem Iustitiam dici sive Æquitatem, quae ab hominibus recesserit et ad immortales merito pervenerit. Cum in terra mortales conveniret, omnibus locis conciliabulisque solitam consistere et præcipere homini-*

---

(1) Cf. introd., p. 71.
(2) Cf. introd., p. 69, § 2 : *Le signe de la Vierge.*

bus, ne temere ab æquitate atque iustitia discederent : quamdiu mortales monitis obœdissent, tamdiu vitam sine cura ac sollicitudine facturos. Sed cum neglegentius æquitatem observarent (in) insidiasque declinassent, cupiditate et avaritia alter alterum deciperent, ab hominibus discessisse ; digna cælesti numero immortale præmium (1) *pietatis possedit. Sunt qui aliter memorent : Trigonem Atheniensem, Icari filiam fuisse Quod cum Liber inventum suum, vinum, suavitate inter mortales illustraret, veritum, ne, cum civibus suis obtulisset saporis nobilitatem, ebrietatis iucunditatem arbitrarentur maleficium, persuasisse Icario amicissimo sibi, ut is inferret in civitatem, quam vellet. Quod et libens animo Icarius tulit et distribuit in Attice. Hi, capti nobilitate vini, languore subito vacillantes, veriti ne non augendæ voluptatis (esset), sed minuendæ valetudinis (id est sensum sibi sublatum), commoti vino præcordiaque trans pulsi, Icarium interfecerunt. Quod pro iucundissimo præmio est adeptus contra morem. (Conterrita mora) patris Erigone cum miserando* (2) *ululatu mortuum requirens canis leni vestigio eam accersitam ad patris*

toutes les assemblées, et de conseiller aux hommes de ne point s'écarter, avec audace, de l'équité et de la justice ; aussi longtemps que les mortels obéiraient à ses préceptes, ils mèneraient une vie exempte de peines et de soucis. Mais les hommes devinrent plus relâchés dans l'observation de la justice et se laissèrent aller à la ruse ; par cupidité et avarice ils se trompèrent les uns les autres : la justice les abandonna. Digne de figurer au ciel, elle posséda l'immortelle récompense de ses vertus. D'autres rapportent des souvenirs différents. La Vierge serait Erigone d'Athènes, fille d'Icare. Bacchus, en effet, illustrait parmi les hommes la douceur du vin, son invention ; comme il craignait, d'autre part, qu'en offrant à ses concitoyens ce noble et savoureux breuvage, ceux-ci n'attribuassent à un maléfice le plaisir de l'ivresse, il persuada à Icare, son ami très cher, de l'importer dans une cité de son choix : ce à quoi celui-ci se prêta très volontiers en le distribuant en Attique. Les Athéniens surpris par la générosité du vin, chancellent par suite d'une langueur soudaine. Comme ils

---

(1) Cf. Swob., p. 116.
(2) Cf. Swob., p. 117.

craignaient, dans un prétendu surcroît de plaisir, le fléchissement de leur santé, — puisqu'ils avaient perdu le sens, — émus par le vin, et le cœur bouleversé, ils tuèrent Icare. Tel fut, contre toute attente, le résultat d'une faveur très agréable. Effrayée du retard de son père, Érigone cherche le mort, en de pitoyables gémissements, tandis que la chienne d'Icare la fait venir, sur des traces aisées, et la conduit près du cadavre de son père. Elle l'ensevelit, puis se rend elle-même sur le mont Hymette, où elle se pend. C'est alors que Jupiter, à la prière de Bacchus, dit-on, ennoblit Icare du signe des astres, parce qu'il avait été le père d'Érigone. C'est en son honneur que les jeunes Athéniennes instituèrent un jour de fête annuelle, les « aeorae », en latin « oscilla » (escarpolettes), parce qu'elles avaient observé le balancement de celle qui était suspendue, (en grec « αἰωρεῖσθαι », « être balancé. » Il en

corpus perduxit. Quæ ejus corpus sepelit ipsaque se in Hymetto monte contulit ibique sibi laqueo mortem adscivit. Tum dicitur Liber ab Jove petisse propter quod Icarius pater Erigones fuisset, siderum signis nobilitaretur ; ab eaque virgines Athenienses quotannis diem festum instituerunt aeoras, quas nos latine dicimus (oscilla) ideo quia illam pendentem (qui) iactari conspexerunt, quod est apud Græcos αἰωρεῖσθαι. Ex quo factum est, ut sollemni oscillo (1) *iactarentur homines. Icarius* (2) *autem pater Virginis nominatur stella Arcturus. Quæ cum exoritur, spurcissimas tempestates mari terræque efficit, quod meminit sibi pro beneficio exitium fuisse a mortalibus. Canis autem Icarii, qui ululans ante pedes pendentis virginis mortuus est, astrom Cyon nominatur, quam nos Canis stellam nominamus ; qui ob eandem causam, quando exoritur, summam pestilentiam mortalibus portat.*

résulta que les hommes se livrèrent au jeu solennel de la balançoire. Quant à Icare, père d'Érigóne, il s'appelle l'étoile Arcturus. Celle-ci, à son lever, suscite d'affreuses tempêtes sur terre et sur

---

(1) « *Suspenderunt de arboribus funem, ad quem se tenentes homines hac et illac agitabantur... sed cum inde plerique caderent, inventum est, ut formas ad oris sui similitudinem facerent, et eas pro se suspensas moverent.* » SWOB., p. 117. Cf. PRELLER, *op. cit.*, I, 3, p. 552.

(2) Cf. SWOB., p. 118.

mer, parce qu'elle se souvient du crime des mortels pour un bienfait accordé. Et la chienne d'Icare, qui mourut en hurlant aux pieds de la vierge suspendue, se nomme l'astre « *Cyon* », que nous appelons l'étoile du Chien, qui, pour la même raison, apporte aux mortels, à son lever, une extrême insalubrité.

AMPELIUS II, 6 :

Virgo, quam nos Iustitiam dicimus, fuit cum hominibus, sed postquam homines male facere cœperunt, Jovis eam inter signa posuit.

Sunt qui Erigonam Icari filiam, Atheniensem dicunt, cujus patri Liber vinum dedit, ut hominibus ad suavitatem daret; quibus dedit, ebriati sunt et lapidibus eum occiderunt. Canis, qui cum illo erat, vidit dominum occisum et cum ululatu ad Erigonem rediit; quem ut mæstum et singularem vidit, sollicita proficiscitur cum eo; venere ad locum, ubi Icarius iacebat. Vidit corpus patris; magna lamentatione in Hymetto monte sepelivit, ipsa vero se suspendit laqueo; canis ad pedes eius decumbens diutius et sine alimentis deficiens, post aquam anhelans in puteum se proiecit. Tum Liber a Iove petüt, quod suo imperio defecerint, ut inter siderum cursus ponerentur. (Erigona) Virgo, Icarius autem Arcturus nominatus est, cuius stella, cum exoritur continuas tempestates facit; canis Canicula.

Dositheus : Παρθένος · Ἠριγόνη,

AMPELIUS :

La Vierge que nous appelons la Justice, vécut parmi les hommes, mais après que ceux-ci eurent commencé de mal faire, Jupiter la plaça parmi les Signes. D'autres disent qu'il s'agit d'Érigone d'Athènes, la fille d'Icare, au père de laquelle Liber fit présent du vin, pour qu'il communiquât cette douceur aux hommes : ce qu'il fit ; mais, par suite de l'ébriété, ceux-ci le lapidèrent. La chienne, qui l'accompagnait, vit son maître mort et, en hurlant, revint vers Érigone. Dès que la jeune fille eut remarqué la tristesse extraordinaire de l'animal, elle partit, inquiète, avec lui. Elles arrivèrent à l'endroit où gisait Icare. Érigone aperçut le corps de son père ; avec de grandes lamentations, elle l'inhuma sur le mont Hymette, puis, elle-même se pendit. La chienne longtemps couchée à ses pieds, défaillante faute d'aliments, et assoiffée, se précipita dans un puits. Alors, Jupiter, à la demande de Bacchus, — puisqu'ils avaient succombé sur son ordre, — les plaça dans le cours des astres. On appela Érigone la Vierge, et Icare Arcturus. Quand cette étoile se lève, elle produit des tempêtes continuelles, la chienne est la Canicule.

ἥτις σφαγέντος τοῦ πατρὸς ἑαυτὴν ἀνεῖλεν.

Dosithée : La Vierge : Érigone qui, voyant son père tué, se pendit.

95

Ampelius :

La Balance, que les Grecs appellent « Ζυγόν », est un nom d'homme obtenu par celui qui, en toute clémence et justice, fut dit « avoir le poids ». C'est lui qui le premier, dit-on, trouva pour les hommes le poids et la mesure, choses réputées très utiles aux mortels, et c'est pourquoi il fut reçu au nombre des astres, et appelé Balance.

Dosithée : Ζυγός... la Balance.

LXXXXV

Ampelius II, 7 :

Libra (1), *quam Græci* Ζυγόν *adpellant, virile nomen est adeptusque, (qui) omni clementia et iustitia* « σταθμοῦχος » *dictus ; qui primus dicitur libram et pondus hominibus invenisse, quæ utilissima mortalibus existimantur, ideoque in numerum stellarum receptus est et Libra est dictus.*

Dositheus : Ζυγός.

96

Scol. Germ. :

Nigidius s'exprime ainsi : le scorpion naquit dans l'île de Chios, sur le mont Pélion, par la volonté et le secours de Diane, pour la perte d'Orion. L'auteur racontait, à ce propos, qu'un jour Jupiter et les autres immortels, après avoir été l'objet, de la part de Nysæus, roi des Bistoniens, d'une hospitalité magnifique et copieuse, cordialement offerte, s'étaient

LXXXXVI

Schol. Germ., p. 63, 13 sqq. et p. 122, 6 sqq (p. 166, 4 sqq.) :

Nigidius ita dicit : scorpionem ad perniciem Orionis in insula Chio (in) monte Pelinaeo (2) *ortum voluntate atque ope Dianæ. Nam quodam tempore memorat is Jovem cum ceteris immortalibus apud Nysæum regem Bistoniorum hospitio dapsili copiosoque adfectu præstito hilaritate constitisse in uno loco*

---

(1) « *Hic catasterismus nusquam alibi commemoratur.* » Swob., p. 118, (note). — Cf. *Introd.* pp. 69 et 70, 11ᵉ ligne.

(2) Cf. Swob., p. 121.

et in corio tauri, qui tum est immolatus eorum gratia, mexisse eoque lotium in corio terra obrutum, ex quo natus sit Orion. Quo ex facto adulescens digna deorum forma atque egregia virtute, incitatus immortali memoria (non iam) obtemperabat, quibus ortus dicebatur. Nam, cum in monte Pelinaeo venaretur, irridens Dianam contemnebat, eius opera, quæ in monte constituebat, obterens. Itaque Dianam misisse scorpionem, qui Orionem vita privaret, et postea impetrasse, ut scorpios XII signorum memoria constitueretur. Juppiter (memoria) porro Oriona vita privatum sideribus constituit.

arrêtés joyeux en un même endroit et avaient uriné dans la peau du taureau tué en leur honneur. Le tout fut enfoui dans la terre, et c'est ce qui causa la naissance d'Orion. Il en résulta que cet adolescent, d'une beauté digne des dieux, et d'un courage remarquable, fut excité par ce souvenir immortel, — car il n'obéissait plus à ceux de qui il tenait son origine. En effet, comme il chassait sur le mont Pélion, il méprisait Diane, qu'il raillait, et dont il détruisait les travaux exécutés sur la montagne. C'est pourquoi, Diane envoya un scorpion pour lui ôter la vie, et obtint ensuite que l'insecte fût constitué dans la mémoire des douze signes. Puis, en souvenir, Jupiter plaça dans les astres Orion privé de la vie.

AMPELIUS II, 8.

Scorpius, qui dicitur ad perniciem Orionis in insula (1) *Chio in monte Pelinaeo voluntate Dianæ natus. Orion autem, dum venatur, visa Diana, stuprare eam voluit. Illa scorpionem subiecit, qui eum vita privaret. Juppiter et scorpionem et Orionem inter sidera recepit.*

AMPELIUS :

Le Scorpion naquit, dit-on, dans l'île de Chios, sur le mont Pélion, par la volonté de Diane, pour la perte d'Orion. Comme celui-ci, en effet, était à la chasse, il aperçut Diane, qu'il voulut déshonorer. Celle-ci fit surgir un scorpion pour lui ôter la vie. Jupiter reçut le

---

(1) Cf. SWOB., p. 119. — *Ibid.*, p. 121. — Cf. *Arat. phaen*, 636 ss. — Cf. STRABON, IX, 404. — Cf. SCHOL., *Il*, XVIII, 486. — Cf. PRELLER, *Myth. gr.*, I, 3, p. 370. — Relation différente (d'après Hésiode) dans *Eratosthène, Catast.*, pp. 72 et 164.

Scorpion et Orion au nombre des astres.

Le Scorpion, par l'ordre d'Artémis, tua Orion, que Zeus voulut régénérer.

Dositheus : (Σκορπίος) κελευσει Ἀρτέμιδος Ὠρίωνα ἔσφαξεν, ὃν ὁ Ζεὺς ἠθέλησεν ἀναγεννᾶσθαι.

97

Scol. Germ. :

Ce Crotus, dit-on, fils d'Euphémé, nourrice des Muses, au témoignage du tragédiographe Sosithée, habitait l'Hélicon, où il passait sa vie à chasser avec des flèches. Comme il demeurait fréquemment dans la société des Muses, il scandait leurs chants de ses applaudissements, c'est-à-dire qu'il les applaudissait en mesure, afin que les autres imitassent son exemple. Les Muses, par un bienfait de Jupiter, le placèrent parmi les astres. Son art d'applaudir et de se servir de l'arc demeura parmi les mortels. Nigidius rapporte, à son sujet, les mêmes faits, sauf sa société avec les Muses. Mais, dit-il, alors que celles-ci célébraient leurs chants et leurs chœurs, Crotus, caché au loin, et bat-

LXXXXVII

Schol. Germ., p. 90, 3 sqq. et p. 159, 1 sqq. :

Hic dicitur Crotus (1), *Euphemes Musarum nutricis filius ut Sositheus tragœdiographus refert, inhabitasse Helicona, atque Sagittarium venatu (suetum) vitam exigere ætatis. Qui inter Musas sæpius moratus plausu cantus earum distinguebat (id est ad pedem manibus plaudebat) ; quem alii tenerent. Hunc Musae beneficio Jovis astris intulere ; cujus artes inter mortales mansere : plausus et sagittari...*

Nigidius de Croto eadem dicit, sed non conversatum Musis, sed, cum illæ cantus chorosque celebrarent, hunc procul abditum repentino plausu ad pedem ferientem oblectasse canentes. Ob hoc ei ab Jove immortalem memoriam earum rogatu datam,

---

(1) Swob., p. 121. — Cf. *introd.*, p. 68. — « D'après le poète Sosithée, le Sagittaire était le portrait symbolique d'un certain Crotos, ami des Muses, bon cavalier, et prompt comme la flèche, ou se servant de son talent d'archer pour distraire les Muses : en somme, une copie ou caricature d'Apollon. » Crotus ne doit pas être confondu avec Chiron « parce que les Centaures ne connaissaient pas l'usage des flèches, et, du reste, il y avait une autre constellation du Centaure. » Cf. Bouché-Leclercq, *op. cit.*, p. 143. — Sur le Sagittaire, Centaure assyrien, cf. Roscher, *Lexik.*, II, p. 1055.

quod esset nutricis earum filius, Oceani nepos. Alii Chironem esse dixerunt, Saturni et Philyrae filium, cum iustissimus maximeque pius atque hospitalis esset ; a quo Æsculapius medicinam, Achilles citharam, * in astrologiam, Hercules litteras didicisse dicantur. Propterea deorum numero videtur esse relatus.

tant la mesure, réjouit les chanteuses d'un applaudissement soudain. Pour ce fait, à leur demande, Jupiter lui accorda une mémoire immortelle, parce qu'il était le fils de leur nourrice et le petit-fils de l'Océan. D'autres prétendent qu'il s'agit de Chiron, fils de Saturne et de Philyre, à cause de sa justice, de sa piété et de son hospitalité extrêmes ; du maître d'Esculape, dit-on, pour la médecine, d'Achille, pour la cithare, de * pour l'astrologie, d'Hercule pour les lettres.C'est pourquoi,semble-t-il,il fut placé au nombre des dieux.

AMPELIUS : II, 9.
Sagittarius, Crotos, filius nutricis Musarum, quem Musae semper dilexerunt eo quod plausu et lusu sagittarum eas avocaret.
Dositheus : Τοξότης· οὗτος μετὰ τῶν Μουσῶν ἀνετράφη· ἐλέγετο δε Κροτος· οὗτος ἐγένετο εὐφυής.

AMPELIUS :
Le Sagittaire, Crotos, fils de la nourrice des Muses, en fut toujours aimé, pour les avoir diverties de ses applaudissements et du jeu de ses flèches.
Dosithée :
L'Archer : Il fut élevé au milieu des Muses et appelé Crotos. Il était heureusement né.

LXXXXVIII

Schol (1). *Germ.*, p. 87, 11 sqq. et p. 156, 3 sqq.
Nigidius de Capricorno (1) *sic refert : immortali honore donatum, quo in tempore Typhon in monte Tauro speluncam haberet et (Ægyptum)* (2) *incoleret, immortalis conivisse, dum pos-*

98

Scol. Germ. :
Voici la relation de Nigidius au sujet du Capricorne : Celui-ci fut gratifié d'un honneur immortel, à l'époque où Typhon possédait une caverne au mont Taurus et habitait (l'Égypte ?) Sur le conseil de

---

(1) Cf. Swob., p. 122. — Cf. *introd.*, pp. 67 et 68.
(2) Cf. Swob., p. 123.

Pan, les immortels, de connivence, pendant qu'ils pouvaient lui résister, pour peu qu'ils ne voulussent point quitter le pays, et que, d'autre part, ils se trouvassent dans l'impossibilité de s'opposer directement à la cruauté de Typhon, avaient, après mûre délibération, décidé de changer leur forme, à leur gré, en celle d'un animal domestique ou sauvage, d'un oiseau ou d'un poisson, alors que se montrait le temps de la vengeance. La puissance des immortels, en effet, ne leur permet pas d'abandonner leur terre ; quant à vivre dans la société du crime, c'est là une chose indigne du pouvoir des dieux. Au surplus, en vertu d'un décret divin, les impies sont sujets à l'expiation. C'est pourquoi les immortels, après avoir changé de forme, se trouvaient fréquemment devant les yeux de Typhon à son insu. Il en est résulté que les Égyptiens ont conservé jusqu'ici le culte d'un grand nombre d'animaux à l'égal des dieux. Quand Typhon arriva en Égypte, au lieu de voir quelqu'un des dieux s'opposer à lui, il connut un pays sans maîtres. Pensant que les dieux le redoutaient et qu'ils l'avaient fui sous l'em-

sent ei obsistere, cum eis consilium Pan daret, si neque terras relinquere vellent neque Typhonis immanitati resistere possent, ut consulte figuras immutarent, in quam quis vellet seu bestiam, seu volucrem, piscem, pecudem, dum tempus ad ulciscendum se ostenderet ; namque terras relinquere non dari potestate immortalium, convivere autem cum sceleribus eius indignum deorum potestatis, sed ratione impios pœnas pendere divini consilii. Itaque immortales mutatis figuris ignoti Typhonis (1) ante oculos crebro versabantur, unde adhuc multas bestias pro deis observant coluntque Ægyptii. Eo Typhon cum venit et neminem deorum ibi videt adversari sibimet, (sed) vacuam terram cognovit dominantibus, arbitratus deos se veritos fugisse propter metum dominabatur et imperitus fortunæ varietate et periculi instantis magnitudine, nam post XVIII dies, ut dicitur, consilio deum repentino a dis disceptus. Ob id factum hodie quoque in Ægypto hos dies XVIII festos perpetuos quotannis instituerunt ; in quibus diebus si (quid) nascitur, amplius quam eos dies non vivit. Typhon interficitur in templo Ægypti Memphi, ubi mos fuit solio regio decorari reges, qui re-

---

(1) Cf. Swob., p. 123.

gna (1) *ineunt; ibi enim sacris initiantur primum. Inde ritus satis religiose tunicatos tauro, quem Apim adpellant, iugum portare, quem deum maximum Ægyptii existimant; vicumque unum perducentes, ut labore periti existimentur humanae necessitatis, crudelius, quæ sub eis sunt, abuti vetantur, deducunturque a sacerdote Isidis in locum, qui nominatur aditus et iureiurando adiguntur neque mensem neque diem intercalandum iurare neque minus festum diem (non) immutaturos, sed CCCLXV peracturos, sicut institutum sit ab antiquis, deinde alterum illis iusiurandum imponi : statim semper terram aquamque custodiendam comparandamque; tum demum diademate imposito* (2) *potiuntur Ægyptiorum regno; sed ut illo revertamur, unde digressi sumus* (3), *igitur dii immortales, posteaquam Typhonem desidem pœna adfecerunt quemque consilio sine turba tumultuque interfecerunt, Pana sancta astrorum memoria decoraverunt et ei nomen Ægipana imposuerunt, quod, cum ceteri se in*

pire de la crainte, il exerçait la souveraineté. Mais, il fut inhabile à discerner, avec l'inconstance de sa fortune, la grandeur du péril imminent ; car, dix-huit jours après, dit-on, par une soudaine décision des dieux, il fut mis en pièces. Pour ce fait, commémoré de nos jours encore, ils instituèrent à perpétuité en Égypte ces dix-huit jours de fête annuelle. S'il y a quelque naissance au cours de ces journées, ce qui est né ne vit point davantage. On tue Typhon au temple de Memphis d'Égypte, où, selon la coutume antique, les rois sont honorés de leur siège : c'est là, en effet, qu'ils reçoivent la première initiation aux choses saintes. De là, un rite assez religieux les revêt de la peau du bœuf, appelé Apis, au sentiment des Égyptiens, le plus grand de leurs dieux, leur impose le joug, qu'ils portent jusqu'à l'extrémité d'une rue, afin qu'on les juge dans l'expérience du labeur de l'humaine condition, et on leur interdit d'abuser cruellement de leurs sujets. Ensuite, le prêtre les

---

(1) Cf. Swob., p. 124.

(2) « The principal feature of the proclamation on his (King's) ascension to the throne was the announcement to the four sides of the world, that « Rameses » had put on the crown (pshent) of the upper and lower country. » Cf. Wilkinson, Customs and manners of the anc. Eg., t. III, p. 327. - Cf. également, t. III, p. 360 et ss.

(3) Cf. Swob., p. 125.

conduit à ce qu'on appelle
« l'adytum » (le sanctuaire) du
temple d'Isis, et là, sous la
foi du serment, il les engage à
n'introduire ni jour, ni mois
intercalaires, à ne point chan-
ger davantage un jour de fête, et à garder intégralement 365 jours
conformément aux dispositions antiques. Puis, on leur impose
l'autre serment ; on les contraint aussitôt de maintenir toujours,
avec l'intégrité du sol, la conservation et la provision de l'eau.
C'est alors qu'on leur impose enfin la couronne, et qu'ils devien-
nent maîtres du royaume d'Égypte. Mais, pour revenir de cette
digression à notre sujet, les dieux immortels, donc, après avoir
châtié l'imprévoyance de Typhon et l'avoir tué sans bruit en
dehors de la foule, honorèrent Pan de la sainte mémoire
des astres, et lui donnèrent le nom d'Égipan, parce que, tandis
que les autres s'étaient changés en bêtes sauvages, il s'était
métamorphosé en chèvre, et ils lui élevèrent en Égypte une
ville magnifique qu'ils appelèrent Panopolis.

bestias convertissent, Pan se in capram transfigurasset, oppidumque magnificum in Ægypto aedificaverunt idque Panopolin nominaverunt.

AMPELIUS :

Le Capricorne se nomme
Pan. A l'époque où il habitait
les cavernes du mont Taurus,
Typhon s'en alla porter la
guerre en Égypte. Pan se métamorphosa en chèvre. C'est
pourquoi les dieux immortels,
après avoir infligé à Typhon
un juste châtiment, honorèrent Pan de la mémoire des
astres.

Dosithée : Le Capricorne,
parce qu'il tua Typhon.

AMPELIUS II, 10 :

Capricornus, cui nomen Pan. Quo tempore Typhon, speluncas incolens in monte Tauro, Ægyptum profectus est ad bellum, Pan se in caprae figuram convertit. Igitur dii immortales, postquam Typhonem digna pœna adfecerunt, Pana astrorum memoria decoraverunt.

Dositheus: Αἰγόκερως, ὅτι Τυφῶνα ἔσφαξεν.

99

Scol. Germ.
Nigidius pense que le Ver-

LXXXXVIIII

Schol. Germ., p. 85, 13 sqq. et p. 154, 1 sqq. :

Nigidius Hydrochoea (1) *sive Aquarium existimat esse Deucalionem Thessalum, qui maximo cataclysmo fertur relictus cum uxore Pyrrha ; et posteaquam se et uxorem suam in terra relictos sensit; orbitatis vastitatisque miseratus ab immortalibus precari cœpit, ut aut et ipsi interirent aut hominum genus restitueretur. Juppiter responsum ei per sortem indicavit, uti lapides, quos ante se repperissent, post se jactarent. Reversi itaque quosque Deucalion misit, viri fiebant, quot Pyrrha, feminae. Quo pacto rursus hominum genus esse natum, es quo græce* λαοί *homines vocarentur ; ab antiquis quidem dici Aristæum, Apollinis filium* (2), *Aquarii nobilitatem possidere ; quem Apollo fertur ex Cyrena procreasse, quam compressit in monte Orpheo, — qui Cyrenis adpellatur. Aristæus dicitur ommimodis artibus adfinis fuisse, quibus artibus ceteros homines ad bonas fruges utilitatemque perducebat ; isque cum Caniculæ signum pestiferum oriretur et statim præsentes fructus lacerarentur interciderentque homines aut diuturnis morbis aut pestilentia, res divinas maxime Jovi, parenti, Neptuno, diis Tempestatibus et Ven-*

seau, ou « *Aquarius* » n'est autre que Deucalion de Thessalie. Celui-ci, à la suite d'un immense cataclysme, fut laissé avec sa femme Pyrrha. Or, après avoir senti qu'il avait été laissé sur la terre avec sa femme, ému de pitié en face de sa solitude et du désert, il commença de prier les immortels, soit pour que la mort vînt les délivrer eux-mêmes, soit pour que fût rétabli le genre humain. Jupiter lui répondit, par l'oracle, qu'ils auraient à jeter derrière eux les pierres qu'ils trouveraient devant eux. S'étant donc retournés, toutes les pierres que lançait Deucalion devenaient des hommes ; toutes celles de Pyrrha, des femmes. De cette manière, le genre humain fut constitué à nouveau, et c'est pourquoi les Grecs ont donné aux hommes le nom de « λαοί. » A la vérité, les anciens disent d'Aristée, fils d'Apollon, qu'il avait la noblesse de l' « Aquarius » ; Apollon l'aurait eu de Cyrène, qu'il posséda sur le mont Orphée, qu'on appelle « Cyrenis. » Aristée, dit-on, était versé dans les arts de toutes sortes, avec lesquels il conduisait les autres hommes à l'avantage de bons résultats.

---

(1) Cf. *introd.*, pp. 66 et 67.
(2) Cf. Swob., p. 106.

C'est lui qui, au moment du lever du signe insalubre de la canicule, qui détruisait aussitôt les fruits présents et causait la mort des humains à la suite de longues maladies ou de la contagion, offrait, avec le plus grand soin, des prières, des sacrifices à Jupiter, à Apollon, à Neptune, aux Tempêtes et aux Vents, pour soustraire les mortels aux indignes calamités dont ils étaient affligés. Il arriva qu'il fut possible de l'obtenir de ces dieux. Aussi, permission accordée, les immortels décidèrent qu'après le lever de la Canicule, les vents souffleraient pendant 40 jours environ, et empêcheraient ainsi les effets violents de l'insalubrité. C'est pourquoi, les dieux, dit-on, honorèrent Aristée de ce lieu.

tis summa diligentia precans faciebat, ne paterentur genus hominum indignis calamitatibus adfici. Factum est, ut ab iis impetrari posset. Itaque, venia data, constitutum est ab immortalibus, uti post Caniculae exortus stellae venti perflarent circiter XXXX diebus eiusque pestilentiæ vim absciderent. Quapropter Aristæus dicitur a diis splendidae — et loco dignatus esse.

AMPELIUS :
On dit que le Verseau, qui, croit-on, n'est autre que Ganymède, est Deucalion de Thessalie. Celui-ci, lors d'un immense cataclysme, auquel, seul, il échappa, avec sa femme Pyrrha, fut placé parmi les astres, à cause de sa piété.

DOSITHÉE: Le Verseau: celui-ci enseigna tous les arts dont les hommes ont besoin.

AMPELIUS II, 11 :
Aquarius, qui putatur esse Ganymedes, dicitur Deucalion Thessalus, qui maximo cataclysmo cum uxore Pyrrha solus evasisset; hic pietatis causa inter sidera locatus est.

Dositheus : Ὑδροχόος· οὗτος πάσας τέχνας ἢ δεῖ καὶ ἀνθρώπους ἐδίδαξεν.

100
C

Scol. Germ. :
Ces poissons, observe Nigidius, trouvèrent dans l'Eu-

Schol. Germ., p. 81, 20 sqq. et p. 145, 9 sqq.
Nigidius hos dicit pisces (1)

---

(1) Cf. SWOB., p. 127. — Cf. introd., p. 65, note (3), ibid., et p. 66.

in Euphrate flumine ingentis magnitudinis ovum invenisse, volventis eiecisse in terram, atque ita columbam insedisse et post aliquot dies exclusisse deam Syriam benignissimam, maxime quæ misericors ad homines pertinebat, quia multa quæque ad utilitatem hominibus verterentur, ea dicitur inquisisse ; quæ, quum Jovis sæpius a Mercurio laudari nominarique (se) sæpius audiret, quod in deos religiosa, in hominibus officiosa diligenter fuerit, rogata ab Jove, quid sibi optanti tribui postularet, illi, ait, pisces, qui suam originem servassent, ut immortali præmio adficerentur. Itaque Juppiter in XII signis siderum splendore decoravit, unde hodieque Syri neque hos pisces edunt et columbas deorum potestate decorant (1).

phrate un œuf d'une grosseur extraordinaire, qu'ils roulèrent jusqu'à terre, ce qui permit à une colombe de le couver. Or, après quelques jours, la déesse syrienne en sortit, très bienveillante, surtout à cause de sa pitié envers les hommes, pour lesquels, dit-on, elle recherchait beaucoup de choses qui tournaient à leur utilité. Jupiter, ayant souvent entendu dire à Mercure son nom et sa louange, pour sa religion envers les dieux et ses services diligents à l'égard des hommes, la pria de lui faire connaître ce qu'elle demandait qu'il fût accordé à ses désirs. Que ces poissons, répondit-elle, afin qu'ils gardent le souvenir de leur origine, soient gratifiés d'une récompense immortelle. Aussi, Jupiter les honora de la splendeur de l'un des 12 signes des astres ; et, en conséquence, jusqu'à ce jour, les Syriens ne mangent pas ces poissons, et, de plus, ils attribuent aux colombes le pouvoir divin.

AMPELIUS : II, 12 :

Pisces, ideo (pisces), quia bello Gigantum Venus perturbata in piscem se transfiguravit; nam dicitur et in Euphrate fluvio ovum piscis... in ora

AMPELIUS :

Les Poissons, ainsi appelés, parce que Vénus, toute bouleversée de la guerre des Géants, se métamorphosa en poisson, Une colombe, dit-on, en effet.

---

(1) Cf. Ovid., *Fast.*, II, 459, ss. — *Métam.*, V, 331. Venerem « *pisce latuisse* ». — Cf. Lucien : *De dea Syria*, c. 14. — Sur la déesse syrienne et les Poissons, cf. Roscher, lex. *myth.*, p. 393, ss. et Meyer, *ibid.*, p. 653 et ss.

couva longtemps sur le bord du fleuve de l'Euphrate un œuf de poisson, d'où sortit une déesse bienveillante et miséricordieuse pour les hommes, dans le sens d'une bonne vie. A cause de ce double souvenir, les poissons furent ennoblis parmi les astres.

Dosithée : Les poissons : Ceux-ci portèrent un gros œuf hors de la mer, d'où sortit la déesse syrienne, qui indiqua aux hommes tout ce qui était beau.

fluminis columba adsedisse dies plurimos et exclusisse deam benignam et misericordem hominibus ad bonam vitam; utriusque memoriae causa pisces inter sidera nobilitati.

Dositheus : Ἰχθύες · οὗτοι ᾠὸν μέγα ἐκ τῆς θαλάσσης προήνεγκαν, ὅθεν ἐξῆλθεν ἡ Συρία θεός, ἥτις ἐμήνυσε τοῖς ἀνθρώποις, ὅσα καλὰ ἦν.

101

Servius : « *Vane Ligus* ». (*En.*, XI, 715.) Nigidius, dans « *Sphaera* » : « Car les Ligures, qui ont occupé l'Apennin, sont voleurs, rusés, trompeurs, menteurs.

Cf. Scolie de Berne sur les Géorg. : II, 168 : Les Ligures, d'après Nigidius, sont voisins des Gaulois, voleurs et pirates. C'est en des lieux froids et montagneux, les Alpes maritimes, qu'ils habitent.

CI

Serv. Dan. ad *Aen.*, XI, 715 : « *Vane Ligus* »... Nigidius « *de Sphaera* » *nam et Ligures, qui Apenninum tenuerunt, latrones, insidiosi, fallaces, mendaces.*

Cf. *Schol. Bern. ad Georg.*, II, 168 : *Ligures* (1), *ut Nigidius dicit, confines Gallis, latrones ac piratae ; frigida enim et montuosa loca, id est Alpes marinas incolunt.*

102

Fragments de la « Sphère barbare ».

Servius sur les Géorgiques : Varron, dans les *Origines scéniques*, ou dans *Scaurus*, dit : « Nigidius (« Sphère barbare ») place Triptolème, le Labou-

CII

« *Sphaerae barbaricae* » *fragmenta.*

Serv. Dan. ad *Georg.*, I, 19 : *Varro de scaenicis originibus vel in Scauro : Triptolemum dicit Nigidius* « *Sphaerae barbaricae* »... *sub Virginis signo ara-*

---

(1) Cf. *introd.*, p. 59, 5ème ligne.

torem (1), *quem Horon Ægypti vocant, quod Horon Osiridis filium ab hoc educatum dicunt.*

reur, sous le signe de la Vierge. Les Égyptiens l'appellent Horon, parce que Horon, fils d'Osiris, fut élevé, disent-ils, par lui.

CIII

Schol. Bern. *ad Georg.*, I, 174 :
« *Stiva* » (1) *gubernaculum aratri ut Nigidius ait.* — Cf. *Serv. Dan. ad eund. l.* : *Stiva : manica aratri, qua regitur, gubernaculum.*

103

Scol. Bern., sur les Géorgiques, I, 174 :
« Stiva », mancheron, gouvernail de la charrue, comme dit Nigidius. — Cf. Servius, *ibid.* : « Stiva », mancheron de la charrue, gouvernail qui sert à la diriger.

CHAPITRE IV

Oreris « de vento » fragmenta

Fragments du « de vento »

CIIII

Gell. *N. A.* II, 22, 30 : *Quod supra autem dixi,* ἐτησίας *ex alia atque alia cæli parte flare, haud scio an secutus opinionem multorum temere dixerim. P. enim Nigidii in secundo librorum, quos de vento composuit, verba haec sunt* : « *et*

104

Gell. *N. A.* : En notant plus haut que les Étésiens soufflent de différents côtés du ciel, j'ai suivi l'opinion communément admise, mais je ne sais si j'ai dit vrai. Nigidius s'exprime en ces termes, au second livre de son traité sur le

---

(1) Le laboureur, à cause de la similitude figulienne de la Grande Ourse et d'un instrument agricole. — Arator = Bootès, parce que l'étoile Arcturus fait partie de la constellation du Bouvier. — Une autre raison de l'emploi du mot « arator », c'est que Triptolème, caractérisé dans Arcturus, passait pour avoir été l'instituteur des Thesmophories, que l'on célébrait, en Grèce « au mois de Pyanepsion ». Cf. Lanoé-Villène, *op. cit.*, p. 125.

« vent » : « Les Étésiens et les austers annuels soufflent suivant le cours du soleil. Reste à savoir ce qu'il entend par « *secundo sole.* »

ἐτησία *et austri anniversarii secundo sole flant. » Considerandum igitur est, quid sit* « *secundo sole.* »

105   CV

Scolies de Leyde et de Berne (Géorgiques). Au 4ᵉ livre du « *de ventis* », Nigidius dit : « Si le haut du croissant a des taches noires dans les premières parties du mois, il y aura des pluies, mais s'il s'agit de l'extrémité inférieure du croissant, il fera beau.

La lune rouge est signe de vent. Celui-ci se forme, en effet, de la densité de l'air, qui, sous l'influence de l'éclat de la lune, rougit.

Fr. de Suétone : *(Isid. : de nat. rer.).* Scol. de Germ. Sang. Nigidius dit encore : « Si le haut du croissant de la lune a des taches noires dans les premières parties du mois, il y aura des pluies ; si, au contraire, la lune est alors semi-pleine, et les cornes du croissant non marquées, il y aura sérénité. Certainement, si elle est rousse comme de l'or, c'est signe de vent... car celui-ci se forme de la densité de l'air,

Schol. cod. Leid. 135 *ad Verg. Georg.* I, 432 ... Schol. *Bern. ad eund. l. :* ...
Nigidius de ventis (1) IIII *ait, si summum corniculum maculas nigras habuerit in primis mensis partibus, imbres fore, at si in imo cornu, serenitatem.*
« *Vento rubet* » : *rubens luna ventum denuntiat. Fit enim ventus ex aëris densitate, densitas aëris inducto splendore lunæ erubescit.*

Suetonii fr. 152*, p. 235 sq. Reiff. *(Isid. de natura rer.* XXXVIII ... Schol. *Germanici Sangerm.*, p. 201, 15 sqq. : *Nigidius quoque ait, luna si summo in corniculo maculas nigras habuerit in primis partibus mensis, imbres fore, sin media tunc, cum plana sint in ea cornicula, serenitatem ; certe si rubet quasi aurum, ventos ostendit, fit enim ventus ex aëris densitate, densitate obducta sol et luna rubescunt, ... item si*

---

(1) Voir à la fin du volume, fig. 4, la Table des Vents.

cornua eius obtecta fuerint nebula, tempestas futura est.

qui, placée devant le soleil et la lune, les fait rougir... De même, si les cornes du croissant sont recouvertes d'un nuage, il y aura tempête.

CVI

Suetonis (1) *fr.:* 152*, p. 237R *(*Isid. *l. c. ...* Schol. *Germ.*, p. 195, 1 sqq.) :
Nigidius quoque dicit, si pallidus sol in nigras nubes occidat, aquilonem ventum significare.

106

Suétone (fragm.) — *Isid.* l. c. ... Scolie de Germanicus : Nigidius dit encore : « si un soleil pâle se couche en des nuées noires, c'est signe de vent du nord. »

LIBRORUM « DE HOMINUM NATURALIBUS » FRAGMENTA

FRAGMENTS DES LIVRES « SUR LA NATURE DE L'HOMME »

CVII

Serv. Dan. *ad Aen.*, I, 177. : *Nigidius de hominum naturalibus IIII : omnis enim ars, materia inventa, circa quam versetur, ferramenta, vasa, instrumentum ornamentaque primum comparat, per quæ opera sua efficere possit.*

107

Servius sur l'*Enéide :* Tout art, quand il a trouvé la matière sur laquelle il s'exercera, se pourvoit d'abord d'outils, de vases, d'instruments, d'engins, au moyen desquels il pourra réaliser son œuvre.

CVIII

Isidor. *origin.* : XI, 1, 72 : *truncus media pars corporis a collo usque ad inguina ; de quo Nigidius :* « *caput collo vehitur,*

108

Saint Isidore de Séville : 11e livre des Origines ou étymologies, 1, 72 : Le tronc, partie moyenne du corps va

---

(1) Cf. SWOB., p. 130.

du cou à l'aine. Nigidius dit à ce sujet : « Le cou porte la tête ; les jambes, les genoux et les hanches soutiennent le tronc. »

truncus sustinetur coxis et genibus cruribusque.

109

Isid. Origin. : Nigidius : « Nous-mêmes, nous rompons nos jeûnes par de petits déjeuners. »

CVIIII

Isidor. *Origin.* XX, 2, 10 : *Nigidius : « nos ipsi ieiunia ientaculis levibus solvimus. »* (1)

110

Pline : *Histoire naturelle :* « Aussi, quand le flux menstruel continue pendant la grossesse, les enfants viennent au monde, ou faibles, ou non viables, ou pleins d'humeurs », comme dit Nigidius. (Traduction Littré, ainsi que le n° 111.)

CX

Plin. N. H., VII, 15 (14), 66 : ... *Ergo cum gravidis fluxit, invalidi aut non vitales partus eduntur aut saniosi, ut auctor est Nigidius.*

111

« Le même auteur pense que le lait d'une femme, qui nourrit et devient grosse, ne s'altère pas, pourvu qu'elle ait conçu du même homme. »

CXI

Plin. *l. c.* 67 : ... *(idem lac feminæ non corrumpi alenti partum, si ex eodem viro rursus conceperit, arbitratur)...*

---

(1) Cf. *introd.*, p. 48, l'ésotérisme du « dîner ». — « La viande ne paraît pas sur le menu du déjeuner du matin. » — Cf. Carcopino, *op. cit.*, p. 245, note 4. — Cf. Jamblique, V. P., 97.

Librorum « de animalibus »
fragmenta (1)

Fragments des livres
« sur les animaux »

CXII

Gell. *N. A.*, VI, 9, 5 : *item P. Nigidius de animalibus libro* II : « *ut serpens, si memordit, gallina diligitur et apponitur.*

112

Gell. N. A. : De même Nigidius au livre II « *de animalibus* » : « Si on est mordu par un serpent, on ouvre une poule et on l'applique (sur la blessure).

CXIII

Macrob. *Sat.*, III, 16, 7 : *Sed quod ait Plinius de acipenseris squamis, id verum esse maximus rerum naturalium indagator, Nigidius Figulus, ostendit, in cuius libro de animalibus* IIII *ita positum est :* « *Cur alii pisces squama secunda, acipenser adversa* (2) *sit ?* »

113

Macrobe : *Saturnales* : Mais pour ce que dit Pline des écailles de l'esturgeon, Nigidius, ce très grand investigateur des choses de la nature, montre que c'est vrai, et il pose ainsi la question dans son 4e livre « *de animalibus* » : « Pourquoi l'écaille, placée normalement sur les autres poissons, est-elle inversée sur l'esturgeon ? »

CXIIII

Philargyr. *ad Verg. Georg.* III, p. 147 :
Nigidius de animalibus : « *asilus est musca varia, tabanus, bubus maxime nocens. Hic apud Græcos prius myops vocabatur ; postea a magnitudine incommodi œstrum adpellarunt.* »

114

Philargyrius sur les Géorgiques : Nigidius « *de animalibus* » :
L' « *asilus* » est une mouche tachetée, un taon, très nuisible aux bœufs. Primitivement les Grecs l'appelaient « myops » puis, à cause de sa grande nocivité, on l'appela « œstrum ».

---

(1) Swob., *op. cit.*, p. 131.
(2) Cf. *introd.*, p. 66, 7e ligne.

115

Priscianus : Tout bétail indompté porte en soi quelque chose de sauvage ; mais cependant sa nature est telle qu'il puisse être apprivoisé et dominé ; au passif : δεσπόζεσθαι (être commandé).

CXV

Priscian., VIII, 19, p. 385, 15 : *Nigidius :* « *Omne pecus indomitum habet quiddam in se ferum, sed tamen ea natura est, ut cicurari et dominari possit,* δεσπόζεσθαι *passive.* »

116

Pline : *N. H. :* Nigidius rapporte que pendant dix jours, aux environs du solstice d'hiver, (les porcs) naissent avec des dents.

CXVI

Plin., *N. H.*, VIII, 51 (77), 205 :... *(sues)* « *diebus circa brumam* (1) *statim dentatos nasci Nigidius tradit.* »

117

Pline : Les souris elles-mêmes, d'après Nigidius, hivernent comme les loirs.

CXVII

Plin., VIII, 57 (82), 223 : *saurices et ipsos hieme condi auctor est Nigidius, sicut glires.*

118

Pline : Au témoignage de Nigidius, le loup ronge la queue du muge, mais à certains mois ils sont d'accord ; au surplus, tous ceux à qui la queue a été ainsi amputée vivent. Mais, au contraire, la

CXVIII

Plin, VIIII, 62 (88), 185 sq. : *Nigidius auctor est praerodere caudam mugili lupum eosdemque statis mensibus concordes esse ; omnes autem vivere, quibus caudae sic amputentur ; at e contrario amicitiae exempla*

---

(1) Allusion au cérémonial étrusque, dont les rites empyromantiques avaient pour but de libérer le principe de vie d'une victime assimilée (par la dentition) à une victime adulte, pour rénover le Soleil. C'est ce qu'on a appelé plus tard les rites de la Saint-Jean. « Mannhardt et Frazer ont montré combien étaient pratiquées aux époques, critiques de la marche du Soleil, notamment aux solstices, ces cérémonies qui avaient pour objet d'aider le grand luminaire à affronter les passages difficiles, de le rénover et d'assurer ainsi la marche de l'année. » Dussaud, *op. cit.*, p. 181.

sunt praeter illa, quorum diximus societatem, ballaena et musculus, quando praegravi superciliorum pondere obrutis eius oculis infestantia magnitudinem vada praenatans demonstrat oculorumque vice fungitur.

baleine et le muscule, en dehors des animaux aquatiques, vivant, avons-nous dit, en société, sont un exemple de sympathie. Le cétacé a les sourcils très lourds et qui lui cachent les yeux ; le muscule nage devant lui et lui découvre les hauts-fonds, qui lui seraient funestes à cause de son volume, et remplit à son endroit l'office d'un œil.

CXVIIII

Plutarch. *Quaest. Rom.* XXI.
ἔτι καὶ νῦν τοῖς ὑπωρείοις καὶ δρυμώδεσι τόποις, ὅπου φαίνεται δρυοκολάπτης, ἐκεῖ καὶ λύκος, ὡς Νιγίδιος ἱστορεῖ.

119

Plutarque : *Quest. rom.* Maintenant encore, au pied des montagnes et dans les lieux boisés, là où se montre le pivert, on voit aussi le loup, comme le remarque Nigidius.

CXX

Plin. X, 14 (17), 37 : *et apud Nigidium ... super adpellatur avis, quae aquilarum ova frangat.*

120

Pline... Et chez Nigidius il est fait mention d'un oiseau nommé *(subis)*, qui brise les œufs des aigles.

CXXI

Plin., X, 17 (19), 39 : *Noctuarum contra aves sollers dimicatio, maiore circumdatae multitudine resupinae pedibus repugnant collectaeque in artum rostro et unguibus totae teguntur. Auxiliatur accipiter collegio quodam naturae bellumque partitur. Noctuas sexagenis diebus*

121

Pline : Les chevêches luttent habilement contre les oiseaux ; environnées d'une trop grande multitude, elles se couchent sur le dos, se défendent avec leurs pattes, et, ramassées sur elles-mêmes, elles protègent, avec bec et ongles, tout leur corps. Par une certaine association de nature, l'épervier leur porte secours et partage le combat. Les chevêches sont couchées pendant soixante jours d'hiver et ont neuf voix, au témoignage de Nigidius.

hiemis cubare et novem voces habere tradit Nigidius.

122

Pline : Nigidius pense qu'un ramier qui couve sous un toit, déserte son nid, si on prononce son nom.

CXXII

Plin. X 35 (52), 106 *Nigidius putat, cum ova incubet sub tecto, nominatam palumbem relinquere nidos.*

123

Pline : Mais une grande espèce de ces insectes a de très longues cornes, qui présentent à leur extrémité une tenaille dentelée se rapprochant, à leur gré, pour pincer. Ces cornes sont des remèdes pour les enfants au cou desquels on les suspend. Nigidius les appelle Lucaniens.

CXXIII

Plin. XI, 28 (34), 97 : « *sed in quodam genere eorum* » (*sc. insectorum*) « *grandi cornua praelonga, bisulcis dentata forficibus in cacumine, cum libuit, ad* (1) *morsum coeuntibus ; infantium etiam remediis ex cervice suspenduntur ; Lucanos vocat hos Nigidius.*

124

Pline : Nigidius dit que ni les sauterelles ni les cigales n'ont d'yeux.

CXXIIII

Plin., XI, 37 (52), 140 : « *Nigidius nec locustis (nec) cicadis esse (oculos) dicit.* »

125

Pline : La faîne rend le porc joyeux ; sa chair devient aisée à cuire, légère et utile à l'es-

CXXV

Plin. XVI, 6 (8), 25 : *Glans fagea* (2) *suem hilarem facit, carnem cocibilem ac levem et*

---

(1) Cf. Swob., p. 133.

(2) Cf. introd., pp. 61 et 62.

utilem stomacho, iligna suem angustam, nitidam, strigosam, ponderosam, querna diffusam, gravissima et ipsa glandium atque dulcissima. Proximam huic cerream tradit Nigidius nec ex alia solidiorem carnem, sed duram ; iligna temptari sues, nisi paulatim detur ; hanc novissimam cadere. Fungosam carnem fieri aesculo, robore, subere.

tomac ; le gland de l'yeuse le rend décharné, luisant, frêle et lourd ; le gland du chêne le rend gras : ce gland est lui-même le plus dense et le plus doux. Celui qui s'en rapproche le plus est le fruit du cerre, au témoignage de Nigidius ; nul ne rend la chair plus ferme, mais elle est dure ; le gland de l'yeuse nuit aux porcs, à moins qu'on ne le leur donne peu à peu ; il tombe le dernier. Le gland de l'esculus, du rouvre et du liège rend la chair fougueuse.

CXXVI

Plin. XXVIIII, 4 (21), 69 : *reverti autem ad percussum serpentem* (1) *necessitate naturae Nigidius auctor est.*

126

Pline : Les serpents, au témoignage de Nigidius, reviennent, par une nécessité de nature, à celui qu'ils ont blessé.

CXXVII

Plin. XXVIIII. 6 (39), 138 : *Gryllus cum sua terra effossus et inlitus ; magnam auctoritatem huic animali perhibet Nigidius, maiorem magi, quoniam retro ambulet terramque terebret, stridat noctibus.*

127

Pline : Le grillon tiré de son trou avec sa terre sert de topique. Nigidius attribue une grande puissance à cet insecte ; les mages, une plus grande, parce qu'il marche à reculons, perce la terre et jette un cri aigu pendant la nuit.

CXXVIII

Plin. XXX, 10 (24), 84 : « *Nigidius fugere toto die ca-*

128

Pline : Nigidius a écrit que le chien fuit tout le jour la

---

(1) Ce passage se réfère à l'occultisme des Psylles. — Cf. *Introd.* p. 76. 15e ligne. — La Terre, en effet, ne reçoit plus ce serpent. — Cf. p. 216, note (2) le texte grec cité par Swoboda, p. 133, note 2 : Aelianus : de nat ; an. XII, 32 (avec la traduction).

présence de quelqu'un qui a pris cet animal (la tique) sur un porc.

FRAGMENTS QUI NE PEUVENT ÊTRE ATTRIBUÉS A UN OUVRAGE DÉTERMINÉ.

129

Nonius : *Dissentaneum :* en désaccord et antipathie ; c'est le contraire de *consentaneum.*
Nigidius : il fait cet endroit différent.

130

Priscianus : Nigidius : « Il faut à la raison une expérience. »

nis (1) *conspectum eius qui e sue id animal (ricinum) evellerit, scriptum reliquit.* »

FRAGMENTA, QUÆ CERTO OPERI TRIBUI NEQUEUNT.

CXXVIIII

Non, p. 100, 6 : *Dissentaneum : discors et dissentiens ut consentaneum contra. Nigidius : eum locum facit dissentaneum.*

CXXX

Priscian. *Institut.* VIII, 19, t. II, p. 386, 9 H. : *Nigidius :* « *experienda ratio.* »

---

(1) Allusion aux divinités chtonniennes, auxquelles on immolait le chien. Cf. Carcop., *op. cit.*, p. 242.
(2) fr. 126. — Voir note (1) de la page précédente.

TRADUCTION :

Le serpent qui tue un homme, d'après les Indiens, — et ils citent à l'appui le témoignage de nombreux Libyens et de nombreux Egyptiens habitant autour de Thèbes — ne peut plus s'introduire et ramper dans sa demeure, *la Terre ne le recevant plus,* mais le rejetant de chez elle, l'exilant, pour ainsi dire, de son sein. D'où, errant et vagabond, il s'en va çà et là ; il est malheureux, en plein air, été comme hiver ; il ne trouve plus de société, et ses enfants ne connaissent plus leur père.

TEXTE :

« ...ὄφις δὲ ὅς ἂν ἀποκτείνῃ ἄνθρωπον, ὡς Ἰνδοὶ λέγουσι (καὶ μάρτυρας ἐπάγουσι Λιβύων πολλοὺς καὶ τοὺς περὶ Θήβας οἰκοῦντας Αἰγυπτίων,) οὐκέτι καταδῦναι καὶ ἐσερπύσαι ἐς τὴν ἑαυτοῦ οἰκίαν ἔχει· τῆς γῆς αὐτὸν μὴ δεχομένης, ἀλλ' ἐκβαλλούσης τῶν οἰκείων, ὡς ἂν εἴποις φυγάδα κόλπων, ἀγήτης δ᾽ἐντεῦθεν καὶ πλάνης περὶ ἔρχεται καὶ ταλαιπωρεῖται ὑπαίθριος καὶ διὰ τοῦ θέρους, καὶ διὰ τοῦ χειμῶνος καὶ οὔτε ἔτι σύννομος αὐτῷ πρόσεισιν οὔτε οἱ ἐξ αὐτοῦ γεννώμενοι γνωρίζουσι τὸν πατέρα. »

Fig. 1.

THÈME INITIAL DU MONDE ET CÉCITÉ DES TROPIQUES.

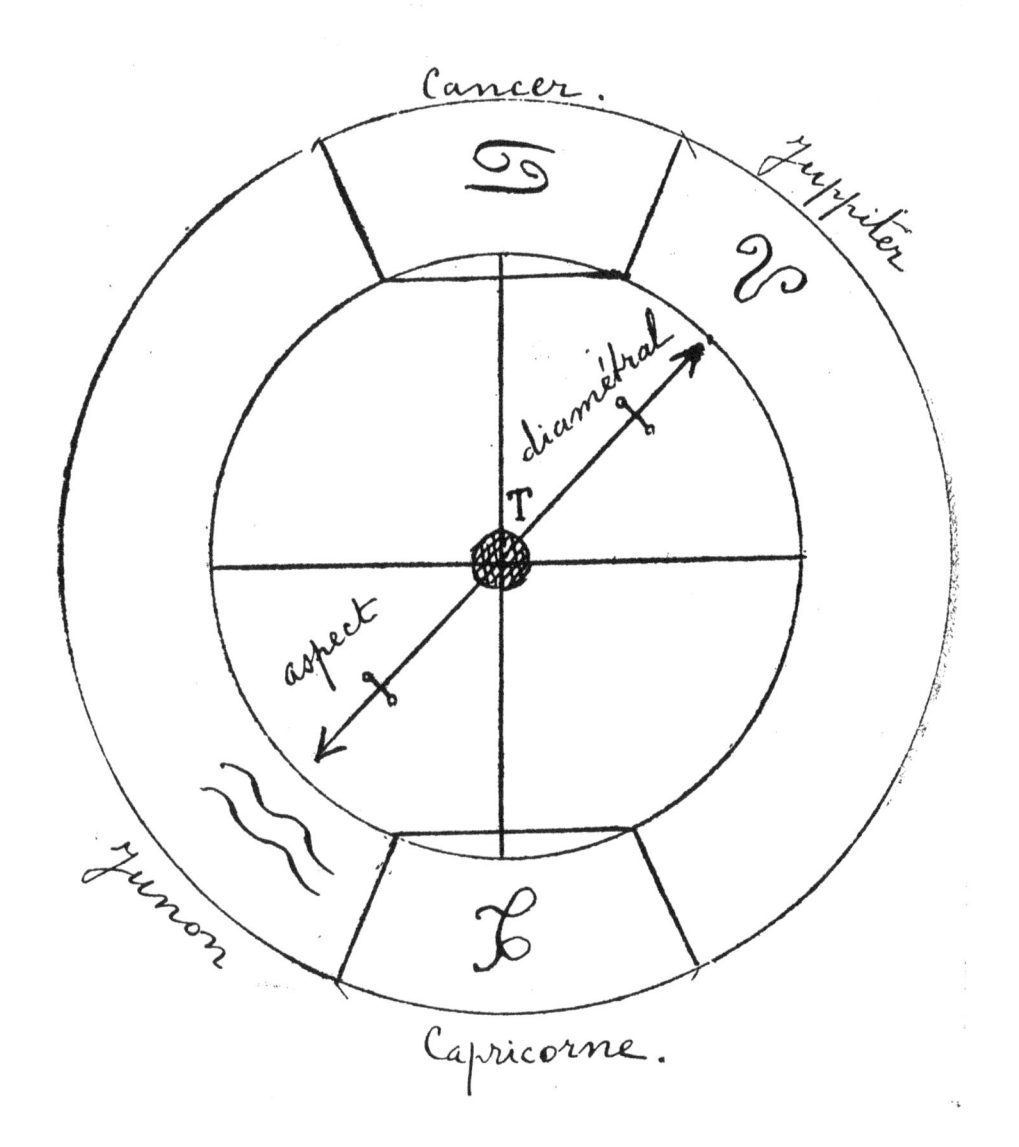

FIG. 2.

LES ANTISCIES

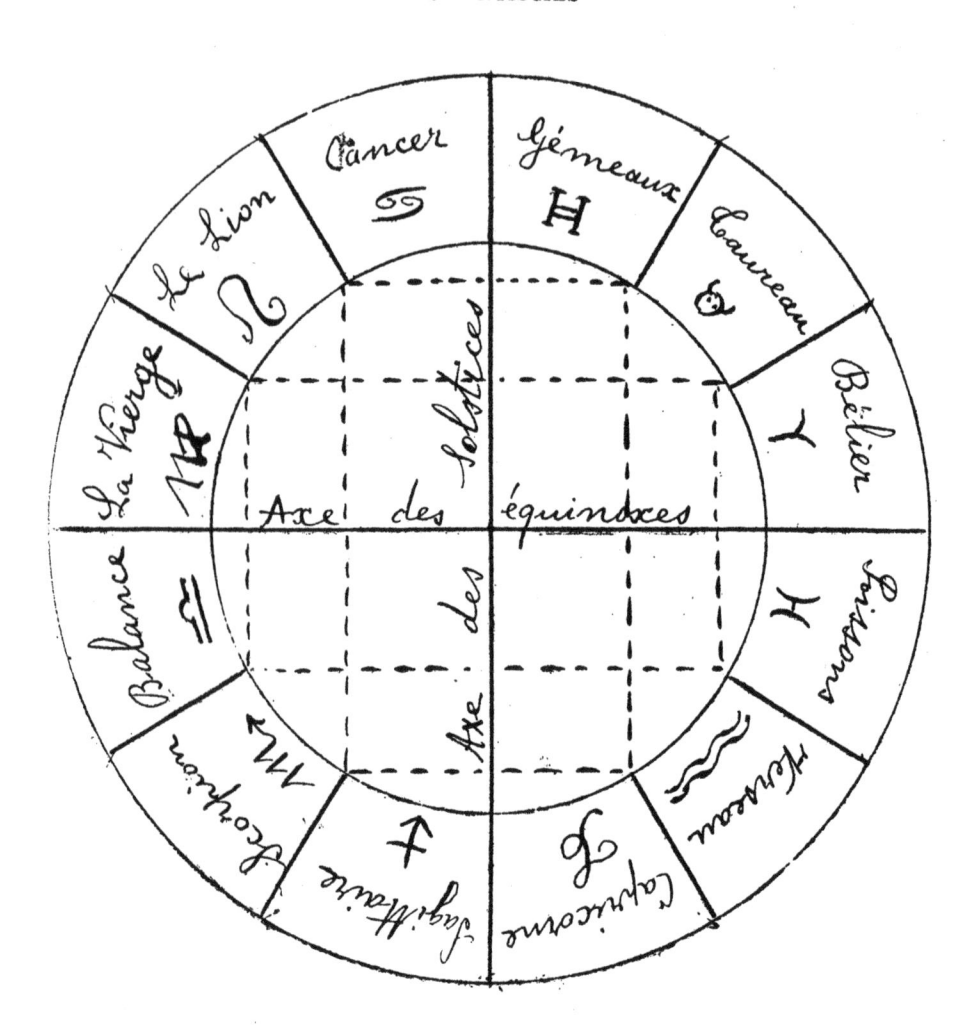

Le pointillé horizontal indique la sympathie visuelle.
— vertical — — auditive.

Fig. 3.

L'heptazone et les Décans. (1)

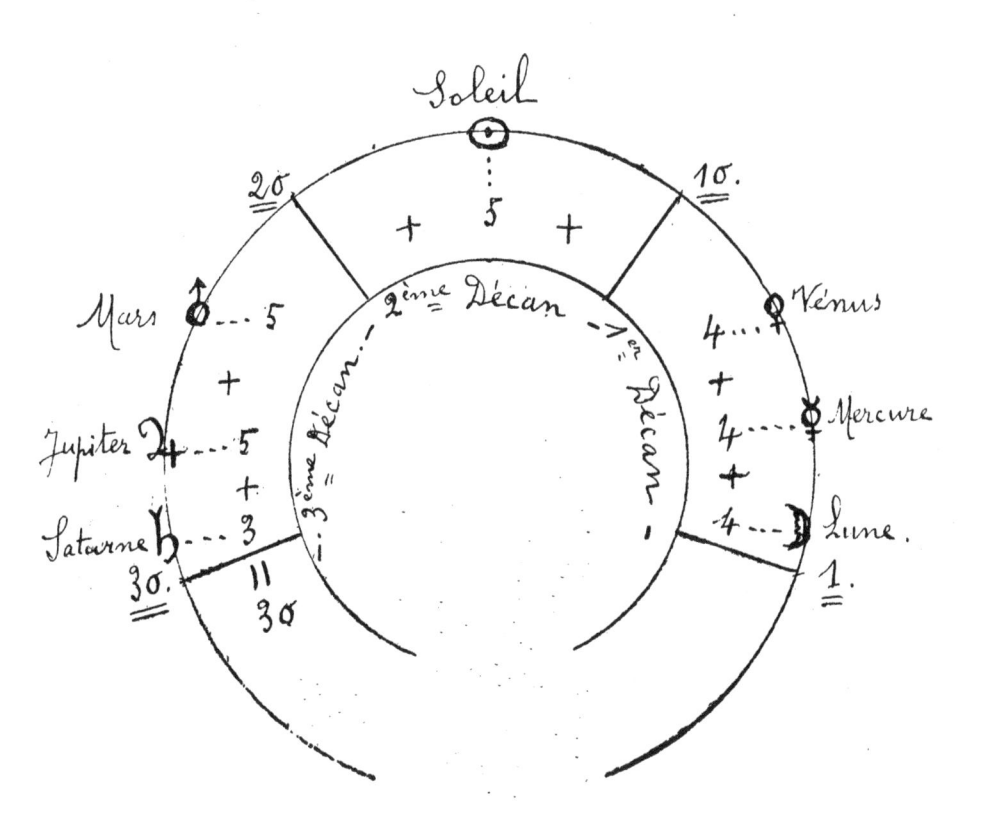

(1) Pour la clarté du dessin, nous supposons un seul Signe, divisé en trois Décans. — La théorie des épicycles, à laquelle nous avons fait allusion, place chacun des « Errones » sur autant de cercles concentriques. — Ici, nous avons envisagé un seul cercle, parce que la figure ci-dessus n'a aucune prétention à la « rigueur scientifique » de l'époque d'Hipparque et de Nigidius.

Fig. 4.

LE CIEL NIGIDIEN. — TEMPLE A SEIZE DEMEURES. — TABLE DES VENTS. — SEMAINE ASTRALE.

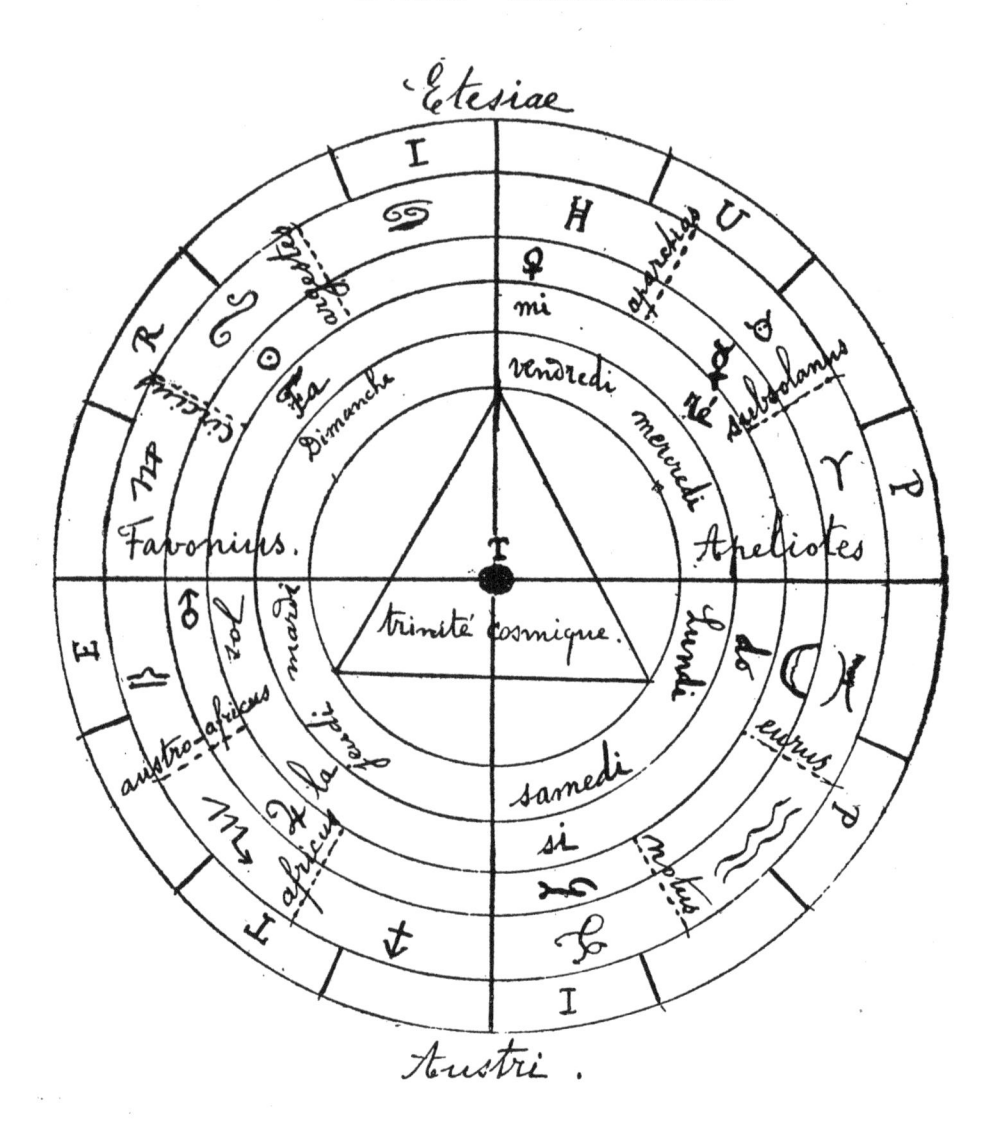

2062-30.